书山有路勤为泾，优质资源伴你行
注册世纪波学院会员，享精品图书增值服务

风靡日本的职场沟通金律

备受好评的
请示、汇报技巧

报联商系列之三

报联商

职场沟通必修课（活用篇）

職場でのコミュニケーションに
必要な技能。

[日] 古贺传寻◎著

费明玥◎绘

電子工業出版社

Publishing House of Electronics Industry
北京·BEIJING

版权贸易合同登记号　图字：01-2022-2326

图书在版编目（CIP）数据

报联商：职场沟通必修课. 活用篇 /（日）古贺传浔著；费明玥绘. —北京：电子工业出版社，2022.5

ISBN 978-7-121-43200-2

Ⅰ. ①报… Ⅱ. ①古… ②费… Ⅲ. ①人际关系学 Ⅳ. ①C912.11

中国版本图书馆 CIP 数据核字（2022）第 050750 号

责任编辑：袁桂春　　　　　　特约编辑：田学清
印　　刷：北京七彩京通数码快印有限公司
装　　订：北京七彩京通数码快印有限公司
出版发行：电子工业出版社
　　　　　北京市海淀区万寿路 173 信箱　　　邮编：100036
开　　本：720×1000　　1/16　　印张：20.25　　字数：352 千字
版　　次：2022 年 5 月第 1 版
印　　次：2025 年 8 月第 8 次印刷
定　　价：89.00 元

凡所购买电子工业出版社图书有缺损问题，请向购买书店调换。若书店售缺，请与本社发行部联系，联系及邮购电话：(010) 88254888，88258888。

质量投诉请发邮件至 zlts@phei.com.cn，盗版侵权举报请发邮件至 dbqq@phei.com.cn。

本书咨询联系方式：(010) 88254199，sjb@phei.com.cn。

前 言

上下级之间是什么关系？看到这个问题，许多人脑子里马上会闪出：这还用说，是领导和被领导的关系，是管理和被管理的关系。

是的，没错。从行政级别上讲，从管理体系上讲，的确是这样的。

但是，在"报联商"的范畴里（仅就信息交换、信息处理而言），把上下级之间的关系看作"互相帮助，互相成就"更为合适。

上级是什么？是下属工作的工具，是下属拓展人生的梯子。

在职场上，有些下属把上级放在"跟自己过不去"的敌对位置，上了班整天跟上级斗，把自己累得要命——这样的下属好笨！

其实，用"报联商"的视角去看，上级是可利用的工具。

✓ 提前向他汇报　＝打好了预防针；

✓ 让他知晓　　　＝把责任分给了他；

✓ 去找他商谈　　＝要资源；

✓ 去向他请教　　＝要智慧；

✓ 去向他请示　　＝要特许权；

✓ 还可以找他要协助、要授权、要资金、要支援……

活用"报联商"后，做总结时"在上级的英明领导下，我们取得了……"，上级听了心里美滋滋。其实，回顾一下走过的路，哪项措施不是下属的建议？哪件事不是按下属的意愿在办呢？

上级？只不过是在听汇报、审核、同意、签字（当然，那是在下属提出完善周全的实施方案，并用技巧成功地说服了上级，双方达成共识之后）。

下属在利用上级不断攀登，拓展自己的人生。其实，"报联商"用活了，上级就是下属的工具。

上级难道就看不出来吗？

上级当然知道下属的这些把戏，只是看破不说破罢了。

下属来"请示/商谈"是要利用上级手里的资源，他懂。

但那本来就是公共财产，就是为了工作准备的。下属来索要这些也是工作的需要，而且理由充分、措施可行，风险规避了，友邻关系也处理好了，遇到问题的应对预案也准备得很充分……上级又何必横加阻拦呢？毕竟下属做出的成绩就是自己的成绩，下属愿意做就让他做呗！给下属提供资源等于"成就"了下属，帮助下属迅速成长为"能人干将"，自己岂不是早日轻松？

其实，上级也在利用下属。

下属是什么？是上级完成自己任务的工具。

有的上级给下属贴上"惹祸篓子"的标签，怎么看他都不顺眼，下达命令后就不断地给下属"擦屁股"，每天疲于奔命，到处救火，按下葫芦浮起瓢，还把自己气个半死——这样的上级好笨！

学会了"报联商"，只要活学活用，下属都是可以利用的工具。

✓ 上级下指示时就跟下属讲清楚，让他复述、弄明白了要求之后再放他走；

✓ 立好规矩，规定下属什么时候必须前来汇报；

✓ 调教下属，让他掌握"报联商"的基本内容和技巧，并督促他严格执行；

✓ 时不时地跟进，确认下属的进度、状态并发现问题，适时地做出调整、补充；

✓ 鼓励下属提出合理化建议，只要切实可行就支持他大胆地去做；

✓ 满足下属的合理要求，帮助下属成长，使其尽快成长为自己的得力助手……

如此操作的话，看看自己干什么了？没干什么活儿呀！所做的无非就是指示、监督、确认、调教、审查、批准……即动眼、动耳、动脑加上动动嘴，就是没怎么动手！

上级利用下属保质保量地把自己的工作做了。其实，"报联商"用活了，下属就是上级的工具。

因此，上下级之间如果能合理地通过"报联商"这根纽带联结起来，就能形成互为工具、互相帮助、互相成就、共同成长的双赢关系。

这就是"报联商"的威力，也是"报联商"的魅力。

做不到吗？完全做得到——必须克服传统思维，从树立正确的上下级关系的观念做起。

鉴于以上观点，本系列丛书继《报联商：职场沟通必修课（基础篇）》《报联商：职场沟通必修课（实战篇）》之后，作者本着着重介绍如何"用'报联商'来办事"的指导方针，推出了本书。

《报联商：职场沟通必修课（基础篇）》的阐述重点放在"转化观念"上："去'报联商'，别不去！"

不去汇报、不去联络、不去请示的话，结果是自己不划算。

《报联商：职场沟通必修课（实战篇）》的写作宗旨是"用'报联商'增添好感度"。

为什么"去了"仍然碰壁？那是因为实施的具体方法不妥，应该学会技巧才行。于是，书中详细讲述了"报联商"时如何做才不会让对方感到"烦"，用高超的技巧让对方对自己有好感。

而本书的写作宗旨是"用'报联商'来办事"。

读者通过前两册书的学习，掌握了"报联商"的基本内容和操作方法。本书着重探讨如何灵活运用"报联商"这个工具来办事，以达到自己的目的。

这几册书是作者在多年的工作和教学实践中总结提炼出来的一些知识和感悟，用丛书的形式介绍给读者。希望能给正在职场上打拼的年轻人一些启发，为他们提供一些参考，使他们的职场之路走得更加顺畅。

到本书为止，"报联商"中"下对上"的内容，基本上都介绍给了读者，可以告一段落了。鉴此，在本书的结尾处，作者从旁观者的视角，对"报联商"做了一次全面的总结，探讨性地对"报联商"做了一个客观的评价。

后续计划中还有第四册，主要介绍电话、会议、邮件、商业文书里的"报联商"技巧，以及本系列丛书的完结本第五册，主要介绍"上级对下级"的"报联商"技巧，恭请读者静候。

目录

绪论　何谓高级"报联商" 1

第1章　"报联商"应该活学活用 5
　　1.1　"知行合一"了吗 5
　　1.2　"报联商"是有层级的 10
　　1.3　仅执行"报联商"是不够的 13
　　1.4　"报联商"也会走歪 18
　　1.5　应该不拘一格，活学活用"报联商" 21
　　1.6　想得分就得多干活？超出预期的一点点 26
　　1.7　态度会极大地影响"报联商"的效果 33
　　1.8　必须控制自己的情绪 37
　　1.9　"报联商"升级必备的几个基本观念 40

第2章　服从上级的"报联商" 44
　　2.1　"报联商"无处不在 44
　　2.2　不同层级的"准备" 47
　　2.3　不能僵化地执行"铁则" 51
　　2.4　工作遇阻，是别人在卡你吗 56
　　2.5　信息处理，速度很重要 63
　　2.6　该联络的信息，应主动尽早递出 66
　　2.7　行还是不行，都该给对方一个交代 72
　　2.8　用"报联商"保护好自己 75

第3章　辅佐上级的"报联商" 79
　　3.1　别给上级添麻烦——完成上级交办的任务 79
　　3.2　上级不明示他的意图——也要让他满意 84
　　3.3　辅佐上级的信息收集——心里要有对方 90
　　3.4　辅佐上级的信息加工——硬件方面的加工 96
　　3.5　更高一级的信息加工——软件方面的加工 99

3.6 辅佐上级的信息递送——带上自己的建议 103
3.7 上级满意的信息递送——时机、间隔的把控 106
3.8 "报联商"的最高境界——主动提出建议 112
3.9 辅佐上级管理团队——应对别人的商谈 115
附："报联商"的强大功能——保卫企业的安全 123

第4章 向上管理的"报联商" 129
4.1 应对上级 129
    4.1.1 所提建议被驳回后怎么办 129
    4.1.2 上级总是变来变去 134
    4.1.3 如何对待"跟自己过不去的上级" 138
    4.1.4 巧妙应对"上级的压制" 144
4.2 管理上级 149
    4.2.1 舍卒保车，舍小保大 149
    4.2.2 用"报联商"管理自己的上级 151
    4.2.3 学会运用【现场信息提供权】 155
    4.2.4 【说服对方三法宝】 162
    4.2.5 【说服对方三法宝】在实践中的运用 165
附：课堂上实际演练【说服对方三法宝】 170

第5章 用来办事的"报联商" 177
5.1 借用他人的力量 177
    5.1.1 学会借力使力 177
    5.1.2 借力上级 179
    5.1.3 借力同事 182
    5.1.4 借力下属 186
    5.1.5 借力朋友 192
    5.1.6 借力客户 194
    5.1.7 借力对手 198
5.2 推动卡顿的工作 201
    5.2.1 为什么工作会卡顿 201
    5.2.2 推他动——创造条件通信息 204
    5.2.3 诱他动——给他动力明利益 208
    5.2.4 帮他动——建立自信敢于动 213
    5.2.5 助他动——提供方便破卡顿 215

5.2.6 促他动——信息也是推动力 220

5.2.7 逼他动——按下他的"动力开关" 224

5.2.8 预防卡顿才是根本——别给自己"挖坑" 227

附："利他"还是"利己" 232

第6章 让事遂己愿的"报联商" 236

6.1 让事遂己愿 236

6.1.1 惹了祸去汇报，有办法避免挨批吗 236

6.1.2 去汇报坏事时，有扭转气氛的妙招吗 240

6.1.3 让对方接受自己的主张 243

6.1.4 珍惜和大老板接触的机会 248

6.1.5 关键时刻绝不能掉链子 253

6.1.6 抓住机会，让自己脱颖而出 257

6.1.7 "报联商"所崇尚的境界 263

6.2 拒绝对方 267

6.2.1 要敢于说"不" 267

6.2.2 拒绝上级的加载，给工作减量 270

6.2.3 化拒绝于无形 277

6.2.4 用替代方案来拒绝 283

6.2.5 不要"报联商" 286

附：另类"报联商" 292

第7章 客观对待"报联商" 297

7.1 "报联商"和其他管理工具的关系 297

7.1.1 "报联商"和绩效管理的关系 297

7.1.2 "报联商"和阿米巴管理的关系 298

7.1.3 "报联商"和PDCA的关系 298

7.1.4 "报联商"和精益管理的关系 299

7.1.5 "报联商"非常实战 300

7.2 IT时代，还要不要"报联商" 301

7.3 客观看待"报联商" 304

7.4 结论：应大力推广"报联商" 310

后记 314

绪论

何谓高级"报联商"

已经出版的《报联商：职场沟通必修课（基础篇）》是初级内容，《报联商：职场沟通必修课（实战篇）》是中级内容，读过的人应该能得出结论："'报联商'就是信息处理术。"

本书要介绍的是高级内容。

那么，何谓高级"报联商"呢？

我认为，高级"报联商"就是灵活多变地运用信息处理术，确保高质量的工作效果。

我们一起简单回顾一下《报联商：职场沟通必修课（基础篇）》和《报联商：职场沟通必修课（实战篇）》都讲了些什么内容。

基础篇（初级）	实战篇（中级）	能解决的问题
告知了 ≠ 汇报了	要让上级及时地知情才行	能准确地把控实情
发信了 ≠ 联络了	要确实把信息传递到位才行	双方就此达成共识
找人了 ≠ 商谈了	要讨论出切实可行的方法才行	确实把问题解决了

不论是纵览还是俯瞰，这些都还停留在技巧操作层面，都是在被动地执行。

先不说这些技巧是否能够学好、用好，即使弄懂了、学会了，一旦使用起来效果也不会人人一样。比如某甲采用的"人很多""我会努力"等表述，某乙听到的感觉就不一样。

虽然"信息共享"了，却仍做不到"意思共享"，更何况"达成共识，协同行动"呢？

➤ 高级"报联商"必须注意以下两点

（1）你接收到的信息（看到的、听到的、了解到的）在对方发出来时是客观的，还是加入了他的观点后被改造过的？这需要你站在对方的立场上思考，才能准确地把握他的本意。

按理来讲，发信方应该负责跟你讲清楚他所发信息的用意，但如果真的指望人家那可就太低级了。因为靠谁也不如靠自己，哪怕是一点一滴，也应该自己积极主动地锻炼这种破解、把握、领会他人意图的能力才行。

（2）从你这里发出的信息是否需要加工一下呢？

这里所说的加工，不仅包括《报联商：职场沟通必修课（实战篇）》中介绍过的为了让对方容易看懂而做的技术层面的加工（硬件方面），还包括你根据需要所赋予的"你的用意"（软件方面）。

你的这个"用意"对方能正确解读吗？也就是"你让他明白了吗？"，这需要你后续的跟踪、确认。你发出的信息如果赋予了"你的用意"，当然该由你主动去跟对方确认，看他是否真正地领会、把握了，否则你发出的信息就没有意义（或达不到自己的目的）。也就是说，不能消极放任，更不能"想当然"，发信方应负责到底才行。

➤ 商谈是"报联商"的重点所在

通过交换信息使相关人员之间信息互通、信息对等，这是汇报、联络所具备的功能，而用这些信息来协调、判断、决策，以求达成共识（共享价值），从而解决问题，则要依靠商谈了。

估计广大读者在学习前两册书时会有一种感觉：汇报、联络介绍得较详细，但商谈有些简略，内容不丰满，觉得不那么实用。

其实，商谈才是"报联商"真正的精髓所在。因为汇报、联络，说到底都是在传递消息、通知信息，只不过形式不同罢了。它们两者就算做得再好，6W3H方法执行得再彻底，充其量也只是起到了一个"把信息传递到位"的作用。

若想真正达到确保高质量的工作效果的目的，就需要依靠高超的"商谈"

来完成。

这就进入主动的领域，不再仅仅是执行"铁则"那样的简单操作，而是进入运用"报联商"灵活机动地处理信息的高层级了。

➤ 高级"报联商"需要注入"灵魂"

在已出版的《报联商：职场沟通必修课（基础篇）》《报联商：职场沟通必修课（实战篇）》中介绍的"报联商"，只是我们应具备的观念和一些具体的做法。需要注意的是，那并不是目的，不过是些方式、方法或手段而已。

高级"报联商"不能停留在这些技巧操作层面，也不会拘泥于我们已经介绍过的那些"铁则"。因为即使同一个"铁则"（做法），对一个人有效，对另一个人也可能无效。所以仅仅教条地学习、机械地执行那些铁则，是不能通过"报联商"来很好地达到确保高质量的工作效果这个最终目的的。

到了高级"报联商"这个层级，不仅要在硬件方面讲技巧，还需要掌握"用心""动脑"等软性技巧。也就是说，要给"报联商"这个"信息处理术"注入"灵魂"。

（1）深度解读、正确把握自己接收到的信息的全部含义（尤其要把握发信方的用意）。

（2）结合自己收集、掌握的信息，根据对方、环境、需求，发出"赋予了自己用意"的信息。

（3）利用自己手中的资源，灵活多变地运用所学到和已掌握的各种"报联商"技巧，真正达到"确保高质量的工作效果"的目的，即用信息去办事。

这就是"报联商"这个"信息处理术"高层级的"活学活用"。

在学会、掌握并能熟练运用《报联商：职场沟通必修课（基础篇）》和《报联商：职场沟通必修课（实战篇）》中介绍的基本方法和操作技能后，我们才能进入"活学活用"的高层级世界。

➤ 活学活用"报联商"，好处多多

高级"报联商"学好、用活的话，可以做到：化拒绝于无形，避风险于事前；促领导助自己，令对方不设障；调他人做事情，化梗阻为通畅……

正可谓：动动口舌动动笔，不用跑腿免受累；工作轻松顺畅推，诸事都能遂己愿。

小贴士 No.1　"报联商"的层级

- 初级"报联商"　从无到有 = 应转换观念：勤去汇报，多做沟通——信息不要留在自己手里。
- 中级"报联商"　具体操作 = 要讲究技巧：沟通到位，达成共识——力求互利双赢。
- 高级"报联商"　由僵到活 = 需用心动脑：因时因事，灵活运用——办事得心应手。
- 基础篇　去，别不去（重在澄清观念）= 从零突破，树立"报联商"的观念，学会 6W3H 方法。
- 实战篇　学习实战技巧（重在学会技巧）= 用 T.P.O.技巧进行"报联商"时不会令对方厌烦。
- 活用篇　站在对方立场上做到知己知彼（重在灵活运用）=用"信息处理术"应对各种局面。

下面，我们详细介绍如何运用高级"报联商"技巧（信息处理术）来做到这些看似很难做成的事情。

注："高级篇"既不沿用 6W3H 方法，也不再把报、联、商分开介绍，而是将"报联商"统一视为"信息处理术"来展开，做实战性解说和介绍。

本节复习

"报联商"是有层级的，运用好这个信息处理术可以大大地提高工作效率。

活用"报联商"铁则 No.1

"报联商"的终极目的是"确保高质量的工作效果"。

第 1 章

"报联商" 应该活学活用

"报联商"是职场上的沟通工具,《报联商:职场沟通必修课(基础篇)》和《报联商:职场沟通必修课(实战篇)》已经详细、全面地介绍了相关观点和实操技巧。在工作中,灵活运用"报联商"能使信息畅通,大大地提高自己的工作效率。

1.1 "知行合一"了吗

读了"报联商"的书不等于学会了,知道了不等于做到了。知识要运用到实践中才能化作自己的本领,否则就只是知识。也就是说,要做到"知行合一"。

➤ 知道了还是不做

🔍 **案例 No.1　知行不一**

多年前有个学员听了我的课,当场就加了我的微信。没过几天,他就发微信消息问我:"老师,我在现在这个岗位上已经干了好几年了,业绩也一直不错,上级怎么不提拔我呢?"我回复他:"那多半是因为上级对你缺乏信任。试问,哪个上级会提拔自己信不过的人呢?"于是,我给他提了几条建议,之后他那里就没有下文了。

又过了些日子,他又在微信里找我:"我自己在网上买了一套(两本)老师的书，但有一本不知道被谁拿走了，我想找老师买一套签名版的，可以吗？"于是，我马上给他快递了一套签了自己名字的书。

快递寄出去一周也没消息，我担心快递寄丢了，便扫码核查，原来快递第二天就送到了。这样一来，我知道他得不到提拔的原因了。于是，我便利用这件事来点醒他。

我发微信消息问他："我给你快递的书收到了吗？"他回复："收到好几天了。"我又问他："三周前，我给你提的建议，你用了吗？"他马上回复："谢谢老师，我用了。我照老师说的做了，马上就有起色了。"

于是，我给他发了一段内容："看来，你的闭环意识还有待强化。你看，我给你寄了快递，你也找我商谈过、咨询过……你的这些行为都是涉及对方的呀！这两件事的结果你肯定是知道的，但是你想过没有，对方的我也想知道这些事的进展和结果呢？这两件事你到现在都没给我反馈，能让我放心吗？假如我是你的上级，这种与我有关的事情你也不给我一个交代，我能满意吗？能对你放心吗？进而，我会提拔你吗？"

他马上回复："老师说得对！听课的时候我就认为'报联商'对我帮助非常大，现在跟您微信沟通感觉更是如此。谢谢老师的指导，我以后该改的就是要做到万事都有交代，无论结果如何。"

我进一步告诫他："举一反三。通过今天这件事建议你马上回顾一下，现在手头有多少涉及对方的行为（其中包含你的上级），迄今为止你还没给对方一个交代？是不是今天，就在刚才也有呢？马上改！给他一个回复，给他一个交代。这样，他对你的信任度就会有所改观！"

后来，我去给他们做升级班的培训时又遇到了他。他拉着我的手说："谢谢老师的点拨，令我茅塞顿开。我按您说的做了，真的被提拔了，现在跟上级的关系可好啦！"

🖊 **短评**：这就是学了不用！为什么？惯性的力量太大。人，一旦形成了自己的习惯，想靠听一堂课或读一本书就能转变观念，让他做出行为上的改变，其实是很难的。

😶 **注**：不排除很多人读了"报联商"的书，马上就认可里面的观点，接受书中所说的道理。看着那些案例觉得就是在说自己，当即很有感触。但是，一旦掩卷回到现实中就又成为原来的样子，一切照旧，只是偶尔想起："哎，我怎么又忘了'报联商'，该去跟人家反馈呀！"

知行合一，说到容易做到难。

读了《报联商：职场沟通必修课（基础篇）》之后，贯彻实施了"接指需问清""事毕要回复""知情应通报""遇变先请示"这四条最基本的法则，马上就会受到上级的表扬和赞许，改变和上级的关系。一旦尝到了甜头，按说自会激起更大的落实热情，产生积极的动力，应该能形成良性循环，会越做越愿意去做，但是人的惯性是很难克服的。

➤ 学用脱节

🔍 案例 No.2　实战考核

在我举办的"报联商"师资培训班上，某次讲完课后我向全体学员宣布："今天讲的内容还有什么问题吗？没问题就下课。关于明天的考试，我过会儿会把考题发到咱们的微信群里，请各位下去认真准备接受真正的考核。"

不久，我就在微信群里发布了考题："请结合发生在自己身边的沟通案例，讲解一个'报联商'的铁则。通关标准为：让听众觉得'你说的是那么回事，有道理'即可。"

第二天开考前，我在微信群里共收到了 5 个反馈，其中 3 个是"收到"，第四位学员多问了一句："我用同事的案例讲，可以吗？"第五位学员沟通得最多，除了"收到"，她还跟我聊起来。首先问"要不要做 PPT 课件？""做多少幅合适呢？""采用哪个铁则可以自由选择吗？""给每个人的考核时间是多长呢？"，等等，我一一做了答复。最后，她发来一条微信消息："明白了，我准备今晚按铁则××号的知识点，用××事做一份 10 幅左右的 PPT 教案，明天课堂上用××分钟跟大家分享，呈请老师考核。请问，这样可以吗？"我回答："可以。"而其他人没有任何动静。

第二天开考前我宣布："真正的考核是昨天晚上到刚才，现在已经结束了。

考核的结果是，只有一位学员合格，其他学员都不合格。"闻此，考场里的学员一阵骚动。

于是，我把用那位学员和我私聊的截屏做成的 PPT 展示给全体学员："这位学员的行为表明，她已经学会'报联商'了，因为她在实践中已经在运用'报联商'的信息处理术了。而其他人只是学了，却不记得要运用。所以，正式的实践考试其他人都没有通过。下面开始的本场考试，大家只能算补考了。"

✎ **短评**：学以致用，知行合一。大家都一起听课，问他们有没有问题，也没有人说有不懂的，可是执行起来又有几个人真的学会了？我们学的"报联商"可是专门的"信息处理术"啊，试问有几个人对老师发出的考核信息做出正确的"处理"了？

"实践是检验真理的唯一标准"，学了就用才是真正的考核通关。那些只回复"收到"的人好歹算有个反馈，多问了一句的人算比别人合格，但绝大多数人仍然停留在原有的习惯模式上，根本就没用学到的知识，这样岂不等于白学？

学了却不用，即使考试合格，只能算理论上合格了，行为上还是没学会！

这样的人回去后也许会讲课，但是做不好，可以"言传"却无法"身教"。

其实，换位思考一下就能明白：出题时考官的脑子里肯定有了标准答案（蓝图）。如果考生能摸清这幅蓝图的大致模样的话，对自己的考试无疑是大有裨益的。

怎么摸清蓝图呢？实施"报联商"，立即行动！

用学过的"报联商"技巧去询问、打探、揣摩、确认，渐渐地接近问题的核心，弄清真相。问得最多的那位学员其实是在运用"掏、淘、讨、套"的技巧（参见《报联商：职场沟通必修课（实战篇）》的相关内容），她真的学会了"报联商"。这位学员即使第二天也和其他学员一样地接受考试，那么她肯定比那些一句也不问，只顾埋头按自己的"想当然""我以为"备考的学员成功率要高得多。

"报联商"不能被很好地执行的六个原因如下。

- 双方的认识有差距 ——差。
- 实施"报联商"的时机很难吻合 ——惑。
- 上级的动辄训斥 ——怕。

- 担心去"报联商"反而增加新活儿　　——懒。
- 没有相应的大环境　　　　　　　　——难。
- 已形成的习惯难改　　　　　　　　——厌。

小贴士 No.2　信息传递的漏斗原理

1. 你心里想说的是 100%。

2. 嘴里说出的占 80%，漏掉的原因：①没能突出重点；②有顾虑不说出口。

3. 别人听到的占 60%，漏掉的原因：①自己表述有问题；②对方没做笔记。

4. 别人听懂的只占 40%，漏掉的原因：①对方没认真听；②对方不懂装懂。

5. 别人行动的只占 20%，漏掉的原因：①没有具体措施；②没有大环境，缺乏监督。

练习题 No.1　这么做对吗

客人订货时仓库没货了，于是鲍莲裳答应客人："一旦进货了，我就会给您发货。"几天后货到了，由于客人的订单已经积压在这儿了，于是鲍莲裳赶紧给客人把货发出去了。

请你评价一下，鲍莲裳这么做对吗？

练习题 No.2　遇到以下情况时你该怎么办

1. 乘厂车时，有人将垃圾乱扔。

2. 空调好像有问题。

3. 卫生间的下水道堵塞了。

4. 身体不舒服，想晚一会儿上班。

5. 得知今天有暴风雨。

6. 电视台通知这个区域的输变电线路要检修。

7. 发现生产设备上有裸露的电线头。

本节复习

学习"报联商"之后要克服原有的惯性，在实践中积极应用才能有收获。

活用"报联商"铁则 No.2

"报联商"学了要用，否则只是纸上谈兵。

1.2 "报联商"是有层级的

"报联商"博大精深，学习和运用应该由浅入深、由低至高，一步一步循序渐进。由于内容太多，所以分成几册书陆续介绍给读者。

"报联商"的层级，由低到高，层层深入。

案例 No.3　地铁在某车站停车时间稍长

车内没有任何广播，乘客不知道怎么回事，疑惑不解，难免惴惴不安——"报联商"初级。

车内广播："现在是临时停车。"有信息但太粗糙，乘客不知为何停车，不知要停多久——"报联商"中级。

车内广播："3号车厢有病人，医护人员正在本站搬运病人，需临时停车3分钟。"——"报联商"高级。

短评：信息给不给？给多少？怎么给？给到什么程度？都能体现出"报联商"的水平。

➤**"基础篇"的作用**

《报联商：职场沟通必修课（基础篇）》讲述的是初级内容，它设定的读者群是初入职场的新员工（25岁左右）。

他们头脑里关于上下级、团队内外的沟通经验基本处于空白状态：不知"报联商"为何物，处于懵懂中。学校里老师不讲这个，家里长辈只是笼统地说"上班了要听师傅的，少说话多干活儿"等泛泛的内容。因此，关于沟通，他们的观念是模糊的，更谈不上有什么技能。

针对这样的读者群，初级的《报联商：职场沟通必修课（基础篇）》是最合适的。学习后的收获是，道理澄清了，观念树立了，明白了"不去'报联商'对自己不利"的道理，开始知道该去跟别人实施"报联商"了。

> **➤"实战篇"的作用**

如上述"漏斗原理"所示：所有的沟通，信息在传递的过程中都会出现遗漏、误解，甚至偏差。因此，发信方应先做好心理准备：自己发出的信息很可能没被对方正确接收，如果自己不进一步跟进、采取措施，那么信息"传递不到位"就很难避免。

《报联商：职场沟通必修课（实战篇）》设定的读者群是有一定职场经验的老员工和基层管理者（30 岁左右）。

在多年的职场实践中，他们已在沟通上吃了很多亏，踩过很多坑。或者已经学了《报联商：职场沟通必修课（基础篇）》，开始实施"报联商"了，却仍然频频碰壁——或被上级训斥，或被对方烦。他们深感沟通技能的不足，迫切需要掌握一些切实可行的工具。

因此，《报联商：职场沟通必修课（实战篇）》着重从如何操作方面介绍了大量的"报联商"实操工具，并从 6W3H 的各个角度把"报联商"的操作技巧做了更详尽、更全面的介绍，夯实了实战技能。

《报联商：职场沟通必修课（实战篇）》重点解决你去跟别人"报联商"时如何才能做到"当你结束这轮'报联商'（转身离开、挂断电话、起身告辞……）时对方不会烦你，而对你有好感"的问题。

该书引导读者最终达到这样的境界：给需要的人，在他需要的时刻，用适合他的方式，简明扼要地送去他所期待的信息。

> **➤"活用篇"的作用**

学了不用不等于学会了，会用了乱用不等于掌握了，只会技能不等于参透了真谛。

案例 No.4 练和不练的区别

《西游记》里唐僧师徒过通天河时，听说那河怪要吃童男童女。于是，孙悟空"摇身一变"就变成了童男，让猪八戒变个童女吧，他吭哧了半天才变了个童女出来，却是个"胖妞"！孙悟空一番取笑之后，对着"胖妞"吹了口气，这才变得像样了。

短评：差距怎么就这么大呢？都学了呀，都会了呀，好与坏的区别就在于一个勤练、一个不练！

《报联商：职场沟通必修课（活用篇）》设定的读者群是老员工和中层管理者（35 岁左右）。

这个层级的读者，已经有相当丰富的职场经验，或许已经学习过《报联商：职场沟通必修课（基础篇）》《报联商：职场沟通必修课（实战篇）》，对"报联商"已经有所了解，甚至都用得挺顺手了。但是，如何让"报联商"为我所用？如何用"报联商"来办事？

只知道僵化地执行那些"铁则"，并不能灵活变通，甚至缺少技巧，虽然工作轻松了，但仍然摆脱不了被动的地位。

做事、主张、工作都得听人家的，自己掌握不了主动权，也控制不了局面。

谁不想上班开心、工作顺心、办事如愿、心想事成呢？

《报联商：职场沟通必修课（活用篇）》就是从这个视角切入并展开，详细介绍如何把"报联商"的那些"铁则"用活、用顺，用得得心应手、为己办事。

本节复习

"报联商"是一个体系，其内涵博大精深，值得持续不断地深入探讨、挖掘。

活用"报联商"铁则 No.3

"报联商"只有勤学勤用、经常实践，才能做到熟能生巧、活学活用。

1.3 仅执行"报联商"是不够的

即使运用了"报联商",也不等于学会了。

"报联商"的终极目的是"确保高质量的工作效果",如果用了却没有成果,那只能说是运用不当,等于还是没学会。

案例 No.5 执行效果要看成果

在统一安排下,当所有人都接受过"报联商"的培训后,公司开展了轰轰烈烈的"报联商"普及和落实活动。高层领导重视,各部门经理也跟得紧,不到一个月就建立了各项规章制度,很多就是"报联商"书里的铁则,比如"越是坏事越要早报""汇报要先说结果"等。

商科长也在科里的大小会议上反复强调:"落实'报联商',就要跟客户保持密切联系,不能等,要主动跟对方'报联商',把信息传递过去,把问题确认清楚,注意完成闭环!"

小张比较懒散,但既然公司有这样的规定就不得不执行。她开始主动给客户打电话、联络信息,但是有好几次对方没接听,她挂断后就去忙别的了,也没再去理会。

小李则不然,她也遇到过对方没接听的情况,但是她不放弃,记得再打,总有接通的时候。但有几次虽然接通了,对方却很忙的样子,话还没说完就匆匆挂断了。

鲍莲裳同样遇到这样的情况,她不辞辛苦,该联络的事项采用多种手段,电话说不清楚就发微信消息、发帖子、寄快递。至于登门拜访,面谈、传递、沟通、确认更是加大了频率。

到了年底,鲍莲裳负责的几个项目都完成了,并超额完成指标,她获得了公司的嘉奖。

而小张、小李呢,不是哪个项目受挫了,就是虽然拿下了,也是业绩平平。

小张、小李觉得很委屈:我们也实施"报联商"了呀,公司的规定我们也执行了呀,该打的电话,该做的联络,我们都做了呀,怎么光奖励鲍莲裳呢?

短评:是的,"报联商"虽然执行了,却没有任何结果…… 一件没有结果的事虽然做了,可又有什么意义呢?99.9%和100%差别就那么大吗?99.9%看似只要再努力一点点就变成 100% 了，其实不然。没有出色完成任务，甚至没能完成任务的人，差距就在那 0.1% 上。

这就像一场足球赛，90 分钟比赛再加时 30 分钟，总要分出胜负，最终胜出的就是那个 1∶0 赢的一方。在 99.9% 时，大家的成绩都一样，那就要看谁能把最后 0.1% 的事做好。尽管大家付出的努力都一样，但是差距就在那 0.1% 上。因为实施"报联商"的终极目的是"确保高质量的工作效果"，是通过实际成果来评价好坏的。

虽然用"报联商"了，但是不会用。

没学"报联商"时没有汇报的概念，学了之后懂得了要"报联商"，就开始积极主动地沟通。

可是，僵化地、教条地执行"报联商"可能会出错，结果适得其反，这也是不会用。

➤ "乱用"之一

🔍 案例 No.6　6W3H 的取舍

为了改善团队的沟通现状，鲍莲裳去向上级申请一笔钱，准备购买一批《报联商：职场沟通必修课》的书，发给班组长们组织内部学习。

此时，上级关心的主要有三点：要钱买什么东西（What），能起到什么作用（Why），需要多少钱（How many）。关于此事，上级只需要根据这几项信息就能做出判断了。

这时候，关于"什么时候用？""给谁用？""打算怎么用？"等其他因素，暂时不构成供上级判断的主要内容，若是他不问的话，鲍莲裳不必主动提供。

✏️ **短评**：这样做既可以避免搅乱上级思路把问题复杂化，又可以节省谈话的时间。当然，相关的内容也不能不做好准备，以便上级问到时能及时应对，只是不必一上来就全部说出来罢了。

"尽可能详细汇报、信息共享、信息对等、你知道多少就让对方知道多少"等"报联商"所主张的原则都是正确的，但它们是在初级阶段必须强调执行的，到了活学活用阶段就不能这么教条、僵化了。在高级"报联商"阶段，应由发信方掌握沟通的主动权。

不要提供过多的信息，否则会让对方不知道哪里是重点，反而忽略了关键信息。正确的做法：不要什么都说出 6W3H，发信方根据情况提供当时所需的信息即可。

案例 No.7　贾诩表态

三国时期，曹操晚年在立世子（选定接班人）的事情上，一直在当时的长子曹丕和次子曹植两人之间犹豫不决。

曹丕找到当时的谋士贾诩请他帮自己说话，贾诩表面未置可否，但心中有数。

一天，曹操就立世子一事征询贾诩的意见，贾诩听后沉思不语。过了一会儿，曹操见贾诩不回答，就问他："你听到我问你的话了吗？你怎么不回答呢？"贾诩故作猛然回过神来的状态说："哦，刚才失礼了。主公问及我此事，令我不由得想起了袁本初和刘景升的事情。"

袁本初，即冀州牧袁绍，他废长立幼导致了灭亡。刘景升，即荆州牧刘表，他也是因废长立幼而灭亡的。

曹操听了贾诩的话陷入了沉思。不久，曹操公布自己的决定：立曹丕为世子。

（根据《三国演义》相关内容编写）

短评：话不在多，关键时刻说到点子上即可。

办事时只提供需要的信息就能把事办成，这种信息处理术才叫技高一筹。

➢ "乱用"之二

案例 No.8　别说不该说的

公司内部结构要做调整，大家所在的科室将合并到下属子公司去。这样一来，大家上班都变远了，只有商科长和他的亲信鲍莲裳仍留在本部。

方案宣布后，大家都不开心。

一次酒后，鲍莲裳跟一个同事自豪地说：这个结果她早在一个月前就知道了！不料，那个同事把这话说出去了，引起科里全员骚动，导致鲍莲裳和她的上级都很被动。

✎ **短评**：不该说的话说出去了会适得其反，不该让她知道的事让她知道了，也会坏事。上级不该过早地向下属泄露消息，下属更不该去跟别人显摆，都是嘴上惹的祸！

"报联商"是信息处理术，自己掌握的信息该怎么处理？好好想想再行动。

➤ **"乱用"之三**

表达=自己说话，沟通=与人交流，传达=替人转递。

表达：警惕表却未达——"表述"是发出信息的过程，"表达"的是自己赋予的意思。

沟通：注意沟而未通——"沟"是在阐述自己的想法，"通"是谋求达成双方的共识。

传达：不要传却未达——"传递"的信息只是载体，"传达"的是信息所承载的内涵。

只"表"未"达"，令信息难以如实地表述清楚——信息不能对等，会令对方不知所以。

只"沟"未"通"，想告知对方的意图不能共享——信息不能对等，难以谋求理解一致。

只"传"未"达"，使信息在传递的过程中失真——信息不能对等，双方无法取得共识。

🔍 **案例 No.9　"表"却未"达"的种种**

误：小鲍，你这个工作岗位真的很重要啊！　　　　　　　　　　　　　　　　※1

正：国外的客户非常注重我们文件的外观，他们是通过报告的装帧来判断我们的工作质量的。他们用这份文件去寻找风投公司的投资。小鲍，你的工作很重要啊！　　　　　　　　　　　　　　　　　　　　　　　※2

误：张经理，你们营销部需要10名销售员的人才招聘难度很大。　　　　　　※3

正：我们这个月为此面试了30人，只通过了5人。其中，有2人从事过营

销工作，1人虽然没干过但表示愿意跟师傅学习，已决定录用。另外2
人还在考虑，尚未录用。　　　　　　　　　　　　　　　　　　※4

注：

※1 表述空洞——为什么"重要"？令听者听不懂，达不到调动对方积极性
的目的。

※2 用具体事情表述，不是干巴巴的说教，能收到鼓舞对方干劲的效果。

※3 表述不具体——什么叫"很大"？太笼统了，对方听不懂。

※4 用数字说明具体情况，表述清晰，意思传达到位，可依此展开分析、
讨论。

短评： "表达"是传递自己想法的"话"。不仅要让对方听到你说的话，
还要让对方听懂你说的话，这样对方才能理解你的用意。

从传递（他在说什么？）到传达（他到底想表明什么？），再到行动（他想让
你做什么？）！例如，"万总出差该回来了"，表面意思很容易就能听懂，但他说这
句话的背后是什么用意，你懂吗？

练习题 No.3 说不说

你得知了同事在私生活方面的问题，觉得发展下去会影响工作。

你该怎么处理这个信息？

本节复习

学了"报联商"，还要在反复的运用中摸索改进，才能慢慢地领
会其真谛。

活用"报联商"铁则 No.4

"表达"不要表却未达，"沟通"不要沟而未通。

1.4 "报联商"也会走歪

➤ 不"用心"、不"动脑"地僵化运用

案例 No.10 最好的型号

鲍莲裳毕业后到某空调厂家做了营销业务员。入职一年多，她跟着联师傅了解了一些空调知识，也学会了不少营销技巧，现在可以独当一面负责一些普通的项目了。不过，于老板自家用的这栋别墅，她还是跟着联师傅一起做。

于老板是一家房地产企业的领导，正在将他自己的那栋别墅全面装修，设备也要重新购买，一副"什么都用最好的"的架势。

联师傅领着鲍莲裳和房东于老板面谈过几次，了解了他的想法，也去现场看了，拿到了图纸，心里基本有底了，觉得推荐公司的某款产品比较适合这个项目。

这时，恰好公司一款新型空调上市了，门店组织业务员学习、了解新产品的功能。那天，联师傅有事没能参加，让鲍莲裳去参加培训，她拿到了新产品的全部资料。

培训结束后，鲍莲裳顺路去于老板家的这个工地办事，看到于老板和几个人在那边说话，正好有件事要确认，于是过去打招呼。

谈话中，鲍莲裳想起上周参加过公司组织的"报联商"培训中，关于用"联络"把信息及时传递给相关人员的"铁则"，就想：既然公司推出了新产品，那就该把这个信息及时地分享给客户。于是，她自豪地说："我们公司又推出新产品了。"

于老板一听很感兴趣，在于老板的追问下，鲍莲裳取出相关资料给于老板介绍了一番。一听说新款式又增加了这么多功能，于老板当场就说："给我装这个型号！"他转头去向旁边的那几个朋友炫耀地说："我的房子就得用最好的！"

第二天一上班，鲍莲裳就高兴地跟联师傅说："于老板决定用咱们新型号的空调。师傅，公司刚推出咱们就做成了一单，而且新型号的空调价格贵，利润空间更大了。"联师傅一听吓了一跳，赶紧翻阅相关资料，接着又打电话向总部确认了几件事，然后急忙带着鲍莲裳去了于老板家别墅的工地。一番实地调查后确认：新型号的空调不适合这个项目，因为后期交付有风险，流程中涉及的各环节过于烦琐，发生的额外费用难以分派，等等。

可是，鲍莲裳昨天已经把消息放出去啦，现在怎么才能说服于老板放弃新型号的空调呢？鲍莲裳此举也太冒失啦，这不是给自己添麻烦吗？

联师傅责怪鲍莲裳："你怎么也不跟我商量一下就擅自跟客户乱说呢？"鲍莲裳觉得很委屈："不是刚培训了'报联商'吗？信息应该及时地传递出去，不要留在自己手里呀！"

📎 **短评**：什么信息该传递出去？什么信息该暂缓传递出去？什么信息需确认后再传递出去？什么信息不能传递出去？

将所有信息都传递出去，那是初级"报联商"，到了活学活用的层级就得"用心 ＋ 动脑"了。

"报联商"探讨的是信息处理术，其目的是"确保高质量的工作效果"。

初级阶段的"报联商"不得不强调"把信息传递出去"，那是因为信息不流动起来就无法沟通，那是为了对新员工进行基本的观念改造才如此强调的。一旦实现了"零的突破"，开始了"信息流动"，后续的"报联商"行为就需要进一步考虑信息该怎样流动、如何传递才能达到最佳目的的高层次问题了。

➤ **用心了，动脑了，但是走歪了**

高级"报联商"要求的是注入"灵魂"，即"用心+动脑"，但也有乱用的。

🔍 **案例 No.11　学歪的"报联商"**

有的人虽然学会了"报联商"，却耍小聪明。例如，事情做完了，却故意拖延反馈。

他打的小算盘是：晚一点去汇报，给上级留下的时间就少一些。这样一来，即使工作做得不够圆满，上级也会看在时间紧迫的份上，睁一只眼闭一只眼，多半就可以这样将就过去了。如果一做完就去汇报的话，万一还有时间上级又让改，岂不是给自己找活儿？

✏ **短评**：但这样做损害的是什么呢？是整个团队的利益，肯定也损害了上级的利益——他勉强接受你交来的这份不太满意的结果，也是迫于时间紧迫的无奈，但他会觉得你不靠谱。

从长期来说，这样做对你的发展是极为不利的。因为从上级的角度看，他当然希望把重要的工作尽量安排给他觉得靠谱的人，这个人能够全力跟进、及时汇报、杜绝一切可能出现的问题，最后交出一份让他满意的结果。

如果你经常给上级造成迫不得已，让他不得不勉强接受你那些不甚完美的结果的话，久而久之，上级就不敢对你委以重任了。

从长远来看，耍这种小聪明的人最终是"聪明反被聪明误"。

➤ **不能狐假虎威，扰乱正常工作**

🔍 **案例 No.12　钦差大臣**

某分店一个早就酝酿好的活动方案，报到总部去了迟迟不见批复，那可是早就和本部的相关人员（主管领导们）多次讨论过、打过招呼，分店这边更是发动所有员工群策群力出主意才策划完善的一份方案啊！

几经询问、多方调查才得知，是上周到这边来办事的总部员工鲍莲裳的原因，是她个人对这个方案里的一项内容有看法，回去后私下里反映给了总部领导。

真是岂有此理，你又不是钦差大臣，搞什么微服私访？凭什么狐假虎威？就凭你是总部员工，你就有权干涉分店的正常业务吗？

✏ **短评**：用心了，却没用在正道上。即使真的发现了问题，也应该正面提出，或者通过相关程序讨论研究。不该打小报告，更不该横加阻拦。

《报联商：职场沟通必修课（基础篇）》《报联商：职场沟通必修课（实战篇）》都讲到过下属应该替上级着想，平常工作时要站在上级的立场上帮他发现问题，并主动汇报给他（做他的眼睛/耳朵），这主要是指对外部事务或对客户。

如果发现的问题是内部的，那就要注意一下友邻部门的关系，该走相关程序的就走程序，不能做"一言丧邦"那种损害大家利益的事。

本节复习

"报联商"的运用必须出于公心，不应将其当作"厚黑学"的工具。

活用"报联商"铁则 No.5

高级"报联商"需注入"灵魂"，用心、动脑才能用活。

1.5 应该不拘一格，活学活用"报联商"

学会了"报联商"，在基本工作做好之后，能不能再往前一步呢？

➤ **进一步，做到 101 分**

案例 No.13 春节归乡

春节到了，人们都在忙着归乡的事。

你买好高铁车票了吗？——买好了！

你回家的事，谁最惦记？——当然是亲人了，最惦记的就是家里的爸妈。

你回家的日期通知爸妈了吗？——当然，买到车票的当天就告诉他们了。

看来一切顺利，祝贺你。

于是，××日，你踏上了归途。

上了高铁（飞机），把行李安置好，你就开始和朋友聊天、打牌、睡觉……

下了高铁（飞机），打个车（或买张回家的长途车票），就急匆匆地往家赶。

远远地看到家了，那门窗，那灯光，那炊烟……家是多么温馨。

开门看到你的脸，爸妈多么高兴啊！

可是，你想过没有：在你推开门之前的那段时间，也就是你路途上的那十几个小时，爸妈是多么的惦记、盼望，他们内心又是多么的忐忑、焦虑。

- 孩子上车了吗？
- 高铁（飞机）准点吗？
- 现在到哪儿啦？
- 途中顺利吗？

- 昨晚睡好了吗？
- 几点能到家呀？
- 吃早（中）饭了吗？我这饭菜是不是该热起来啦？

直到看见你推开房门，爸妈的心才放进肚子里。

你这里知道一切顺利，可是你不说，爸妈就不知道，就免不了会惦记！

联络就是要替对方着想，别让关心你的人惦记：把信息传递给他！

今年（学习了"报联商"）改善一下吧：

- 上了高铁后，发条微信消息："我已上高铁，准时发车。"
- 飞机关舱门时，发条微信消息："飞机准时起飞，飞机准时到达。"
- 到了家乡的城市，发条微信消息："我已买到×点发车回乡的巴士。"
- 叫到滴滴出租时，发条微信消息："我已上了出租车。"

于是，老爸说：差不多该把饭菜热起来了，儿子快进门了。

老妈说：孩子，该下楼看看了，帮你哥拿行李去！

尽管一切正常，你举手之劳的信息联络，会给爸妈送去多大方便啊！

忐忑不安与情况尽在掌握之中的胸有成竹，完全是不同的感觉！

动动手指，记得把你归乡的状态及时地告诉爸妈，让他们放心吧！

✎ **短评**：心里装着别人，你就能想得周到。比 100 分只多了 1 分，但效果绝对不止 1 分！

➤ **再进一步，做到 102 分**

以解决一个问题为契机，是否能够举一反三，借机扩大相关成果呢？

🔍 **案例 No.14 借机扩大成果**

联师傅肚子疼去看医生，诊断是盲肠炎，于是住院一周，割掉了盲肠。几天后回来上班了，这个问题就解决了。

可是借着术后不能吸烟的机会，他坚持把烟给戒了。

恢复期医生要求他多走动走动，于是尝到了甜头，自那以后坚持走路锻炼。

平常怠于用微信联络的他，住院期间不得不用，回归工作后也常在工作群里发声了。

✎ **短评**：当出现问题时，大家就会想对策、找原因，解决问题。一般找原因都习惯性地找外部的因素，谁又想过在这种关头是不是也该反省一下内部有哪些该改善的地方呢？借这个机会认真审视一下平时顾及不到、考虑不周的细节，这样刀刃对内的话，更能提高工作效率。

➤ **再进一步，做到 103 分**

当代社会节奏很快，很多年轻人在岗位上都不得不加班加点地工作，压力很大。多干活是很辛苦的，但是这种劳动的辛苦未必就能得分。

其实，得分球多数不在场内，往往在场外。我们要用慧眼去识别机会，即到场外去寻找得分球。

🔍 **案例 No.15　得分球**

店长把满载货物的汽车开到一间仓库前停下，对鲍莲裳说："给这里卸下20 件货。"说完，他就去办别的事了。

下面是鲍莲裳执行店长交代的这个任务后的四种表现。

1. 鲍莲裳卸完货之后蹲在一旁喝水。店长回来看到卸下的货物堆放杂乱，地面有散落。

2. 店长回来看到卸下的货物码放整齐。车上、周围地面、仓库地面都已打扫干净。

3. 鲍莲裳很快就卸完了货。打扫完场地后，满院子找到店长汇报："货卸完了。"

4. 店长开车离开这里后，坐在副驾驶座上的鲍莲裳向店长汇报情况。

鲍莲裳：店长，这家公司不是跟咱们签了独家代理协议吗？可是，他们暗中跟 B 公司也有来往呢！B 公司不是咱们的竞争对手吗？

店　长：你怎么知道？

鲍莲裳：刚才卸货时我发现仓库里有 B 公司的同类货，放在仓库的另一个角落里，还盖了苫布，看来是不想让咱们知道。

店　长：是吗？

鲍莲裳：没错，我用手机照了相。不过数量不多，就 5 件。

店　长：知道啦，你把照片转发给我。

💬 **注：**

1 的做法：让干什么就干什么，一点多余的也不干，该干的也没干好。

差，50 分。

2 的做法：把分内应做的工作做完，但是做完的信息没去闭环通报。

可，60 分。

3 的做法：工作做完，信息也主动及时完成闭环。

良，100 分。

4 的做法：完成分内的工作之外，还超预期地做了额外的工作。

优，103 分！

✏️ **短评：** 决定得分的关键往往不在于上级交代的"分内任务"，而在于"分外"的附加！

这种"分外的附加"并不是上级指派的，也不是让你自觉地多干些活受苦受累。例如，上述第三种做法也叫"很好地完成了任务"，但那需要多花体力，很累但未必能得分。因为在上级眼里，那都是你应该做的，不会为此给你加分。第四种做法虽不累（但需多动脑），却绝对加分！所以"用心"比"用力"效率高。

很多人加班加点都是想把工作"做得更好些"，但大多数人把精力用在了分内工作上。其实，上述案例中的第四种做法——报联商（信息的收集和提供）并不累，却很得分！因为你加的这点信息是上级预料之外的，也是他所需要的，不是吗？这就叫"巧干、会干"。

🌐 实技 No.1　探明边界

其实，"知道上级的期待值"就是要做到"知己知彼"。

但是，上级又不是你的家长，他的脾气秉性、习惯、喜好……你也不熟悉，再说年龄、职位、立场等都不同，怎样才能知道他在想什么呢？

拥有这种想法的人是在给自己的懒惰寻找借口。有这样的想法，你就不会具备"俯瞰"事情全局的整体视角，也就不可能灵活运用"报联商"这个绝佳工具。

你要站在对方的立场上，把自己的立场拔高一层："如果我是他，现在我希望看到什么？我希望知道什么呢？"一边这样想一边去"扎刺猬"摸索（参见《报联商：职场沟通必修课（实战篇）》相关内容）。以积极探索的态度找老员工、上级频繁地沟通，渐渐地你就能知道上级的所思所想、所求所需了。

重要的是，把自己察觉到、揣摩到的结果设法在实践中进行核验，看看自己观察到、揣摩到的是不是正确。这样反复实践就能摸到规律、掌握诀窍，探明上级期待值的边界在哪儿了。

实技 No.2　能令上级满意的回答

作为外勤跑业务的营销人员，当上级问你某客户的情况时，你仅能说出客户的姓名、性别、职务、年龄是不及格的，至少还要说出下面 10 项中的 6 项，才能叫及格。

1. 最高学历。
2. 擅长的事。
3. 性格和为人。
4. 至今为止的任职经历。
5. 在公司内的人际关系。
6. 同行业其他公司对他的评价。
7. 家庭籍贯和当地风俗。
8. 酒量和欲望。
9. 兴趣爱好及如何度过节假日。
10. 他现在的生活及家庭情况。

其实，只要比别人多做一点点，就能超出上级的期待值。

本节复习

"报联商"不是僵化的教条，应该在了解、熟悉的基础上灵活运用。

活用"报联商"铁则 No.6

运用"报联商"灵活处理信息，能做到超出对方的期待值最好。

1.6　想得分就得多干活？超出预期的一点点

➤ 如何获得上级的信赖

任何团队里都有令上级青睐、看重，甚至倚重的人存在，这样的人一般也容易被提拔。

怎样才能使自己成为这样的人呢？如何把自己打造成"让上级依赖的人"呢？

一个方法是，让上级觉得你超额完成了任务。

🔍 案例 No.16　被提拔的原因

我的一个朋友直升机式地短期从科长被提拔成了部门经理，听到这个消息，我约他吃了顿饭，祝贺他高升。我在席间问起，是什么原因让他上升得这么迅速？

他说道："你有所不知，其实这阵子我被总经理调到身边做了半年多秘书。"

我还是不解："当秘书的人很多，也不是都被提拔了。再说，就是被提拔也没有像你这么快的呀！还有其他原因吧？请不吝赐教。"

他解释说："总经理经常外出不在公司，总是让我负责联络事宜。除了有急事当时就联系向他请示，我每天下班前都把公司当天发生的事，各部门领导有谁找他了、准备谈什么，外部客户有谁找他有什么事等，列成清单，简明扼要地汇报清楚。一些重要的事（当然都是我觉得他认为重要的事）还附上我的看法，甚至将辅助资料一起提供给他，供他了解实情，便于做出决策。这样一来，他人虽然不在公司，却对公司的事情了如指掌，几乎跟没外出时一样，很放心。他对我这种密切汇报、请示的做法非常赏识，觉得我有眼力见儿，这才提拔了我。"

✎ **短评**：原来如此！让上级及时对他想知道的事情了如指掌，竟然有这么大的作用！

上级在交代任务时，他心中对结果是有个期待值的。具体做工作的下属如能把工作做到超出上级的期待值，就会给他一个惊喜。

仔细想想不就是这样吗？谁都一样，人人都有自己关心的领域，尤其是身处领导岗位的人。但上级只有两眼两耳，需要开会、会客、出差、外出，不可能面面俱到地耳听八方，什么都知道。这时，如果有下属能给上级提供信息，做个耳报神，那当然令人放心啦，久而久之就会演变成信赖。

➢ 传递消息的作用

🔍 **案例 No.17　耳报神的作用**

20 世纪 90 年代初还没有手机，电子邮件也不发达，我经常要出差，一个月里至少有半个月是在全国各地到处跑。一半时间不在，难免对公司里发生的事情非常挂念。每次出差回到公司的前几天因有些事情不知道，有时还真的有点不适应。

于是，我要求助手在我出差期间，每天晚上下班前，把当天公司里、部门里发生的重要的事写成简报（有什么问题也列出来），用传真发到我当天预订入住的宾馆里。

第一天入住宾馆的传真号码出差前已经知道了，出差后每天晚上看完助手传真的简报后，在回复的传真里顺便注明第二天预订宾馆的传真号码，这样一天压一天地滚动着保持联络。

这样的密切联络，使我虽然人不在公司却犹如身在公司，对公司的情况了如指掌，心中有数。出差多日后回到公司就感觉好像不曾离开过，一点也没有生疏感、违和感。

短评： 信息的作用就是这么大。及时地、随时地、密切地、详细地获得信息，就犹如身临其境，拥有不曾离开的临场感。

➤ 得分球在哪儿

案例 No.18　替我先接待一下

银行的张经理今天下午约了一位大客户前来办理理财投资的事。客户准时到达，可是张经理手头有点急事不能接待客户，于是吩咐鲍莲裳："你先替我去接待一下客户。"

错误的做法：

鲍莲裳马上去接待客户：给客户端茶倒水，客套寒暄，招呼客户坐下等候，然后就回来继续做自己的工作。张经理忙完要去接待客户时看见鲍莲裳，惊讶地问："我让你接待客户的，你怎么在这里？"鲍莲裳诧异地说："我接待了呀！"张经理听后无奈地苦笑，摇摇头走了。

正确的做法：

1. 鲍莲裳临去前向张经理简单问清客户的大致情况。

2. 过去后确认客户身份。

3. 因为是夏天，送上一杯冰镇冷饮。

4. 在寒暄中顺便介绍公司理念，了解客户的初步意向。

5. 确认今天办手续需携带的证件客户是否带齐，取来需要填写的表格，告知客户填写方法。

6. 在陪伴客户时和他闲聊：男士可以聊些他的专业、兴趣、周末爱好、汽车、手表等话题，女士则聊些家庭、育儿、保健等内容。

7. 注意客户对现在的生活、工作有什么顾虑、需求。

8. 等张经理到来时简要汇报一下刚才所做的事务性准备工作，然后问一句"还有什么需要我做的吗？"，得到否定的回答后，说一句"有事随时叫我"，然后离开。

9. 下来后，把聊天得到的信息整理一下，列出客户的潜在需求并选择现在可以推荐的本行相关产品。

10. 上网查询、下载些与客户潜在需求相关的资料，打印出来整理好。当张经理问到时，或者寻找时机交给张经理。

🖉 **短评**：在上级布置的任务领域里，超出边界（上级的期待值）地做些额外的工作，收效奇佳。

这就是"多做一点点"。这些信息不管上级是否已经掌握，仅仅这份"有心"，你已经做到了"与众不同"。

➤ **活儿不在多，而在巧**

🔍 **案例 No.19　巧干辅佐**

中文系毕业的总经理秘书鲍莲裳，在工作中经常需要按总经理的指示起草一些文件，至于文件内容的要求和方针，总经理都有具体的交代。

当鲍莲裳把文件起草好交给总经理时，总会在封面上用曲别针夹一张便签，便签上面除了开列总经理指示的那几个方针，还会写上自己觉得有问题或者不合理的地方，并附上几份相关文件，甚至把其他企业应对相关事项时所采取的措施和现实效果也附在文稿后面一同呈递。

这样一来，当总经理审阅文稿时就能参照其他企业的做法，完善自己的方针和想法了。

慢慢地，总经理对鲍莲裳产生了依赖，每当遇到需要做出重大决策的情况时，都先指示她收集相关参考资料，并征求她的意见。鲍莲裳也没辜负总经理的期望，她总能把问题最核心的部分条理清晰地列出来呈报给总经理，帮助总经理理清思路。

没多久，鲍莲裳就升职了，总经理提拔她做了地区的部门经理。

🖊 **短评：** 站在上级的立场上，想想关于这件事他需要什么，就知道自己该做什么了。

拾遗、补缺、提醒、防忘、提供参考、给些启发，总之，你给上级提供方便，帮他做些事，就能把工作做得超出他的期待值，这并不需要付出多少体力和时间，需要的是智慧和脑子。

有时，脑子动一动，一句话的提醒、贴张小纸条、写上一句话，比加班一天的效果都好。

🌐 实技 No.3　对上级的辅佐

某些人辅佐上级的方式令人反感，比如露骨的马屁、夸大其词的赞许、令人作呕的吹捧、不负责任的大包大揽、令人侧目的追随等。

其实，上级需要的是：

- 用适合上级的方式向他传递信息，即让他对你的状态了如指掌，还不过多占用他的时间；
- 工作中，开动脑筋多想法子、多出主意，适时地向上级提出建议，协助上级判断；
- 替上级收集与工作相关或对团队运作、管理有益的信息，整理好及时向上级汇报；
- 自己做错事时想好方法尽早向上级去请示，商谈对策，力争把损失降到最低；
- 举一反三，用自己失败的经历和总结的经验，帮助上级在团队里寻找类似的潜在危机；
- 团队里别人惹了祸自己积极出手相助，协助上级处理善后，减轻上级的负担。

➤ 上级的期待值在哪儿

🔍 案例 No.20　上级的期待值

鲍莲裳入职半年了，是销售主管，负责几个客户的营销、跟踪工作。一天，商科长让她把最近的工作汇报一下。于是，鲍莲裳整理、准备了一番，向商科长汇报了自己负责的那几位客户最近的销售和服务情况。

　　商科长：就这些？还有其他的吗？

　　鲍莲裳：刚才都汇报了呀，没有其他的了。

　　商科长：你只汇报了看得见的部分，我更想听的是你这段时间对销售工作的理解，以及对客户、对市场的分析。例如：

　　　　1. 参加工作以来，有没有总结出一些实用的方法？

　　　　2. 这段时间遇到哪些问题？有什么心得、建议？

　　　　3. 有没有收集到有代表性的客户反馈？

　　　　4. 有没有竞争同行或新的行业趋势信息？

　　　　5. 你自己对下一步工作有没有规划、想法？

　　　　不要只顾埋头干活，工作中多动脑子，多想想这些事就能进步得更快了。

　　鲍莲裳：知道了，谢谢科长的指导。

　　✏ **短评**：超预期完成任务，是指你把上级脑子里对这项工作的预期升华到一个新的高度。

🔍 案例 No.21 路况调查

　　货运公司新招了两个人（鲍莲裳和小朱），在调度室辅佐调度派车。这两个人是否录用，要等试用期满后决定。

　　一开始，鲍莲裳和小朱都跟着师傅学，每天按部就班，都能认真地完成师傅交办的任务，没出过什么差错。一晃两个月过去了，也看不出谁干得更好些。

　　第三个月开始后，南方几条线上经常接到货物逾期了还没送达的客户投诉。跑南线的司机们反映通往南方的那几条路最近有地段在施工，道路不畅，甚至堵车。调度派车时刻意安排路线绕行，可司机把车开到那儿时才知道那边的路不知什么时候也开工了。

　　鲍莲裳动脑子了。她下班后通过电脑查询交通网站，对南线的道路做了一系列的跟踪调查，搜集政府公布的修路信息，还拜托路过施工地段的司机们拍摄现场照片、短视频，并及时地发给她。参照这些信息，她每天一上班就能交给调度师傅一份当天早上做好的南路干线交通动态路况图，作为当天派车的参考。

这些信息帮了调度员的大忙，对南线的货物运输起到了重要的疏导作用，避开了堵车，预防了投诉，还节省了经费。

没多久，试用期满了，公司录用的是"多干了一点"的鲍莲裳。

✏️ **短评**：不需要你多干多少"活儿"（傻卖力气），而是要注意多做"事儿"（动脑+用心）。

有人说："我每天都在加班加点地工作，上级怎么还说期待我能超额完成任务？"其实，上级期待的不是让你做更多的工作，而是期待你能准确地把握他对这项工作的预期值，然后有一点总结分析的升华就够了。这些信息其实就蕴含在你日常的工作里，只要多留意且脑子里有这种意识，谁都能提炼出来。无非就是看得到、想得到、能提取、说得出而已，这就是高级"报联商"所追求的"动脑+用心"的境界。

实技 No.4 得分球

汇报完工作离开前，记得多问一句："您还有什么指示吗？我还能做些什么呢？"

这些话能让你在上级心目中获得 100 分以上的评价。上级会因为你的这种态度感到欣慰，因为你表达了愿意为他多分担一些的意愿。上级喜欢，也需要这样的下属。

本节复习

在信息处理上多留意、多动脑、多用心，比傻卖力气干活省力，却收益大。

活用"报联商"铁则 No.7

超出对方预期的得分球，就蕴含在你的工作中，需要你具有提取的意识。

1.7 态度会极大地影响"报联商"的效果

若要提高"报联商"的水平，想做得更好的话，需要超越"观念和技巧"，注意更高层次"态度和情绪"的修行。

不论你"报联商"的观念多么牢固，把学会的技巧运用得多么娴熟，也不论你如何灵活运用 6W3H，把信息传递到位，但在"报联商"时，如果"态度"不对的话，其效果会大打折扣，甚至事与愿违。因为"报联商"是在和人沟通，对方是有感情的人。

➤ 暴怒时的回复，放一放

林则徐任两广钦差大臣时，衙门中堂顶上的牌匾就是"制怒"二字，时刻提醒自己。

🔍 案例 No.22 要做你去做吧

上级指定鲍莲裳负责甲客户别墅的中央空调项目已经有一段时间了。鲍莲裳做了大量扎实的工作，与客户多次协商，根据客户的需求选准了机型，制定了具体实施方案。

这时，公司恰好推出了新产品，在组织大家学习之后，上级要求业务员尽量主推这款新产品。鲍莲裳分析了新产品的各项特征后，根据自己掌握的情况，觉得新产品不能满足甲客户的需求，于是决定不向甲客户推荐新产品，并获得了商科长的认可。

一天，负责销售的张副总在和商科长谈话时把鲍莲裳叫过去，一起讨论新产品的促销事宜，其中谈到了甲客户的项目。鲍莲裳明确了自己的想法：这栋别墅不适合用新产品。不料，张副总坚持自己的看法，认为新产品能满足这栋别墅的需求。

听着张副总的话，鲍莲裳心想："你不在第一线，又没见过客户，客户的居室分布也不清楚，客户家属的个性喜好也不知道，你怎么能这么武断呢？"但是想到越是这个时候越应该用"报联商"多沟通，于是鲍莲裳就把实际情况再次做了详细说明，还画了草图给张副总看，想让他认可自己。可是不管鲍莲裳怎么说，张副总始终坚持自己的看法。

这时，商科长在旁边给鲍莲裳使眼色，那是在提醒她："'报联商'的原则有一条是'不要当面反对上级，要讲究技巧'。"但是，鲍莲裳那几天恰巧在家里、公司都碰到几件烦心事，心情本来就不好，她的火气就上来了，对着张副总脱口而出："要做你去做吧！"

听到这句话，张副总一愣，商科长也愣住了。话一出口，鲍莲裳就后悔了。

✎ **短评**：是不懂"报联商"吗？是不会实操技巧吗？是不懂"报联商"的原则吗？鲍莲裳可是老员工了，怎么能不懂！但是，情绪、态度坏了事，一切都晚了。

你采用的方式、你表述的语言、你的遣词造句、你的语音语调、你的面部表情，这一切都能表明你的态度。由于情绪作祟，你的态度已经把你出卖了，"报联商"的技巧再好又有什么用呢？

➤ 情绪、心态会影响人的正常行为

🔍 **案例 No.23 赌气话**

小王进入这家公司已经 3 年了，她总觉得只要做好自己的本职工作，上级自然会看到。她从心里不屑那些经常跑去跟上级沟通的同事："都是在巴结领导，自我表功！"

新来的科长脾气怪怪的，几次对小王的工作不满意。上周竟在会议上当着大家的面斥责小王，她觉得科长太过分了，看来这是存心跟自己过不去呀！

不久，科长拿着一份文件走到小王的办公桌前："小王，这件事是你干的吧？你怎么搞的？"小王一惊，接过文件看了看说："这不是我干的。"科长说："你还嘴硬，这里明明有你的签名！"小王知道虽然这个签名是自己的，但是科长不了解具体情况，看来是误会了。

但是不知道为什么，这些天积在胸中的怨气一下子爆发出来，话出口就变成了："从今天开始你不是我的上级了！"科长问："你这是什么意思？"小王把那份文件往桌子上一摔："我不干了，辞职总可以吧？"

✎ **短评**：一时的冲动，把几年的辛苦积累毁于一旦。其实，上级发火有可能只是那时候他心里有火，需要找一个宣泄口，恰巧你的事撞到他的枪口上罢了。即使上级不对你发火，他也会去其他地方发泄的，你又何必跟他对着干呢？

有人说：沟通障碍的背后，有 80% 都是人的情绪在作祟，这句话一点也不假。

"报联商"是人际沟通，沟通的对象是人，而沟通的内容只是一种载体，沟通的真正目的是使双方达成共识，把事情做好。如果某方（或者双方都）带着情绪进行沟通，肯定会影响沟通的效果，使沟通跑偏、滑坡，甚至翻车！

如果和对方的关系不好，心理作祟，往往看待对方做的任何事都觉得对方是在"欺负人"。

小贴士 No.3　邻人遗斧

古时候，有个人家里丢了一把斧头，他怀疑是邻居偷走的。于是，当他看这个邻居时，不论是邻居的神态举止还是言语动作，怎么看都觉得邻居就是偷斧头的人。

不久，他在后山掘地时找到了自己的斧头，原来是自己遗忘在那里了。他回去后再看到那个邻居时，觉得邻居的言谈举止怎么看也不像偷斧头的人了。

人一旦带有自己的情绪，肯定会影响正常的判断力，很容易形成"先入为主"的观念。

不论是下属向上级请示，还是上级听下属汇报，一旦某方有情绪从中作祟，万事皆休！

案例 No.24　猩猩和镜子

曾经有心理学家做过实验：把大猩猩放进四周墙上装满镜子的房间里进行观察。

心理学家先选了一只性情温和的大猩猩放进房间。它看见墙上的镜子里有很多"同伴"，它很高兴，便以友善的态度对待这些"同伴"，和它们一起玩耍、分享食物，于是它过得非常开心。三天后，当工作人员把它带走时，它竟表现出恋恋不舍的神态。

心理学家又选了一只性格暴躁的大猩猩放进房间。它进入房间后马上发现有很多同类也在这里，它觉得"这些家伙们"是来跟它争夺这个领域的，于是便与它的那些"竞争对手们"打斗起来，互相撕咬、捶击。仅仅一天，心理学家就不得不把这只暴躁的大猩猩抬出房去，因为它已经气急败坏，累得奄奄一息了。

✎ **短评**：人也一样，你以什么样的情绪和态度待人接物，这些情绪最后一定会以某种方式返回来，体现在自己身上。

实技 No.5　上级冲自己发火时的应对方法

一般来说，上级发火十有八九是他觉得你有错（包括误解）。

上级发火时，下属应将重点放在听明白内容上，而忽略其态度。

从上级的语言中分析问题出在哪儿？尽量有针对性地解决。例如：

你怎么搞的，现在才交给我！　　　　　——这是对 When（时间）的不满。

我跟你说了多少遍了，怎么还不记得？　——这是对 Which（方式）的不满。

以后别拿这种事来烦我！　　　　　　　——这是对 What（内容）的不满。

没听明白的部分应该再问，哪怕继续挨骂也得问，因为事还得自己去办。听出症结所在，立即改正，下次注意这些方面就行了。关键是自己的情绪不要因别人的发火而受到影响，因为以情绪对抗情绪是解决不了问题的，只会把事情弄得越来越糟。

中国自古就有修身、齐家、治国、平天下的说法，我们学习"报联商"已经到了现在这个层次，自己应该修炼到一种"能够自控"的境界才行。

本节复习

人们沟通的目的是解决问题，所以要注意彼此的态度，不能意气用事。

活用"报联商"铁则 No.8

"报联商"时不能掺杂情绪，以免影响沟通效果。

1.8 必须控制自己的情绪

在职场上，我们最熟悉的人就是自己的直属上级，交往最密切的人就是身边的同事和自己负责的那几位客户。

一回生二回熟，刚交往时怕说错了、做错了，总是小心翼翼、三思而行。随着频繁的日常交往，相互间逐渐熟悉，互相了解、知根知底了，就会慢慢地露出自己的本来面目——说话没有遮拦，办事大大咧咧。意外就容易出在这种时期。

➤ 职场上，情绪只能坏事

人若想在职场上做得好、攀得高、走得远、站得久，需要谨言慎行才行。不论何时，面对任何人都时刻保持"战战兢兢，如履薄冰"的谨慎状态与人沟通，才不会"失言"，不会惹出"舌祸"来。

这样会不会比较累？是的，不是"比较累"，而是"很累"，因为精神上那根弦总得绷着。但是，现实社会中谁不是带着一副面具呢？只有在下了班，把车子停到自家楼下的车库里，熄了火，点上一支烟的那几分钟才是真实的自我。一旦打开车门，又不得不戴上那副面具。

有人嫌累，不论何时何地都率性随意，他自己活得很轻松。但是，这样的人走不远，事业也做不大，多半过得并不好。人的职场生涯占据了生命的大部分时光，在这里率性随意会使自己的人生之路走得磕磕绊绊。

再者，工作领域里发生的事往往是要承担责任的，率性随意可能要付出巨大的代价。

从这个层面讲，说话、沟通、跟人"报联商"时，要想好、准备好、控制住自己的情绪，不要把糟糕的情绪带进"报联商"里，才是正道。

🔍 案例 No.25 情绪化的方鸿渐

在钱钟书先生的名著《围城》中，有这么一个情节。

男主方鸿渐和妻子正在闹别扭、赌气、冷战。一天晚上，方鸿渐回到家时，妻子问他是否吃饭了，并且说自己已经吃过了。

其实，当时妻子正在等丈夫回家一起吃晚饭。而男主呢，刚才进门前还在反省近期冷战中自己的行为不妥，暗下决心该对妻子好一些。可是，话到嘴边出口就变成了："我又没有亲戚家可以去，当然没有吃饭。"

因为这句话夫妻俩吵了起来，男主甚至动手打了妻子。这样一来，事情闹大了，弄得左邻右舍无人不知。妻子面子上挂不住了，愤然离家，最后导致两人的婚姻终结。

当时，男主只是想表达自己还没吃饭，但由于带了情绪的成分在里面，说出来的话让对方听上去就是在指责，从而导致了事情的恶化。

其实，这时候男主如果能控制住情绪，把表达的重点放在解决吃饭的问题上，直截了当地说"还没吃呢"，不要带有任何情绪，事情的发展可能就不同了。

（根据小说《围城》相关内容整理）

短评：人们越是面对亲近熟悉的人，越容易放纵自己的情绪。殊不知，在不知不觉中已把自己的"报联商"效果打了折扣，甚至葬送了这次沟通！

情绪不好时，和家里的亲人吵几句，亲人能够包容你。但职场上的上级、同事，以及商场上的客户可不行，人家受不了你的情绪发泄，人家不会包容你。带有情绪的"报联商"沟通，其恶果肯定要反映到工作上，这笔账最后还是得自己买单。

➤ 不断地修炼自己

不论事态多么糟糕、情况多么复杂，都能保持平常心，做到"泰山崩于前而不乱"。做到冷静、正常地接收信息、判断信息、去伪存真，正确地发出信息，才能把问题处理妥当。

案例 No.26　把数据弄丢了

A 公司的项目，客户根据自己的需求提出了几个现存的问题，要求负责这个项目的服务公司有针对性地提交解决方案和相关资料。为此，商科长组织相关人员开会，把任务分派下去，让大家分头准备。

当大家都准备好时，商科长再次召集大家开会，把文件资料汇总起来展开讨论，并当场在汇总的基础上做了协调、修改，然后把汇总资料交给了鲍莲裳，指示她做最后的加工工作。不料，鲍莲裳一不小心，把这份很大的电子文件给弄丢了，而且没来得及备份。

鲍莲裳沮丧地做好了挨骂的思想准备，立即去找商科长商谈："我惹祸了，我检讨，我愿意接受公司的处罚。我建议立即拿着笔记本电脑去找电脑维修公司恢复文件，所需费用由我承担。"

商科长皱着眉头，看了一眼快要哭出来的鲍莲裳说："公司有规定，咱们内部的电脑是不能拿到外面去的，里边有保密文件！这样吧，我马上召集大家，重新汇总一次。"

资料再次汇总需要相关人员额外工作才行，这给大家增加了工作量。商科长和鲍莲裳先一起回忆了当初的思路，做了一些准备之后，紧急召集大家说明了情况，重新分派任务。大家通力合作，不到一小时资料就重新汇总出来了。

短评：遇到坏事先不要寻找可以责怪的目标一通发泄，那是只顾自己感受的自私行为。

时刻提醒自己，遇事时要先想"怎么办？有什么解决办法？"，让自己养成这样的处事习惯，就能把情绪放到一边，专心去应对事情。久而久之，情绪就不会干扰你的"报联商"了。

实技 No.6　遭遇不公时的应对措施

- 只跟手里有资源或能解决问题的人去反映，不跟帮不上忙的人做无谓的抱怨。
- 不论受到了多大的不公，都不要带着情绪去和人沟通，不仅于事无补，反而会坏事。
- 带着情绪去沟通，容易被对方误解为你是对某人有意见，其实你是对某事。
- 多利用非正式场合，少在正式场合交流，给自己万一说错了留下余地。
- 和上级或同事尽量私下交谈，避免公开提意见或表示不满，谁都要面子。
- 注意最好别去越级汇报，没有哪位直属上级能容忍被下属打小报告。

本节复习

高级"报联商"的运用，必须建立在能够完全控制自己情绪的基础上。

活用"报联商"铁则 No.9

事情不顺时，把思考的重点集中在解决问题上，就能规避情绪的干扰。

1.9 "报联商"升级必备的几个基本观念

人们想提高"报联商"的水平，必须先弄清楚几个基本观念，否则很难做到活学活用。

➤ 尽早看透"报联商"的实质

人只要工作，就需要跟别人沟通。其中，跟自己的上级、同事、客户的沟通是最频繁的。

即使能人也会常常感叹：事不如愿，办事真难。其实，并不是自己无能，而是找人办事时总是处处掣肘，也就是问题总是出在别人那里。

为什么？因为工作（商务活动）的推进在很多情况下是要涉及其他人的，所以与别人的信息沟通效果就直接地影响到自己能力的发挥。其中，与团队内部的同事，尤其是与自己的上级相处的好坏，就成了职业生涯中的关键因素。

➤ 职场上，员工要充分做好和上级打交道的心理准备

你能否进入这家公司是别人决定的，你的工资增减是别人决定的，你被分配到哪个部门、拥有什么样的上级、到哪儿去出差等，都是别人决定的！你埋头苦干，有能力就能升迁？错！你能干不能干是别人说了算的！

- 和上级搞不好关系，摸不准他的好恶，你再能干也没有用！——不对他的口味！
- 让上级看到自己的能力，了解自己的努力，也是工作，而且是很重要的工

作。上级不赏识你，连让你展现才能的机会都不给你，你再有才、再能干有什么用？

小贴士 No.4　积累别人对你的"好感度"

- 上级对你有好感——他会对你的付出和能力做出客观公正的评价。
- 同事对你有好感——当你遇到难处时，会有人愿意出手帮你。
- 客户对你有好感——当你为难时，他能理解、宽容、原谅你。

➤ 保持最佳的人际距离

小贴士 No.5　职场上的人际关系

- 你必须和昨天还什么关系都没有，而今后就要一起共事的人相处。
- 你要和既不喜欢也不讨厌的人合作共事。
- 你和同事彼此间不过是暂时在同一口锅里吃饭的伙伴。
- 虽然你对同事的工作能力有所了解，但对他的其他方面和私生活一概不知，也不想了解。
- 你和同事共同工作、交往一生可以，明天就拜拜也无所谓。

鉴于上述特点，人际关系以保持不近不远为佳。

关系过于疏远了不好——新员工来了一个月了，你还不知道他的名字。例如，相互间不了解、不信任会导致互相排斥、产生怀疑，甚至互相猜忌。

关系太亲近了也不好——同乡、同学、亲戚、闺密、发小。例如，彼此之间过于亲密、配合默契的话，反倒会因疏于确认而容易遗漏、遗忘。

案例 No.27　温居

在还没有手机的年代，鲍莲裳的一个从小一起长大、关系非常好的"发小"买了新房，约她周日去新家看看，她答应了。

不过，那个周日轮值的邻桌同事突然有事，希望鲍莲裳跟他换班，于是鲍莲裳周日就先去值班了。不过，鲍莲裳忘记打个电话通知"发小"，值完班再过去。

值班结束后，鲍莲裳正要去"发小"家，却碰到另一个爱打乒乓球的同事激她："战三盘，你赢不了我。"被人家一激，她就抄起乒乓球拍子跟人家大战了几个回合。结束后天都黑了，鲍莲裳觉得太晚了，不便再去"发小"那里打扰。"反正关系铁，她不会在意的。"鲍莲裳心想。

事后，鲍莲裳总想跟"发小"解释一下，可是一来二去地耽误下来，时间越长就越不好提这件事了。鲍莲裳心想："反正也不是外人，何必拘泥呢？"慢慢地，她竟把这件事给忘了。

鲍莲裳再次跟"发小"联系，是因为有事要找人家帮忙。鲍莲裳从电话里感到了对方的冷漠，问她怎么了？对方说："问你自己！"原来，那天"发小"推掉了所有的安排，准备了丰盛的晚餐，忙活了一整天。从早到晚竖着耳朵听每次上楼梯的脚步声，可是最终饭菜都放凉了，连个电话都没等来。"你真是不可救药了，言而无信！""发小"的语气好冷。

✎ **短评**：自己心里觉得"我没把她当外人"，可对方未必这么想。

职场上，不论是和上级、同事还是和客户，关系走得太近了，就会放松脑子里那根弦，难免出现想不到的意外。与其等到影响了自己时再后悔，还不如时刻保持那种不远不近的距离。

小贴士 No.6　保持距离的好处

- 能让自己保持冷静，双方都会实施应有的"报联商"。
- 保持适当的距离、警戒心、紧张感、竞争对手感、敬畏（甚至敌意）能刺激工作欲望。
- 过于亲密的关系，虽然在节骨眼上能起作用，但在日常相处上有种种弊病：

  - ◆ 毫无保留地敞开自己；　　◆ 无条件地接受对方；
  - ◆ 牺牲自己的出手；　　　　◆ 不做确认地相信对方；
  - ◆ 勉为其难地帮忙；　　　　◆ 违规违章，甚至违法！

那种敢于对亲近的人说出"这是规章制度，我也没办法"的人，才是值得赞赏的人。

本节复习

活学活用"报联商"，必须先看透"报联商"的本质。

活用"报联商"铁则 No.10

职场上保持适当的人际距离，有助于灵活运用"报联商"。

第**2**章
服从上级的"报联商"

"报联商"是职场上的信息处理术,用于人与人之间的沟通,最重要的是用于上下级之间的沟通。上下级之间的沟通以服从为主调。但是,当"报联商"进入高层级后,这种"服从"不应该是教条的、僵化的,而要根据当时的具体情况灵活运用才行。

2.1 "报联商"无处不在

> 真的不需要"报联商"吗

案例 No.28 无视上级反被提拔

有位读者加了我的微信后发来消息跟我讨论:"下属一定要去向上级汇报才能有发展吗?但是,我见过有些例子,下属不但不向上级去'报联商',还跳过上级跟上级的上级联络,结果这个下属还被提拔了!难道是'报联商'的原则出了什么问题?我看不一定都要向上级汇报吧?

"例如,某上级因为是大老板的亲戚,被空降到这个位置。他自己什么都不懂,不会管事,也不想管事,只是占着位置拿钱的人。如果你碰上的是这么一位直属上级,你去跟他'报联商',他根本不感兴趣,要么就瞎指挥……那么,几次之后,你不再听他的话,自己干,结果却得到了大老板的赏识,被提拔了(职位上甚至越过了这位直属上级)。"

✎ **短评**：这种现象在现实中也是有可能发生的。可是细看，在这个极端的案例里（比较小众），还是需要"报联商"的，即下属需要和这位直属上级接触、磨合一段时间（参见《报联商：职场沟通必修课（实战篇）》第 35～60 页），才能准确地摸清他的模式，然后用妥善的方法越过他、甩开他。

设想一下，如果你不去跟直属上级"报联商"，总是躲着他，那么你"越过他、甩开他"的具体操作就不会那么顺畅，不知道在哪个环节就会被这位直属上级卡住。

何况，能获得大老板的提拔还是离不开跟大老板"报联商"的，怎么能不需要"报联商"呢？

其实，"报联商"无处不在。

🔍 案例 No.29 面试时的应对技巧

一个周日，我去姐姐家串门。正在吃饭时，有个读者打来电话，向我咨询工作中遇到问题时应该怎么办。于是，我放下筷子，就在饭桌上向他讲述"遇到问题时应该想到去找上级商谈"的道理，当时饭桌上姐姐的家人都听到了我说的内容。

几个月后，我的外甥孙（姐姐的孙子）给我打来电话："谢谢舅姥爷，我可沾了您的大光了。"我一头雾水，孩子那年刚大学毕业，还没参加工作，能沾我什么光呢？

他接着说我才知道，他在找工作面试时，那个面试官问他："假如在工作中遇到了难题，你会怎么办？"他脑海里浮现出那次我在他家饭桌上的那通电话，于是脱口而出："找上级去商谈、请示呀，寻求帮助。"不料，那个面试官紧跟着就问："你说商谈？什么是商谈？"他回答："就是'报联商'啊，那是我舅姥爷写的书，还送了我一本呢。"

原来，那个面试官也买了这本书，正在组织自己的团队学习应用呢。面试官接着问："你读了那本书吗？"他回答："读了。但是，有些内容因为还没有参加工作，没有实践的机会，正打算走上工作岗位试着用呢。"这样的回答令面试官很满意，面试官觉得"孺子可教"，便录用了他。

✎ **短评**：不知哪块云彩会下雨，简直就是"无心插柳柳成荫"。真的没想到，无意中接听的一个电话，竟能起到这么大的作用。

生活中只要留意，"报联商"真的是无处不在。若从"报联商"的视角去细读四大名著，不论是孙悟空还是曹操，甚至连贾宝玉都一样，到处都有"报联商"！

➤ **用"报联商"看透事物的本质**

🔍 **案例 No.30　廉价购房**

位于伦敦郊区的一栋花园别墅挂牌出售，底价 10 万英镑。由于位置好、交通方便、院落草坪漂亮等因素，售价很快被炒到了 15 万英镑。

年轻人杰克也来看了这栋别墅，非常满意，很想买下，因为他刚刚在附近找到了一份工作。可是，他只有 5 万英镑，只好悻悻地离开了。

晚上，杰克睡不着，他一直思考着这件事。第二天，杰克去拜会了那位年迈的老房东米歇尔太太。

杰克和米歇尔太太很聊得来，他了解到老太太在这栋别墅里已经住了 40 多年了，对别墅很有感情。但是，如今自己孤身一人，年岁已高，独自生活不仅寂寞，买菜做饭也日渐不便，这才下决心卖了别墅打算去养老院，钱不是最重要的问题。

于是，杰克跟米歇尔太太说："我很喜欢这栋别墅，我会好好爱护它。我是营养师，最近在附近的××医院找到了工作。如果您能把别墅卖给我，您完全不必去养老院，我会给您安排一日三餐，反正我也要吃饭，而且我很擅长做饭。周末我能陪您解闷，节假日还可以带您出去散心。要不我付租金，先来住一段时间，咱们试试看？"

就这样，杰克搬来住了一个月，米歇尔太太就宣布："别墅 5 万英镑卖给杰克。"

✎ **短评**：不要纠结于表面现象，通过商谈、讨论，深入地了解、掌握对方的需求后再说话，就能说到点子上。

本节复习

从"报联商"的视角观察身边世界，到处都有"报联商"。

活用"报联商"铁则 No.11

"报联商"无处不在，只是你是否意识到了。

2.2　不同层级的"准备"

➤ 深入领会"做好准备"的含义

有时在谈一件事的时候，上级会突然深入一层（甚至两层），问到表象背后的内容。

例如，你去跟上级汇报 A 项工作，那么第一层次的 A-1、A-2、A-3，你当然会准备好了才去。可是，谈话一展开，上级有可能会问 A-1-1、A-1-2 等第二层次的内容，甚至更深入地问 A-1-1-1、A-1-1-2 等第三层次的内容。也就是说，上级会连问几个"为什么"。

上级提这样的问题，有时是真的想知道事情的起因、根源，但也可能纯粹是想考察你：看看你对自己负责的工作熟不熟、精不精？你有没有努力工作？你是不是掌握了事情的全貌？

如果你由于准备不足对上级的连续发问无法应对，在关键时刻掉了链子、露了怯，他会觉得你对负责的工作"不称职"，你岂不是很吃亏？

反之，如果不管上级怎么问都问不倒你，问到哪一步你都能对答如流，都能妥善应对的话，上级会觉得你"很称职"，他把这个岗位的工作交给你很放心，那么你离升迁就不远了。

🔍 案例 No.31　功亏一篑

小组负责的这个项目的策划方案接近定稿了，这期间组长鲍莲裳已经就此方案向总经理汇报了几次，也按总经理的指示做了几次调整，终于把预算定在了 50 万元的标准上。组里的成员也有信心，这个预算批下来肯定能完成这个项目。

为了这个方案能被批准，鲍莲裳可是下了一番功夫：她竟然通过总经理的秘书，得知总经理今天下午 4 点的飞机外出，而且 2 点半离开总经理室！

到了下午 2:25，鲍莲裳拿着那个方案去找总经理了。这时总经理已经在收拾办公桌，往公文包里装东西了。

鲍莲裳说："张总，我们那个项目的方案，按您的指示都调整好了，时间也不多了，您可以给批一下吗？"说着，鲍莲裳就把方案和摘了笔帽的签字笔递过去。

总经理看了鲍莲裳一眼，接过她递过来的笔，她马上把方案首页签字的地方摆正，送到总经理的面前。

总经理一边看了看表，一边提起笔来准备签字，不经意地问了句："政府那边都打好招呼了吧？"突然被问这个问题，鲍莲裳不觉一愣（也就 1 秒），总经理握着笔的手停在了半空中，抬头看了一眼鲍莲裳。鲍莲裳正想说什么，总经理已经发话了："还是等我过两天回来再说吧！"说完，总经理放下笔，拎起公文包走了出去。

目送着总经理渐渐走远的背影，鲍莲裳恨不得扇自己一个耳光！

短评：怎么会功亏一篑？准备！准备！你真的不知道上级会问什么问题。

打算去谈的事情涉及 100% 的内容，那就做好 400% 的准备，方方面面都考虑得周到些（文字、资料、实物、照片、PPT、视频、应对预案等），时时刻刻准备着。

实技 No.7　窗口办事

以前，我吃过这样的亏。

去某窗口（机关单位、银行等柜台）办事，拿着号等了好久，轮到自己时才知道缺某材料（某些数据、某个图章……），只好无功而返。

下次聪明了，先在网上查询，需要带什么材料，提前办好再去，结果有时还是被打回来。

最后用了最笨的方法，每次去之前都仔细确认，然后把其他相关的东西，不管用得上用不上，都带上。用上了马上就能拿出来，当时会庆幸"幸亏带了"。虽然用不上的情况居多，但也没有损失。

➤"做好准备"的高层级含义

🔍 案例 No.32　需看两小时的资料

为了配合这次促销活动,会上有人提议做些通俗易懂的单页资料现场分发。

散会后,商科长指示鲍莲裳按照会上讨论的方针,搜集一些做单页的相关资料。

鲍莲裳在公司资料室忙了一天,资料都准备好了。

第二天一上班,鲍莲裳拿着准备好的资料去向商科长汇报:"科长,您需要的资料我都准备好了,您什么时候审核一下呢?"鲍莲裳面带几分自豪地说。

商科长接过来那些资料,有几本书,有几份用曲别针别好的复印文件,还有一张 A4 纸,上面是十几行长长的字母和数码,看来那是网页的链接地址。

商科长摇摇头,露出一丝苦笑:小鲍啊,你这是花了多长时间收集的?

鲍莲裳:昨天一整天!

商科长:你是不是也让我用一整天时间来读它们?

鲍莲裳:您就不必啦!我找资料用了一整天,这些都是精心挑选出来的,
　　　　您用两小时就能看完啦!

商科长:那你的意思是,让我用两小时来浏览它们?

鲍莲裳:您不亲自看看,怎么能知道这些东西哪个能用,哪个不能用呢?

商科长:(发火了)我哪有那么多时间看这些?你能不能做好了准备再来?

✏ **短评**:上级给你布置的任务,他脑子里是有期待值的。"做好准备再去汇报"中的"准备",最好能吻合他的预期,如果能做到"超预期"就更好了。

至于界定哪些是分内必须完成的工作,哪些属于预期外的附加工作(参见本书实技 NO.1),这些附加工作又该以什么方式呈现、提供,那就要看操作者的智慧了。

➤上级期待的"准备"

🔍 案例 No.33　续前案例

满以为能受到表扬的鲍莲裳碰了一鼻子灰,她拿着那些资料回到自己的座位上,很委屈地想:"让我做好准备?这不都准备了一天了吗?这些资料不得一一过目才行吗?"

鲍莲裳想了半天也想不出个头绪来。对了，"遇到难处找人商谈"，"报联商"的铁则是这么说的。鲍莲裳扭过身去跟邻座的同事说："联姐，帮个忙好吗？"于是，鲍莲裳把自己的困惑说了。

联姐微微一笑："这还不好办，你给每份资料贴上一张便利贴，上边写出这份资料的大致内容和你推荐的理由。把书里准备重点推荐的部分用折页显示出来，复印文件也用荧光笔标出重点，等等。总之，商科长没时间读，你就为他提供重点内容。"

鲍莲裳按照联姐的指点，仔细深化、细化了"准备工作"，然后再次去向商科长汇报。

这次商科长挺高兴："小鲍啊，这就对了嘛！有这些导读我就轻松多啦，你挺聪明的嘛！"

鲍莲裳啜啜嘴："这是我向联姐请教，她教给我的方法。"

商科长更高兴了："你看，通过这件事你不是一下子长了两个本领吗？连'商谈'都学会了！"

短评： "报联商"的铁则"准备好再去"，不仅要做到"简明扼要"地不讨人烦，还要做到"百问不倒"地应对上级的提问，甚至还有"替上级做些事，减轻他的负担"的含义。例如，给上级提供方便，替上级节省时间，帮上级预先扫清部分外围障碍等辅佐性质的"准备"。

每次做准备时，如都能按这个标准操作的话，你就会慢慢养成准确"界定上级的评价和预期"的习惯，从而总能"超预期"地做好准备，让每次汇报都能获得上级的好评。更重要的是，如果你总能超预期地做些"附加工作"，也就奠定了你在上级心中和别人不同的地位。

本节复习

资料、素材的准备；提问应对的准备；被深挖追问的准备。

活用"报联商"铁则 No.12

高层级的准备还包括给上级提供尽可能方便的辅佐类准备。

2.3 不能僵化地执行"铁则"

我们必须坚决执行"铁则"吗？答案是否定的，我们要灵活变通。

案例 No.34 简明扼要的局限

鲍莲裳学会了"报联商"的操作技巧："汇报要突出重点、简明扼要，别惹上级烦。"

这次鲍莲裳找商科长请示，由于事前做好了准备，所以只用了 3 分钟就把事情谈完了，她的疑惑和问题商科长也明确答复了。鲍莲裳觉得学了"报联商"真好，尝到了"简明扼要"的甜头。

但恰巧商科长现在不忙，再过 10 分钟才去开会，而会议的内容涉及鲍莲裳来请示的这项工作，于是商科长就让她把相关情况仔细说说，并且提了好几个深层次的问题。由于鲍莲裳只做了 3 分钟的准备工作，其他资料根本就没带，对商科长所提的问题毫无招架之力。商科长见状很不满意，对着鲍莲裳挥挥手"去吧去吧"，把她轰走了。

短评："简明扼要"是建立在对自己所负责的工作了如指掌的基础上的一种汇报方式，并且要保持"时刻准备着"的状态才行，因为你不知道什么时候上级会找你要什么东西。

正所谓"取乎其上，得乎其中"，必须对自己高标准要求，才能真正做到让上级满意。

➤ 必须先说结果吗

案例 No.35 先说结果的前提

鲍莲裳被指派负责 A 项目的竞标、投标工作。一天，经理让她汇报一下目前的状况。

鲍莲裳说："这些日子我已经拜访过他们的采购经理，仔细看过了现场……"

经理不耐烦地打断她的话："我的时间不多，你直接说结果吧！怎么样？咱们能成功吗？"

一周后，A 项目遇到了问题，鲍莲裳带着对策去向经理请示，她开口就说结果："这个项目想要中标，咱们的价格必须下调 10%……"

经理拦住她的话："你先告诉我理由是什么？"

鲍莲裳困惑了，到底应该"先说结果"，还是"后说结果"呢？

✎ 短评：在上级对这项工作的背景已有足够的了解时，他关注的只是最新的进展（结果=现状），这种场合可以不说细节直接说结果。反之，在他不甚了解或完全不掌握进展等背景情况时，你一上来就直接说结果的话，会让他摸不着头脑。

结果先说还是后说，不可教条地僵化对待。"报联商"是活的，情况又是千变万化的。我们应该活学活用"报联商"，以能适应对方的需求、真正解决问题为衡量标准。

实技 No.8 具体情况具体分析

当具备下列条件时可以"先说结果"：

- 他很熟悉你，或者信赖你；
- 他对你所谈的内容已有所了解；
- 他总是乐于接受你的看法或建议。

但在以下场合则需要"后说结果"：

- 他对你所谈的事情不甚了解；
- 他对你不熟悉，或者信任度不够；
- 当你们之间的观点有分歧时；
- 你所说的内容可能会让他产生情绪波动时；
- 在你需要保留悬念，不忙下结论时。

在已出版的《报联商：职场沟通必修课（基础篇）》《报联商：职场沟通必修课（实战篇）》中已经就各种场合的"报联商"操作给出了相应的"铁则"（具体实施方法），但那些都是通用的原则，具体使用时需要灵活变通、相应调整。

➤ "铁则"怎么用

🔍 **案例 No.36　先说结果的汇报**

学过"报联商"的主管鲍莲裳，根据"汇报要先说结果"的"报联商"铁则去向商科长汇报。

鲍莲裳：科长，我发现新入职的这两位员工有问题，我建议送她俩去参加一下"报联商"的培训。

商科长：哦，是吗？具体是哪两位？你说她俩有问题，问题出在哪儿？培训？哪里有培训机会吗？什么时候去？你手头的业务安排得过来吗？

鲍莲裳：反正我就是觉得她俩该跟我说的也不主动说，总得我去问，一点也不懂"报联商"！

商科长：小鲍啊，下次要向我汇报什么事时先准备好了，能把事情说清楚了再来好不好？

✏️ **短评**：对这类事必躬亲型的上级采用"Why—What—How"的汇报法，用省略细节的模式去讲，会让对方产生一种"无法掌控"的感觉。

再者，下属只谈了想法，提出了建议，却没想好其他要素。如果上级真的批准了这个建议，难道那些细节还得由上级亲自去安排落实、亲手操办吗？

摸清沟通对象的模式，才能对症下药。

鲍莲裳回去后反省刚才的失败，结合平常的观察，思考后想通了：对这种模式的上级应该采用 6W3H 方法进行汇报。

🔍 **案例 No.37　前案例的另一版本**

鲍莲裳：科长，我建议安排新到岗的小王和小张去参加陆家嘴总公司那边组织的"报联商"公开课培训。因为我发现她俩的"报联商"基础观念太差，虽经我几次传授调教，但都不大起作用，不懂得信息该及时反馈给我，已经对工作造成了影响。

商科长：是吗？你手头的业务能安排开吗？

鲍莲裳：我问了总部人事科，正好他们下周五组织了一整天的课。由《报联商》一书的作者古贺老师亲自前来授课，那效果肯定比我给她俩讲要好。您要是同意，我本周就安排她俩把该做的事尽早做完。等培训回来，我再让她俩写培训总结心得。

商科长：好吧，就按你说的办。我来给人事科打个电话，先给她俩报名。

✎ **短评**：还是先说结果，但同时把上级有可能关心的其他几个要素都调查好、准备好再去。

"报联商"铁则的运用要因人而异、因事而异、因时而异，不拘一格，以能把事办好为原则。

🔍 案例 No.38 那个客户

你跟对方打电话时说："把那个客户的资料赶紧发给我呀""劳驾你把那个日程立刻确认一下……"对方会很茫然，不知道你说的是"哪个客户""哪个日程"。

你一旦在脑子里把"王老板"定义为"那个客户"时，就会下意识地认为别人也会这样想。当说出"那个客户"时，你觉得对方脑子里也会将"那个客户"和"王老板"画等号。

✎ **短评**：当双方信息对等或配合默契时，简明扼要地表述对方也能明白。但是，当对方和你信息不对等时，表述就不能过于简单化，因为那样会使对方云山雾罩、摸不到头脑。

"报联商"铁则的"简明扼要"要在适宜的环境下运用。当缺乏明确指向时，表述过于简洁反而不好，会导致双方想不到一起去的"表而不达"。

🔍 案例 No.39 Why—What—How 方式

鲍莲裳：科长，跟您汇报一件事。给 A 公司的那批货明天到不了啦，得后天早上才能到。

商科长：怎么回事？

鲍莲裳：是我督促不到位，我检讨。是这么回事，我安排新来的那个小王负责这单货的发货事宜。昨天她得知咱们车队的货车有一辆出故障了，可是她没及时跟我说。今天早上我过问这件事她才说："我以为当天就能修好呢。"我赶紧跟车队李队长联系，李队长安排刚回来的一辆车加班再跑一趟，现在去仓库装货去了。明天出发的话，得后天早上才能运到 A 公司。

商科长：这个新员工我交给你了，你是怎么调教的？

鲍莲裳：我跟她讲了"报联商"的做法，但效果不好。还有那个一起来的小张也一样！我建议让她俩去参加一天的"报联商"培训课，好好学习一下！

商科长：我看行！你去调查一下哪里有"报联商"的公开课，安排她俩去吧！

短评：面对这种重视结果的上级，就该用 Why—What—How 方式直接提要求。

你提的建议如果他觉得好，他会顺势指定由你去负责具体落实，他是不会亲自做的。

"下属不要擅自取舍，传递给上级由他来判断"的铁则怎么灵活运用呢？

案例 No.40 传闻报不报

空调营销对策会上，鲍莲裳汇报："竞争对手 A 公司每年夏季都打折促销，听我那个在他们公司做销售的同学说，最近他们又要开始打折啦！"

商科长没深入确认就向经理汇报："竞争对手 A 公司又要开始例行的夏季打折促销活动了，建议采取措施。"

于是，经理指示："把我们年初预定好的打折活动提前实施，进行对抗！"

可是，刚刚开始活动就遇到"冷夏"。尽管空调降了价格，却因为天气并不那么炎热，购买者仍然寥寥无几。赶快采取其他措施，可是已降下来的价格却难以调整上去了。

短评：尽管上级没经确认就鲁莽上报要负主要责任，但鲍莲裳不负责任的道听途说，也起到了始作俑者的误导作用。

📓 **练习题 No.4**

"A 项目的竞标被竞争对手 B 公司拿到了！"

不知道是不是谣言、传闻，报不报呢？

本节复习

因人、因时、因场合而异。铁则要注意灵活运用，才会有好的效果。

活用"报联商"铁则 No.13

"报联商"的那些铁则不是教条，高层级的运用需活学活用。

2.4 工作遇阻，是别人在卡你吗

工作中经常会有事情卡住了、对方不回复，自己干着急而无法推进的情况发生，于是你觉得对方在"管、卡、压"，不配合自己。

其实，别人跟你有什么冲突呢，人家为什么卡你？在抱怨别人不配合之前，你还是反省一下自己吧，是不是自己的"报联商"做得不到位？

发信方的目的是把信息传递给对方，希望对方能理解自己的意思，并能与自己达成共识。尽管你（发信方）在努力地"传递"，但未必都能如愿地"传达"，即传而未达。

发信方因素导致的不顺利，责任都在于你（发信方），例如：

- 你的传递方式不正确；
- 对方根本就没收到；
- 你自己没把事说清楚；
- 对方没听懂；
- 各种不对等导致对方看不懂；
- 你的意思被对方误解了；
- 你的联络太晚了；

- 你的要求太模糊，对方无法执行；
- 你扔给对方的担子太重；
- 你给对方的期限太紧。

受信方因素导致的不顺利，也有发信方没确认、跟踪不及时、沟通不细腻的责任，例如：

- 信息传递的漏斗；
- 对方还没来得及看；
- 对方没来得及找你确认；
- 对方误以为不需回复；
- 对方没理解你的要求；
- 对方想核对，却联系不到你；
- 对方自以为是；
- 对方擅自理解你的用意；
- 对方误以为你是让他……
- 对方对你缺乏好感；
- 对方就是不愿意协助你。

如此看来，工作过程中出现的卡顿、不顺畅，在很多时候并不是对方故意卡你，而是"你自己的联络不到位"导致的。

➢ 放置不确认——怪自己

案例 No.41　邮件被退回

在刚刚使用网络邮件的年代，有一次我和一位老板谈好了一笔生意，便以邮件的形式把做好的合同发给了他。

过了好几天也没动静，这才觉得不对劲。于是，我急忙打电话过去询问，对方说："因为迟迟没收到你的合同，我等不及已经跟别人签约了！"

我大吃一惊，明明我给他发了邮件呀！

我急忙打开信箱，发现那封邮件被退回来了，还待在自己的邮箱里呢。

✏ **短评**：自己不认真、不细致，还不做确认！这能怪谁？只能是打掉了牙往肚子里咽。

同样，如果传递的信息是欠缺的、仅部分意思传递到了、迟了一步、没把意思说清楚、表述含糊、让对方看不懂等，都是发信方发信息不靠谱造成的，怪不得对方。

➤ **理解有误差——怪自己**

谈话了，也交流了，却由于双方想法不同，理解对方意思时产生误差，也无法达成共识。

案例 No.42　各想各的

商科长：这个项目成功的关键在于下周日的这场广场宣传活动。

鲍莲裳：您说得对，咱们想到一起去了，我也觉得关键得看那天了。

商科长：你重视点，好好准备准备，把活动搞热闹些。

鲍莲裳：明白了，我马上去好好准备。

鲍莲裳的盘算：得发点小礼品，以吸引路人驻足，甚至入场观看。于是，她去做准备了。

商科长的想法：得通过人才公司招聘几个美女大学生到现场助阵，活跃气氛才行。

短评：双方沟通了吗？沟了，却根本没通！因为双方在各想各的，并没有明说出来。

同样一个"笨"字，轻松地跟恋人说"你好笨啊"，与大声地训斥下属"你真笨"，得到的效果完全相反。

➤ 联络不严谨——怪自己

案例 No.43　地铁站约见

鲍莲裳学习了"报联商"之后，知道表述应该具体清晰。

现在，她和好友正在约周日下午到徐家汇去喝茶呢。在约定会面地点时，她想到了得具体点，否则那么热闹的徐家汇，上哪儿找人去呢？

好友问鲍莲裳：在哪儿见啊？地铁出站口吧？

鲍莲裳回答：地铁出站口？徐家汇的地铁出站口多啦，有十几个呢，不约定几号出口哪儿行呢？

好友回答：星期日下午 3 点，徐家汇地铁 7 号出口见，不见不散啊！

到了时间，鲍莲裳在约定好的 7 号出口处，"左等不见人，右等不见影"。打个电话吧，接通后好友还奇怪呢："我早到啦，就在 7 号出口呀！什么？你也在 7 号出口，我怎么看不见你呢？"

鲍莲裳着急地说："我这里有个大招牌'香香鸡'，我就在牌子底下呢，你看到了吗？"

好友也很着急地回答："什么'香香鸡'？我怎么看不见呢？"

看来，两人的联络出问题了！

折腾了好半天，两人才见面，原来一个已在地面上，另一个还在地下的出站口，只隔了一个滚梯。

短评：看似联络很到位，约定的见面地点坐标明确，也确认了，但仍然不严谨、不具体。

有很多人信息交换不仔细、不周密、不严谨，结果是自己给自己"挖坑"。

➤ 对象遗漏——怪自己

案例 No.44　仓库没货

鲍莲裳拿到总经理签字批准的应变改动方案，她放心了。这时，正好有人找她，她就被拉去忙别的事了。

过了两天要用到这些设备了，鲍莲裳带上总经理的批复到仓库去提货。库管员张姐一听诧异地问："怎么是三套设备？那天开会讨论时不是决定给你们两套设备吗？散会后我给你准备了两套设备呀！"

鲍莲裳马上给张姐解释，临时出了点问题，经请示总经理又特批了一套设备，并拿出总经理的批示给她看。

张姐看了总经理的批示才明白了，但是她说："原来给你准备的是两套设备，你现在要三套设备，我这里没有，得去给你进货，这需要等几天才行。"

鲍莲裳一听傻眼了，怎么又不顺利呀？

✎ **短评：** 当事情发生变化时，不要只把眼睛盯住上级。是的，"遇变请示"是"报联商"的基本要求。但是，你和上级商定的应对措施里涉及对原计划做出变更的部分，这部分的工作当然得你去做。如果这个变化没及时地通知给相关部门的话，当你的工作推进到那一步时，对方就无法顺利配合。这不是对方故意"设卡"，而是你自己考虑不周，那只能怪自己。

发生了变化的事，一旦定了就该尽早通知相关人员，以免对方那里没提前准备好而受到影响。

➤ 传而未达——怪自己

🔍 **案例 No.45　续前案例——车队没车**

吸取了在仓库被卡壳的教训，鲍莲裳想起设备运往现场需要车队派车，这个变化应该赶紧通知车队，那里别再卡壳了。于是，鲍莲裳马上给车队打电话："设备由原定的两套变成三套啦！"

几天后，张姐通知鲍莲裳："我们抓紧给你调的设备到了，你明天来拉走吧！"

鲍莲裳马上给车队打电话："我的设备明天要从仓库运到现场去，请给我配好车。"对方回答："知道啦！"

第二天，鲍莲裳到车队去，拿出总经理的批示给派车调度看。

鲍莲裳：我的设备由会上原定的两套增加到三套了，你得给我派两辆车才能拉走。

调　度：啊？我给你预备了一辆车，正好拉两套设备，现在没有两辆车能派给你。

鲍莲裳：噫？我前两天给你们打电话，就此事打过招呼了呀！

调　度：会上定的你们不是两套设备吗？你打过电话了？谁接的？我怎么不知道有变化？

鲍莲裳：你们罗队长接的。我清楚地跟他说总经理批准，改成三套设备了，他没通知你？

调　度：罗队长出车走了，他没跟我交代，我不知道有这个变动。

鲍莲裳：那我昨天打电话让你们派车，是你接的电话吧？

调　度：没错，是我接的。可你只说让我派车，并没跟我说变成三套设备了呀！

短评：传达，传达！传是传了，达了吗？过度依赖别人，最后倒霉的是自己。

发出信息不是晚了一步就是漏了一个人，要不就是过度相信别人，自己没做确认。自己的"联络"出现疏漏，导致工作不顺利，那可怪不得别人。

➤ "发信方"该多做一些

发信方的责任重大！因为能否把信息准确地传递出去，进而把你的用意传递给对方，最后让双方达成共识，这份重担在你（发信方）肩上，而不是受信方。

也就是说，你不能指望对方能"听明白"你的意思，只能靠你去把对方"说明白"！

受信方再会听也是被动地听、猜、揣摩，万一他没"听明白"，而且没有确认，那倒霉的就是你这个"发信方"了。所以，想让自己的事情一路畅通，"报联商"高手在发信、确认时要懂得"碎碎嘴"，仔细确认细节。

➤ 有没有一副能包治"联络百病"的通用药方呢

有，三遍——重要联络必三遍，细节反复再确认！

各种各样的联络问题，一般在三遍的反复确认中，都能被发现、被察觉，并弥补、改过。

实技 No.9 包治"联络百病"的通用药方——【确认三遍】

- 初级联络：树立把信息传递出去的观念，记得通知相关人员。

  让人家知晓，做到信息对等。 （0 的突破，0＋1＝1遍）。

- 中级联络：站在对方立场上思考，为了把信息传递到位，一定要认真确认。

  把信息传递落到实处，双方确实做到信息对等。 （认真确认，1＋1＝2遍）。

- 高级联络：在信息对等的基础上再次沟通，做到意思共享，让双方达成共识。

  扎实地办事，确认对方是否真的理解了你的用意。 （上保险！1＋1＋1＝3遍）。

第一遍的联络只是把信息送出去了（只送了个载体）；第二遍是为了确保信息保质保量地送抵了，真正做到双方信息对等，保证双方处于相同的高度；第三遍的确认是确保对方理解了你的用意。

这里所开的"确认三遍"的药方，是给"发信方"开的药。要想传递到位，把自己的事办成，须得自己去确认才行，指望别人是不行的。

不要怕对方烦，第二遍、第三遍开始时可以加一句"对不起，为保险起见，再确认一下……"的开场白。有时可以趁谈别的事时顺便确认一下，也不会显得很烦人。

总之，即使烦人，也比不确认出了差错要划算！

受信方在接收到发信方的"反复确认"时不该烦人家，毕竟人家也是为了工作，也是为你好。再者，也许下次你就成"发信方"了。现在你烦人家，待下次你去确认时，人家会不会烦你呢？

更深一步，如果人家找你来确认你就烦，会导致人家不敢来确认了，等出了差错谁都不开心。如果等出了差错时你才埋怨人家："你怎么不事前提醒我一声呢？"人家会当场怼你："我一提醒你就烦，谁还愿意自找没趣呀！"

所以，当有人找你"确认"时，应以平常心待之："谢谢你的提醒，我注意到了。"一句话就行，留得余地在，以后好办事。

本节复习

很多不如意是自己的联络不到位造成的，应多反省一下自己的
联络是否到位。

活用"报联商"铁则 No.14

重要的联络做到确认三遍，各种失误基本都能避免。

2.5　信息处理，速度很重要

"报联商"是信息处理术。既然是处理信息，那在操作上就要讲究一个"快"字。

➤ 反馈速度，体现的是你的态度

案例 No.46　慢节奏的应对

周日下午，鲍莲裳走进一家汽车店，准备买他家的一款汽车。

谈话中涉及一项技术指标，负责接待的那个业务员对此不太熟悉，手头又
没有资料，于是就说："我会查明后，明天早上 9 点给您打电话。"

带着这份期盼，周一早上 9 点，鲍莲裳等啊等，却没等来这个电话。到了
中午还是没来电话，鲍莲裳忍不住只好打过去问，接听电话的人说那个人出去
办事了。直到下午，他才打来电话，却说因为考虑到周一早上 9 点一上班你可
能事多，我不便打扰……

理由冠冕堂皇，似乎挺替他人着想的，但是听上去就是托词！昨天明明是
他自己约的 9 点通电话，如果周一早上 9 点确有不便的话，那么昨天商定时间
时，当场就应提出异议。不按约定来电话就算了，还强词夺理，鲍莲裳一下子
对这个人的印象就不好了。

言归正传，谈买车的事吧！电话里他说："您的情况需要填一份表格，您如
果不方便尽快到店里来的话，我可以马上给您把文件快递过去，请您提供能收
到快递的地址。"

于是，鲍莲裳马上用微信给他发了地址。

等他的快递来了再说吧，可是这下子又没音信了。等啊等，直到周五快递才
到！现在的同城快递送件不会这么慢吧，肯定是他迟迟没寄出，就这么点事竟然

消耗了一个星期！总是说了不算数，现在就是这种服务质量，拿客人的事太不当回事啦！要是真从他手里买了车，那还不后患无穷？算了，还是去别家买吧！

✏ **短评**：人就是这样，对自己宽松，可是对别人都很严格，甚至苛刻。动物界中，人是最容易因别人说谎而生气的动物。

开始时谁都没打算说谎，但是由于忙、由于忘、由于来不及等原因，当你没能兑现自己曾经的诺言时，已在无意中把自己放在了说谎的处境下，其后果是给对方一种被你耍弄的感觉——尽管你压根就没打算骗他！

➤ **反馈速度，决定胜负的一种利器**

🔍 **案例 No.47　第一印象**

人们很难改变别人对自己的第一印象！若想改变，需要有频繁交往的环境，再付出许多心血和努力才有可能做到。因此，可见自己给别人留下的第一印象多么重要！

根据我个人的经验，当有人初次打来电话向你咨询业务时，最好马上放下手头的一切工作尽快地做出反应：回电话，回微信，回邮件！紧跟着第一时间送去资料或样品，争取在最短时间内送到对方手中！最后，算准快递到他手里的时间，将电话打过去。

如此敏捷的反应速度会让这个新接触的客户大吃一惊："此人的反应速度真敏捷！"从而奠定对你的第一印象（好感）。

这样的反应速度能让你一开始就抓住这个新客户的心。他会想，第一次交往就能看出此人的服务态度令人放心，可以交往下去。

✏ **短评**：如果第一次沟通后你隔了一段时间才回复人家，或者你的应对拖拖拉拉，新客户感受到的是什么样的服务？他会怎么想你？在竞争激烈的商业环境中他会如何选择？

敏捷的反应速度传递的不仅是商业信息，更重要的是你对他的态度，这将给你们后续的交往打下良好基础。第一次沟通之后如能尽快和对方见面，那就更是趁热打铁了。

➤ 上级希望下属的反应速度要快

🔍 **案例 No.48　小礼品**

商科长：小鲍，上次去西安出差在商业广场咱俩赶上的那场促销活动，当时人家发的那个环状塑料小礼品，我的那个给你了，还在吗？

鲍莲裳：在呀！我没扔，给孩子玩了，在家呢。

商科长：你带一个来，我有用。

鲍莲裳：好的。

过了几天，鲍莲裳刚从外面回来，商科长就急匆匆地来找她。

商科长：小鲍，我前几天跟你说的那个环状塑料小礼品，你带来了吗？

鲍莲裳：带来了，在这儿呢（说着就拉开抽屉把东西拿出来，交给商科长）。

商科长：你带来了，怎么不交给我呢？

鲍莲裳：我哪儿知道你什么时候要呢？

商科长：北京总部研发部的张科长今天来我这儿了，刚走。我跟他谈起咱们这款产品封盖的改良设想，这个小礼品的构造和开合方式很有启发，当时要是拿给张科长看着讨论的话就更好了，可是手头却没有实物参照，只好给他画了一张草图做说明，比看着实物讨论的效果差远了。你真是的，带来了怎么不立刻给我呢？

✏️ **短评：** 天下武功唯快不破。上级布置的任务也好，下达的指令也好，都是有他的用意的。

　　尽快把完成上级指令的状态反馈给他，可以让他心中有数，他的调度就会从容不迫。

本节复习

人都愿意享受优质服务，反应速度敏捷就能给人留下好印象。

活用"报联商"铁则 No.15

信息反馈，以快为准。

2.6　该联络的信息，应主动尽早递出

➤ 硬服务（设备/条件）方面的联络

服务行业的业务，很大一部分是靠提供信息来实现的，也就是"报联商"里所说的"联络"。

🔍 案例 No.49　电梯的噪音

这是我的朋友李老师跟我讲的他的亲身经历。

有一次他去外地讲课，由于事发突然没来得及预订宾馆，坐在火车上才用手机在第二天要讲课的地点附近寻找宾馆。

由于当时已是傍晚，他问了几家宾馆都是满员，几经碰壁之后终于在一家宾馆找到了房间，还是一家比较著名的连锁酒店。下了火车后，他马上打车过去，办了入住手续，想着今天运气还算不错，打算早点休息，养足精神明天好讲课。

可是，他翻来覆去却难以入睡，究其原因是隔墙传来的噪音时断时续。出门去看，原来这间房的后面是一架老式电梯，夜间归来的旅客比较多，电梯频繁上下，声音隔墙传来使他这个略有神经质的人难以入睡。好想跟前台服务人员要求换房，但想想这都是好不容易才找到的房间，也许人家没有别的房间了呢。再说，行李已经打开，自己也换了睡衣，再换房间很麻烦，还是算了吧！

后来好不容易入睡了，可是第二天凌晨5点又被电梯的噪音给吵醒了！

退房时，他忍不住跟前台服务人员抱怨："这间房电梯声音太吵了！"前台服务人员说："对不起，您昨晚打来电话时，我们就剩这间房了，安排您住这间房也是没有办法。"

"就算没办法，你昨晚把钥匙递给我时如果提醒一句'对不起，这间房离电梯近，夜间可能会有声音，请您理解，多多包涵'的话，客人心理上也能体谅些，是不是？"

讲完自己的遭遇后，李老师跟我说："以后去那个城市再也不住那家宾馆了，我劝你也别住他们家！"

✏️ 短评：

不知这位朋友把这个故事讲给多少人听了，那家宾馆在不知不觉中已经遭殃了。

如果硬件方面有什么不如意的地方，知情方早点把信息主动告知使用方的话，也能让对方有个心理准备。此举不仅能减少一些对方的不满，还能获得对方的好感。

在很多场合（尤其是服务行业），提供服务的一方往往手里掌握着很多信息，这些信息对于服务员来讲是知情的，甚至是顺手拈来的。但对于到这里来消费的客人来说，虽然他们需要知道，但如果服务员不主动告诉他们，他们就不知道，这就要看服务员的主动精神了。

🔍 案例 No.50　宾馆叫车

宾馆的客人退了房想去火车站，向宾馆的服务台询问有什么交通方式。

服务台：我们宾馆有专车送客人去火车站，50 元一次。

客　人：从手机地图上看，火车站离这里不远啊，怎么就要 50 元？

服务台：那您可以用手机叫网约车。

客人查了网约车，那里给出的到火车站的估价只需 10 元的起步费，便下了单。下单后迟迟不见有司机接单，客人走出宾馆大堂到马路上看看能不能招手拦车，却发现宾馆门前的路边就有一个公交车站牌。过去一看，竟有两条公交线路都到火车站，只需乘 3 站就行。

客人回到宾馆服务台取行李，并质问服务员。

客　人：门口就有公交车，2 元就能到火车站，刚才你为什么不提供这样的信息呢？

服务台：我以为您不会坐公交车呢！

客　人：客人采用什么方式那是我们的选择，作为服务方，你既然知情就该主动告知呀！

✎ **短评**：服务人员为客人提供信息是很重要的一项服务内容，怎么能明明知道信息却不主动提供呢？

服务行业的信息拥有方不应该擅自取舍，应该把能提供的信息都提供给对方，至于如何取舍、如何行动，那是人家的事。

➤ 软服务（信息处理）方面的联络

🔍 **案例 No.51　不给打扫的客房**

我为了普及"报联商"知识，经常需要组织培训、举办活动，所以经常需要寻找会议室、教室等合适的场地。

有一次，一家企业请我去讲两天课，教室安排在他们自己的培训中心，他们招待我在那里住两夜。

上课的前一天下午我就到了那里。这是一个庭院式的宾馆，接待大厅装修得落落大方，朴素且高雅。我办理入住手续后一路走向房间，看到院落里干干净净，绿化也很不错。入住房间也挺干净，诸项设施都很齐全。于是，我拿起电话问前台服务人员，得知这里不仅为自家企业内部的员工服务，也对外部一般客户营业，住宿价格还算公道。

我提前到培训的课堂进行视察。果然不愧是培训中心，教室大小适中，很适合授课培训。而且，教室的对外租金也不贵。我心想，这里倒是个不错的备选之地呢。

第二天傍晚，一天的课讲完了，我回到房间一看，早上走时什么样现在还是什么样——没给打扫房间！我打电话问前台服务人员怎么回事？对方回答："我们这里是培训中心，只对连住三晚以上的客房进行中间打扫，对住两晚的客房是不打扫的。"

我说：我不是你们的员工，我是外部来的客人，是来这里讲课的老师。

对方：内部、外部都一样。

我说：既然如此，昨天我办理入住的时候，你们就该跟我说明一下才是。

对方：房间里的"入住须知"里面有。

我无语，放下电话，打开"入住须知"细找了半天才找到一行小字，的确有这样的说明。可是，客人谁又会注意到这行文字呢？前台服务人员在住两夜的客人办理入住手续时就不能多做一句说明，告知客人一下吗？

这样一来，我对于这个地方的"备选"打了问号。我要组织的"报联商"普及宣讲活动都是两天的课程，外地来的学员跟我这次一样，也是需要住两夜的。学员都是我请来的客人，如果安排在这里住两夜中间却不给打扫房间，服务方还不提前告知，难道还得我来一一告知学员？学员会不会怪我组织不周？联想到刚才前台服务人员应对时那冷冰冰的语气和那种"例行公事"的态度，真的没有好感了。

天下可选的培训地点还有很多，算了，还是放弃这里，另找别处吧！

短评：事情虽然不大，但这种服务质量令客人很不舒服。提供服务方在不知不觉中已经推走了潜在的客人，宾馆营销部的同事付出艰辛努力招揽来的客人，由于这些服务细节不知不觉地被推出门外了。

服务方根据自己的情况做出一些规定是有必要的，可以理解，但其中涉及被服务方（客人）的信息（尤其是与其利益相关的信息），应该让人家提前知晓（知情权）才行。

如果说怕客人知晓了这种情况就不来消费了，就先不告知，等客人发现来问时才说，那岂不成了故意欺骗吗？做生意以诚信为本，骗得了一时，逆效果会翻倍的！

身居高位的管理者当然不愿意这样，他们希望提高服务质量，经常在大小会议上号召下属："要多为客户着想，尽量让客户满意。"可是，他们身居高位不会看到、更不会想到在服务细节的执行上会有问题。于是，提高服务质量、宾至如归就成了空乏的口号，提高客户满意度就成了没有实质行动支撑的愿望，尽管管理者、执行者都不是故意的。

➤ 内部联络很重要

团队内因工作需要，信息拥有方向自己的同事传递一些必要的信息，就是"交接"。

但是，团队内经常出现因"交接"不及时、受阻、不细致、不周到等原因引起的服务不周。

案例 No.52　不给看的教室

有一次，我到外地去给某企业做培训。培训用的教室就安排在我入住的宾馆二楼的会议室，倒是很方便。

出发前，我用微信跟负责这次培训的对方人事专员联络："下午到达那里办理入住手续后，我想去教室看看。如果可以的话，我想提前连接一下电脑，确认一下投影、音响等设备，以便心中有数，请提前跟宾馆打好招呼。"

过了会儿，那位人事专员回了信息："没问题，已经跟宾馆打好招呼了。"

可是，等我办完入住手续到了二楼的教室那里，那位掌管着钥匙的保安却不给开门。我只好去前台询问，前台的服务员说："哦，对不起，我们接到了明天租用这间会议室客人的电话要求，但还没来得及跟二楼的保安打招呼，我这就打电话。"

短评：受人之托，忠人之事。服务行业讲的是提高客户满意度。因此，对客户的每个要求都应该认真负责地应对，这时候用"太忙，还没顾得上""忙忘了"等托词是敷衍不过去的。

➢ 主动（提供信息）的联络

案例 No.53　银行卡挂失

在网络不发达的年代，有一次周末我和朋友吃饭到很晚，回家后就睡了。第二天上午才发现钱包不见了，虽然里面没有多少现金，可是有 2 张信用卡和 3 张借记卡。具体是丢在饭馆了，还是忘在出租车上了，自己想不起来了。

我必须尽快给银行打电话挂失。可是，那 5 张卡分属 4 家银行，各家银行的电话号码我并不知道。猛然想起，每月寄来的账单上应该有，于是翻箱倒柜地寻找银行对账单。好不容易找到一张，赶紧打电话去挂失，然后又去找其他银行的。结果，等找到这 4 家银行的电话号码再打电话去挂失，几乎耗费了我周日一个上午的时间。

后来，我跟那位朋友谈及此事，不料他竟然说自己也有过相同经历，不过他丢的是 4 张银行卡。但是，他的运气好，当他给第一家 A 银行打电话挂失后即将挂断时，电话那端的客服人员问了他一句："请问，您既然丢了钱包，是不是还丢了别的银行卡呢？您知道那几张卡所属银行的挂失电话号码吗？如果需要的话，我这里有，我来告诉您，请您记录。"

他按照记录下来的电话号码一一拨过去办理挂失，很快就办妥了这件事。但是，他发现后面那 3 家银行客服人员的应对都只是照章办事，并没有像前面那个客服人员那样再多问这么一句为客人着想的话。真不知第一家 A 银行的那个客服人员究竟是自己准备了这样的应对呢，还是 A 银行的操作规程里本身就有相关规定。由此，他对 A 银行的印象一下子大大提高，现在他已把 A 银行作为自己的主银行了。

我不由得感慨，如果他当时是最后一个给 A 银行打的电话呢，岂不是会很悲催？看来，他的运气真好，一开始就遇到了好人！

短评：服务行业的从业人员在接待客户、为客户提供服务时，如果脑子里能时刻绷紧"多替客户着想，多站在客户的立场上思考"这根弦的话，不知能发现多少客户潜在的需求？你顺便一句话或举手之劳就能获得多少好感度、满意度，给你迎来多少回头客和订单呢？

其实，给银行打电话挂失的人多半是丢了钱包，那么他很有可能也需要给别的银行打电话挂失的。这一点只要服务方站在对方立场上换位思考一下，就应该能够想到，可是为什么很多服务行业的人员没有想到该为客户提供此类服务呢？

服务行业是不是应该在自己的操作规程里硬性规定将这道程序作为标配呢？客服人员只要动脑子想一下："此刻客户还需要什么信息？在我的责权范围内还能给他提供些什么服务？"这样，他们就能做得更好。

小贴士 No.7 给服务行业提个建议

在服务行业的各个岗位上，每时每刻都在上演着体现服务质量的"报联商"。具体情况、细节等身居高位、不在一线的管理者是不可能一一掌握的。

服务行业的人员参照上述几个案例，只要换位思考一下很容易就能找到自己服务的欠缺和质量的不足。平时注意收集客户需要的信息，在他们需要时提供给他们，就是很好的服务。

建议服务行业的管理者读到这里不妨在自己的部门开展一次"假如我是客

户"的换位思考活动，集思广益，收集整理出一套利民、利客的操作规程，并严格落实执行，提高服务质量。

本节复习

提供信息是服务行业的一项重要工作。该告知的却不主动告知就是服务不周。

活用"报联商"铁则 No.16

该让对方知道的信息不要等对方来问才说，应该主动、尽早提供。

2.7 行还是不行，都该给对方一个交代

➤ 用沉默代替拒绝很不靠谱

案例 No.54 同学的拜托

一个在云南的同学突然给鲍莲裳的手机发来一条微信消息，拜托她在北京给办一件事。鲍莲裳回复了"收到"两个字后就纠结了："和这个同学关系一般，虽然互加了微信，却一直没多少来往。再加上她委托的这件事不是打个电话就行的，需要跑腿去办，需要耗费精力和时间。"鲍莲裳心想："答应她吗？还是拒绝吧！可是，该怎么拒绝呢？"

本想给她发条微信消息，又担心这样太轻率了；想给她打个电话，可又怕电话里张不开口。最后，鲍莲裳决定给她写封邮件。可是，写完后看来看去总觉得表述不够委婉，怕有后遗症。这封邮件被一改再改，时隔多日事情就被遗忘了。

这些天鲍莲裳总觉得心头似乎有件事没了，隐隐觉得不安。等她想起来原来是这件事一直压在心头作祟时，时间已经过去了 5 天！

鲍莲裳心想："怎么办呢？真不想给她办。而且，时间过了这么久了，也许人家都忘了这件事了。这么多天我不回复，按说她也该懂得是我不想给她办。"这么想着鲍莲裳释然了，于是就把沉默当成了拒绝，甚至心中暗暗有一种很傻

的想法："对方已经忘记这件事了吧？"

不料，一周后那个同学发来微信消息："我上周拜托你的事，你到底办不办呀？不办也给个回话好不好？我好找别人！"

✎ **短评**：在商务活动中，拒绝是常有的事，其实没什么大不了的。反而那种石沉大海的沉默，以及让对方"我猜，我猜，我猜、猜、猜"的抓狂，才是最令人头疼的。因为这种不明所以的做法让对方不知是该继续等下去，还是该另寻他法？倒不如干脆地拒绝来得爽快。

小贴士 No.8　靴子落地

一栋老式木制楼房的一楼住的是房东老头，他有心脏病，他楼上的租客是个年轻小伙子。

年轻小伙子由于正在谈恋爱，每天晚上都回来得很晚。回来后，他脱下脚上的靴子，"咣！咣！"扔到床前地上。直到这时，楼下的老头才敢大胆地放心入睡。

时间一长，老头受不了了。他找到租客说："小伙子，你看我有心脏病，你晚上能不能别扔靴子了？"小伙子一听，连忙道歉："哦，对不起，今后我会注意的。"

这天晚上，小伙子回来后把这件事给忘了，脱下一只靴子"咣！"扔在了地上。这时，他忽然想起了房东的要求，于是就把脱下来的第二只靴子轻轻地放到了床前地上。

结果，第二天一大早老头就来找他了："小伙子，你还是搬走吧，我真受不了你了。昨天晚上你只扔了一只靴子，我一直在等你的第二只靴子落地，一整夜也没敢睡……"

➢　即使拒绝，也给对方一个回复

🔍 案例 No.55　投标之后

甲公司这个项目的投标，鲍莲裳所在小组可是下了大功夫。多次沟通、多方设法、认真制作标书，甚至请副总经理去拜访了客户的关键人物，大有势在必得的架势。全组人员都觉得这次没问题，这个项目应该能够拿下，他们也是这么向上级汇报的。

根据他们的汇报，公司对中标后的工作提前做了准备：跟供货商打好了招呼；预计马上就要进的第一批物资，让仓库给留出了空间；安装施工队那边也打了招呼，人家提前调整了人员的休假；签约仪式要用的横幅也给店家下单预订了；为了出席签约仪式，负责这个项目的副总经理调整了自己去外地的行程。

可是，截标好几天了，甲公司那边也没个音信，相关部门都来问下一步该怎么办？商科长指示鲍莲裳找甲公司确认一下。这才得知，截标的第二天结果就出来了，是竞争对手的 B 公司中标了！甲公司的人说："我们只通知中标的那家公司，没通知你们就是你们没中标。"

✎ **短评：** 拒绝不要紧，不给对方回信才让人头大！你知道却把我蒙在鼓里，这叫什么事呢？

联想到求职面试后的"回去等消息吧，没有通知就是不录用"，参加笔试后的"没有接到通知就是没通过"等不给闭环的做法，其实都是强势方的霸道的行为，无疑是恃强凌弱。

➤ 既然决定拒绝，态度就要明了

实技 No.10　拒绝要言明

当对方提出无理要求时，不行就是不行，委婉地拒绝就行。

如果怕当场拒绝伤害对方感情而回答一些模棱两可的话，比如"容我想想……""等我们研究研究……"，对方会觉得还有一线生机，他会认真地抱着希望。

等过了些日子，你这里没有下文，人家会来问："你们研究得怎么样了？"这时你才回答"不行"，无疑是打碎人家所抱的热火罐，会让人家大失所望。

体会一下对方的感受，在焦虑中煎熬的日子并不好过，缓期后的拒绝有时反而会转化成怨恨。所以打算拒绝的话，可以直接当场表态。如果采用"研究研究"等托词来缓冲一下的话，过后就该尽快主动联络，给人家个准信，不要让人家等着心焦。

本节复习

在"报联商"的世界里，任何信息都应完成闭环。拒绝也要闭环，不能让对方惦记。

活用"报联商"铁则 No.17

即便拒绝，也该给对方一个交代，不能沉默。

2.8　用"报联商"保护好自己

➤ 保护自己付出的辛苦

🔍 **案例 No.56　没干完的活儿**

周四一上班，商科长就让鲍莲裳做一份市场调研的总结报告，吩咐她"下班前交给我"，说完商科长就出门了。

这可是个展现自己能力的好机会。本周前三天，鲍莲裳是和商科长一起做的这个市场调研，情况都清楚，资料、数据也在她手里。鲍莲裳心想："这回该做出个像样的东西给科长看看!"

鲍莲裳忙了一天，由于弄得很细，下班时还没弄完。看看商科长没回来，那就正好加班弄完它。一直干到晚上 7 点多，倒是弄得差不多了，只是还差一个数据需要找同事小王要，可是小王已经下班回家了。于是，鲍莲裳只好顶着星星下班了。

第二天一上班，鲍莲裳急忙找小王要来数据，打开电脑加了进去，然后把做好的资料打印出来。看看表已经 9:15 分了，赶快拿去交给商科长。

不料，商科长开口就是：怎么现在才给我？

✏️ **短评**：是不是很委屈？是不是很不公平？难道自己没努力吗？难道昨晚的加班白干了吗？哪里不对了？为什么遭遇这样的不公平对待？早知道这样又何必做得太详细呢？

每当自己慨叹"怎么会这样"时，不要总是眼光冲外一味地埋怨别人，不妨把刀刃向内地检查一下，自己是不是有哪里做得不对？或者做得不到位的地方？

上级的话："怎么现在才给我？"这明显是嫌你交活儿迟了，超出了他的预期。那么回顾一下，昨天给你布置任务时他要求的是"下班前给我"，对吧？是啊，下班前没做完，不要紧。下班时商科长也不在，想交也交不了，这也难免。再说啦，昨天晚上交活儿和现在交活儿，有那么大的差别吗？其实，这些都不重要。那么，上级为什么生气呢？

上级不满的是，你没有及时地跟他"报联商"（通消息）!

上级不在也好，你手头缺个数据需要第二天找同事要也好，这些与这项工作相关的信息，你及时地通报给上级了吗？事情发生了变化，到了规定的时间做不完，你跟上级请示了吗？因此，你的努力、你的辛苦、你的好心，上级一概不知，只是表面上看到你交活儿迟了。在这种信息不对等的情况下，上级对你的责备，是不是你自己造成的呢？

🔍 案例 No.57　续前案例——换个方式

例如，到下班时工作没做完，你就给上级打个电话（若担心上级不方便接电话就发条微信）："因××原因，工作到现在还没做完。不要紧，我今天加班也把它做完。"

例如，最后还差一个数据需要第二天找小王要，今天只好先下班了，也给上级发条微信，说明现状，说出自己的打算。

这么做无非是向上级通报一下，把你的现状通报给他，和他信息共享，做到信息对等。让他知道你这里发生了什么事，现在处于一种什么状态。

如此一来，你昨晚到他规定的时间工作没做完，他知道了；你加班到7点，他也知道了；今早你会找小王要数据，完成这项工作，他也知道了。那么，今早一上班你就在那里忙碌，他看在眼里，心中也是有数的。为什么？你及时地跟他"报联商"（信息对等）了。

若这样做了，当你把做好的总结报告交给他时，他会给你安慰："啊，昨晚辛苦了!"

为什么会有这么大的差距呢？皆因你汇报了、告知了。于是，上级知情了，结果也就变了。

短评：上级那么忙，根本不清楚每个员工在做什么。如果你不能高效地跟上级沟通，及时地体现自己的劳动成果，那么在上级眼里你很可能就是一个无关紧要的人！

虽然不能把做了 80 分吹成 120 分，但也不能干了 100 分，却由于该说的没说，导致上级不知道，让他以为你只做了 60 分吧？

➤ 保护自己的劳动成果

案例 No.58　惩治剽窃者

鲍莲裳人称"开锁匠"，遇到问题主意特别多。工作中，总能想出些小改革，既实用也方便操作，很受身边同事的欢迎。

可是，鲍莲裳心直口快，总是想到什么就说出来，用得顺手就高兴地跟大家分享。慢慢地，鲍莲裳发现大小会议上厂长总是夸奖同事小丁，表扬她创意多、善改革。可是，厂长表扬的那些改革内容，明明是自己想出来的点子啊！

鲍莲裳开始注意小丁的行为，这一关注不要紧，她发现小丁每天下午快下班时都要去厂长办公室。不过，她在那里待的时间并不长，也就 5 分钟左右。5 分钟能干什么呢？鲍莲裳通过厂长的助理探听到，原来小丁去找厂长是汇报这一天发生在生产第一线的这些琐事。原来如此，看来会干的不如会说的！

鲍莲裳脑子一转办法来了。这天上午，她又想出个好点子，她马上跟大家说了。这次，下午才上班不久，鲍莲裳看准了小丁去洗手间不在的时机，她先跑到厂长办公室去请示："厂长，您看我这么改行不行？"厂长说："挺好的呀！"

下午快下班时，她看着小丁走进厂长办公室的身影，心里不禁暗笑："看看厂长还相信你吗？"

短评：找上级去商谈（请示）问题，客观上也能起到"让他知情"的作用，不就保护了自己应得的利益吗？

所谓"人善被人欺，马善被人骑""害人之心不可有，防人之心不可无"，社会上就有那种将别人的功劳成果据为己有的小人，我们的劳动成果自己不捍卫，谁替你捍卫呢？

本节复习

积极的"报联商"能起到信息共享的作用，但一定要及时。如果不及时可能会无效。

活用"报联商"铁则 No.18

应有的"报联商"做好了，能保护自己的劳动成果。

第**3**章
辅佐上级的"报联商"

管理团队的领导都明白，仅靠自己的力量和精力是无法照顾全局的，他们内心都希望下属中能有人站出来及时辅佐一下自己。所以，团队里的哪个下属能出手帮领导做点事，领导就会对他青睐有加。

其实，帮领导做事没那么难，又不是让你帮他决策、帮他想主意，你就平时给他提供点方便、提供点信息就行。

如果觉得自己帮不上什么忙，那就把领导安排给自己的工作做好、不必返工，至少别惹祸，这也是辅佐。

3.1　别给上级添麻烦——完成上级交办的任务

在上级眼里，每个下属都在替自己分担一部分工作。上级都希望布置下去的工作，下属能做得让自己满意，如果能超出预期（做到 101 分）当然更好。即使不能完成 101%，至少也要完成 90%、80%，甚至 60%。千万不要连 60 分都做不到，那别说辅佐了，简直就是"添乱"。

而下属呢，总想获得上级的青睐，也想辅佐上级，为上级做点什么。但是，这种良好的愿望最好建立在"好好完成上级交给的任务"的前提下，千万别自作主张地给上级"帮倒忙"!

案例 No.59　岂有此理

总部经过对市场前景的综合考察后，决定和 A 公司合作一个项目。为此，一位副总经理明天专门来这座城市，并提前通知了这里的支店长，让他做好准备工作。

支店长想到明天该提供给那位副总经理一些参考资料，便叫来新来的员工鲍莲裳，指示她今晚下班前为这个项目整理出一份 A 公司的材料交给自己。之所以选鲍莲裳做这件事，是因为在面试时支店长觉得她做的文案很好，电脑相关软件的使用本领很高，做出的材料很拿得出手。

下班前支店长回来了，鲍莲裳果然把做好的资料拿来给他。支店长接过来一看，有概况、有业绩、有数据、有相片、有图表，封面也很漂亮，的确专业！看来这项工作交给她来做是选对人了，可是……

支店长：咦？这材料怎么不是 A 公司的，而是 B 公司的？

鲍莲裳：哦，是这样的。在制作中，我收集资料时发现了 B 公司。仔细比较之后，我觉得这个项目咱们与 B 公司合作更合适些，找您请示又联系不上，我就先给整理出来了。

支店长：简直岂有此理！

短评： 在上级眼里，下属只是"手脚"，能把交办的任务按要求完成就行，不需要下属擅自做主。高层看决策，中层看管理，基层看执行，这是团队运作的铁则，是放之四海而皆准的。

如果下属对某项决策有看法，只能在尚未决定前的阶段提出，或者在讨论会上，或者在上级向你征求看法时。一旦决定下来，做下属的只能按照要求执行。这时和上级展开的讨论，其内容应局限于如何把这个决策落实、做好，而不是继续质疑这项决策。

即使在执行过程中发现了决策有不合理、不科学、不恰当的地方，也只能是边执行决策边向上级提出修改建议，而决不能擅自做出修正——你担得起那份责任吗？

在本案例中，下属在接受指示阶段，对上级交办任务的意图，以及任务的重要性、紧迫性没领会透彻。同时，上级布置任务时没交代清楚"这份材料是总部方面已经决定的，要在明天交给专为此前来的副总经理"这些重要要素，导致下属不清楚任务的性质和紧迫性，擅自行动。

结果，支店长当晚加班到深夜，自己整理出一份 A 公司的资料供第二天使用。

那么，遇到这种情况该怎么办呢？

下属应该无条件地执行上级交办的任务，把 A 公司的资料做好。在执行过程中，下属如果发现 B 公司的材料更合适，于是有了想法、想提建议也不是不可以，可以在完成 A 公司资料的基础上再准备一份 B 公司的备选资料（哪怕时间来不及做得较粗糙），将两份资料同时提交给上级，委婉地以"供比较参考"的口吻提醒上级（这也是一种辅佐）。至于上级是否采用，跟下属无关，因为判断权、决定权在上级手里。

上级在布置任务时为什么不把自己知道的一些要素（信息）都交代给下属呢？留在自己手里有什么用？又不是什么需要保密的信息。只是看中了这个下属"有才"，但是下属不懂规矩又有什么用？这种"有才却无德"的人，破坏力更大！

> 上级需要下属做的就是"执行好"

🔍 案例 No.60　基层看执行

几年前，鲍莲裳和 3 名同学一起进入这家公司，都从基层做起。4 个人中鲍莲裳最不起眼，也不像另外 3 名同学那样活泼开朗。鲍莲裳不善言谈，一眼看上去那么朴实敦厚。

因为是同学关系，几个人平时在闲谈中经常议论到工作上的事。这个项目如何啦，那个领导如何啦！"哼，要是我才不这么干呢，我会……"之类的吐槽是这个小圈子里经常有的事。这个时候鲍莲裳总是笑眯眯地听着，既不参与也不评判。

几年后，当年的那 3 名同学都不在了。有的辞职走了，有的调到其他部门去了，只剩鲍莲裳还在这里。不过，她已经升任这个部门的中层领导了。

新来的员工中有鲍莲裳母校的学弟、学妹，向她取经时鲍莲裳总是说："其实也没什么，这些年我就是上级让做什么就做什么。只要接受了任务就什么都不想，只是一个心眼地想着怎么把那件事做好，哪怕做好后上级又变了我也把它做好，不知不觉地就走到现在这个位置了。"

✐ **短评**：先看看自己处的位置再说话！在基层时，最重要的是当好上级的"手脚"，将上级布置的任务圆满完成，这是下属需要履行的最基本的义务。

正所谓"人微言轻"。要想说话有分量，能参与出谋划策，那还是等"上位"之后，有了那个层级的发言资格再说吧！

➤ **"能干"的执行力用对了才是辅佐，否则就是"添乱"**

越是有才、能干的人，如果因不会"报联商"而出了错，其破坏力也比一般人要大。

🔍 **案例 No.61　shuijing 的故事**

董事长是公司的创始人，他在公司里说一不二，所有人对他的话都是俯首听命。

周一上午，董事长出差要去机场，在大楼门厅的台阶处上车时，对送行的马副总说："咱们这个院子太大了，显得空荡荡的，你琢磨弄个 shuijing 吧！"马副总马上答应一声："好的。"董事长的车子就离开了。

马副总心想，董事长这一去要周五才回来，上级布置的这项工作要抓紧办，最好能赶在他回来之前就办完，这次一定要展示一下自己的办事能力！

公司院子里这块空地的正中央，下午就开进了施工器械，紧锣密鼓地开工了，马副总办事真是雷厉风行啊！

周二下午总经理回来了，车子开进院子看到在施工很诧异，正好在门厅碰到马副总就问："院子里这是在干什么呢？"马副总回答："董事长出差前吩咐我在这里弄个 shuijing。"总经理听了没说什么，上楼没多久就又乘车出去办事了。

周五下午董事长回来了。他进入公司大院，看到院子里还是那么干净整洁，只是院子中间怎么端端正正地出现了一口水井？下车走过去探头往里看，还真的有水！

✐ **短评**：下属想让上级满意，首先要弄清楚"上级要什么"，否则难以达到目的，甚至会"添乱"。

我们用《报联商：职场沟通必修课（基础篇）》和《报联商：职场沟通必修课（实战篇）》所介绍的"报联商"技巧来看这个案例，这个下属在沟通时犯了多种错误。

首先，在接受指示方面。

没复述，没询问，没确认，甚至没弄清楚上级意图就开工了。

其次，在汇报方面。

没先报计划，获得批准；自己凭"想当然"办事；直奔结果，鲁莽行动。

再次，在联络方面。

没有中间联络、传递消息；没有抓住上级不在期间难得出现的沟通机会（肯定有），顺便问一句此事。

最后，在商谈方面。

整个过程中没跟任何人讨论过，自己一味地独断专行；跟总经理对话时的表述也只是 shuijing 的发音；当自己心存疑惑时（肯定有），还是不愿意去找人商谈，犯了商谈的大忌。

这样的下属是很能干，但由于不懂"报联商"，给上级添的乱子更大！

> ➤ 辅佐上级，先把本职工作的相关信息处理好

🔍 案例 No.62　复印 20 份

商科长跟鲍莲裳说："赶紧去把这份材料复印 20 份给我。"

鲍莲裳刚走，商科长就接了个电话，放下电话就急匆匆地出门了。这一去，直到过了下班时间才回来。

这么晚了商科长还赶回公司，就是想取让鲍莲裳复印的那些材料。今晚带走的话，明天就可以直奔客户那里，就不必再绕远来公司一趟了，能节省些时间。

公司的人都下班了，办公室里一个人也没有。可是，商科长找遍了自己桌子周围，没见到那些复印材料。他去鲍莲裳那边找，也没有。他打电话找鲍莲裳问问吧，鲍莲裳是下班后就换号的状态，打不通。商科长打算自己再复印，原稿也找不到，真是急死了。无奈，商科长只好下班回家。

第二天上班后，鲍莲裳拿着那些复印好的材料来了。商科长问她"复印好

了为什么不放在我的桌子上"，鲍莲裳那里有一大堆的理由，说重了就露出一副好委屈的样子，甚至要哭了。

✏️ **短评：** 在上级心中，下属把工作按时按量完成是应该的。做完了至少是60分合格，做得好80分，做得令上级满意100分，做得超出上级预期，就是辅佐级别的101分。

但是，如果没做完、没做好，或者虽然做完了，却需要返工的话，连60分都没有，那是在给上级"添乱"！

本案例中的下属，工作虽然做完了，但由于"报联商"（信息处理）不当，其结果在上级看来根本就没做完，等于连60分都不到，不及格！这种水平，谈什么辅佐？

本节复习
下属把上级交办的工作做好，就是最基本的辅佐。
活用"报联商"铁则 No.19
下属辅佐上级，首先要从把本职工作做好、不给上级"添乱"开始。

3.2　上级不明示他的意图——也要让他满意

《报联商：职场沟通必修课（基础篇）》已经明确介绍过"上级让你完成的结果是他需要的，而不是你想的那个样子"。但上级布置的任务是为了达到什么目的，有时候他并不明说。

究其原因，主要有以下几种：

- 目标（What）指向性地下指示。
- 他以为你懂得他的用意。
- 他疏漏了。
- 他太忙，没顾上说。

　　每当遇到这种情况，下属应设法弄清楚上级的目的，然后采取行动。然而，有时不论你怎么掏、淘、讨、套，上级就是不明说，只是让你："先去干吧，问这么多做什么？"

　　这时候，可能有三种情况。

- 连他自己也不清楚——他可能是遵从上面的意见，或者他有某种打算。
- 他想考察你的能力——你的机会来了。
- 他并不希望你把事办成——这件事跟你说不清，或者他不便说。

➤ 连他自己也不清楚

　　这往往是指前景不明、需要探路的场合。

　　但是，上级又不能贸然亲自去探路（万一失败掉进陷阱里怎么办），所以他需要找一个替他去"探路"的"替身"。此时，上级把你当作"探雷器"了。

　　接到这类任务的你应该意识到自己已被上级选中，成了他的"探雷器"。这是一份信任，你应该感到荣耀和庆幸。

　　你若被上级选中去"探路"，也有两种可能。

- 你在他的心目中无足轻重——他拿你当"炮灰"，牺牲了也无所谓。
- 他信赖你、倚重你——觉得你能替他探出一条走得通的路来！

　　如果你接受任务后就埋头自己干，遇到任何艰难险阻都自己想办法克服，不断地调整前进方向，想方设法地奔向目的地。结果可能是，虽然你很努力地突破了若干险关，但最终还是遭遇失败，让自己陷入困境不能自拔，万般无奈只好向上级求援。此时，上级会怪罪你："谁让你这么干的？"你为此所付出的努力他都不知道还斥责你，你是不是很委屈、很愤怒？

　　怎样才能让自己不成为"炮灰"，成为上级"倚重"的对象呢？"报联商"，这种关键时刻只有密切的"报联商"才能保全自己。也就是说，越是身处这种处境，越要密切地跟上级"报联商"。

案例 No.63　当"替身"探路

　　上级不是让你给他"探路""扫雷"吗？那好，做一个计划就去汇报："领导，我打算这么干。"让他知晓，然后执行。

　　"领导，我现在这样了，下一步我打算那样，您看可以吗？"

　　"领导，我那样办不行，失败了。我还有方法，下一步我打算这样办，您看可以吗？"

"领导，我试了几个方法都不行，我又想了一个方法，您看……如何？"

这样，每走一步都详细地跟上级"报联商"。这种密切的请示、汇报，让你所走的每一步都让他心里有数。你走得顺畅、坎坷、曲折、起伏……甚至你陷进去了，他都有思想准备能来救你，也知道该怎么救你。可是，你如果请示得不及时、不密切，上级没能及时地掌握你这里的状况的话，你陷入了困境，恐怕他都不知道！

✎ **短评**：如此操作，等于让上级跟随你一起"探路"——路是你在走，雷是你在踩，可是信息都及时地传递给上级了！让上级清楚地知晓你在做什么，你这里是什么情况。上级能从你的"报联商"里，把你所走的路看得清清楚楚，而这些正是他需要知道的，你替他做到了。

这样一来，你不仅能完成上级让你替他"探路""踩雷"的任务，而且即使最终结果不佳，你为此所付出的辛苦、艰辛、坎坷、委屈……上级也是知晓的。密切细致的"报联商"，让上级看到了你的态度、你的执行能力、你的……他再也不会把你当无所谓的"炮灰"看待了。

➤ **他想考察你的能力**

这时，你越想明确一些事情，上级越给出一些原则上的指导意见。这很可能是上级觉得你工作做得不错，有提拔你的意思，要考察你的应变能力了。

应对办法：密切地跟上级"报联商"，弄清楚他的意图之后，拿出你的看法，考核就过关了。

🔍 **案例 No.64　经受考验**

商科长：小鲍，你跟工厂联系一下，A 公司的那单货等不到月底了，要提前一周交货。

鲍莲裳：啊？太突然了，工厂那边肯定会有难度，这是为什么呀？

商科长：这也是工作需要，的确会有难度。你努力把这件事办成，尽量满足客户。

于是，鲍莲裳就交货量、交货标准、工艺变动、成本变动等有可能产生连锁反应的地方和工厂进行充分的沟通后，准备了几个方案去向商科长请示。

鲍莲裳：商科长，我跟工厂讨论过了，A 公司的这单货想要提前一周交货也不是不可能，我觉得需要考虑以下几点：

1. 分期分批交货。这样虽然会给工厂增加排班和运输的难度，但他们说可以克服。

2. 原料的供给方式和渠道可以调整一下。这个跟现有的供货商协商了，他们同意协助。

3. 加工工艺方面，建议技术上选择难度较低的 B 方式，这需要调整产品标准。

4. 上诉三项都涉及成本。如果三项都落实的话，成本会增加 3%。A 公司要求提前交货，我们能否以加急费的名目让他们承担一下，哪怕承担 2% 呢？

短评：上级交办的工作是"提前交货"。至于理由，下属问了，上级也不明说。那么，按照上级的"目标"，先拿出方案来，以请示的形式去"套"出他的意图。

下属能把纷繁复杂的问题简化成最清晰、最准确的几项，并指出其背后的利弊，才能经得起考验。这样动脑筋、拿方案、辅佐上级的方式，才是下属展现自己能力给上级看的姿态。

➤ 他并不希望你把事办成

这种情况往往是对方让上级做的事并不是上级的本意，而是出于压力或某种需要使上级处于为难状态。此时，作为上级的下属，你如何才能看透这层意思呢？

一个典型的特征是，你提的每个问题上级的回答都很含糊，甚至最简单的判断题，上级都支支吾吾，给你的答案"不知所云"。

遇到这种情况，你不要感到奇怪，也别摸不到头脑，对策很简单：不要急于动手去做。不久，你就拿一个实施方案去"请示"（其实是"套"）。注意准备好不少于三个细节问题去察言观色，如果上级的表现仍然是含糊其词、推推挡挡、哼哈敷衍的话，那基本就可以确定：这件事他不想办！

🔍 案例 No.65　双簧

今天去拜访 A 公司，商科长叫上鲍莲裳一起去。鲍莲裳不禁心里打鼓，上周商科长布置给自己做 A 公司的那件事还没着手做呢，其实是没法做。商科长交代任务时就没说清，自己听不明白又去问了几次，商科长总是含糊其词，真搞不懂商科长是什么意思。

想到这儿，路上鲍莲裳就问："商科长，A 公司那件事我还没给人家做呢，不要紧吗？"商科长"嗯"了一声："回头再说。"

在和 A 公司李科长的谈话中，人家问起了这件事。商科长一本正经地转过头来问："小鲍，我让你办的这件事办好了吗？"鲍莲裳只好小声地说："对不起，这几天太忙，还没办好。"商科长生气地斥责："你怎么搞的？"见状，李科长说："算啦算啦，我另想办法吧！"

那天，从 A 公司出来，两人吃了中午饭后，商科长主动替鲍莲裳买了单。

✏️ **短评：**缺乏历练的下属稀里糊涂地辅佐了上级一次，两人上演了一场双簧，下属替上级解了围。那本来就是商科长不想做的事，借鲍莲裳这个下属的辅佐就给推掉了。

处于底层时按规则办事就可以保证安全，但要想再发展就得走进规则的模糊地带才行。在这个模糊地带里，唯一的参考方向就是"意图"——上级的目的究竟是什么？我该如何辅佐他，才能满足他的需求？弄清楚这些问题，"报联商"就能活学活用了。

➤ 万不得已时的最终手段

即使采用了一些技巧，还是弄不明白上级的意图时，该怎么办呢？

及时止损！在没弄清楚上级的目的之前，设法把自己的损失控制在最低限度。

也就是说，在没弄清楚上级的目的却又不得不动工时，别一开始就做很多、走很远。最好是做一点（比如 5%）就拿去汇报："领导，您看我做成这个样子可以吗？"这等于是拿个样品去问上级："您看按这种方法、模式继续做下去，对吗？"

如果你做得不对，上级会指出："这里不行，那里不对。"这样一来，你的损失并不大，还能摸清方向。即使需要返工，那工作量也不会很大，总比都做得差不多（甚至干完）了才发现不对时的返工量要小吧！这就叫"把控风险，及时止损"。

这样按照上级的指示，做了修改调整之后（比如 10%）又拿去请示："这样可以吧？"以此来"掏"出上级心中的意图。

像这样密切地请示，几轮下来基本就能摸清上级真正的意图了。

实技 No.11　正确领会上级的意图

1. 沟通前注意积累。

对上级有更多了解：了解他的关注点、喜好、性格、背景等。

2. 沟通中多思、多想。

领会上级的真实意图：自问上级为什么会这么说？为什么要这么做？

3. 沟通结束前确认。

用复述进行确认：自己的理解是否正确？此举可及时纠正领会的偏差。

本节复习

上级有自己的想法，下属只要善于观察、揣摩，总会摸清上级的意图。

活用"报联商"铁则 No.20

即使上级不明示意图，也要设法弄清楚。

3.3 辅佐上级的信息收集——心里要有对方

➢ 替对方着想，把信息收集完整

🔍 案例 No.66 寄小瓶子

商科长准备好了一份资料和样品，正准备发快递时，经理来电话让他马上过去一下。于是，他把东西往鲍莲裳的桌子上一放："小鲍，拜托你尽快把这些东西给名片上的这个人寄去。"说完，商科长就到经理那里去了。

看着商科长匆匆离去的背影，鲍莲裳拿起资料细看，发现不仅有文件还有几个小瓶子，估计是样品。于是，鲍莲裳找来纸盒子，认真地包装好，把快递发走了。

发完快递之后，鲍莲裳心想："商科长忙，别为这种琐事打扰他了，反正也好好地帮他寄出去了，等他回来时再汇报吧！不行，有指示没汇报这件事不能算做完，正推行的'报联商'是这么要求的。"

那么，怎么办才好呢？

1. 给商科长打个电话：告诉他东西已经寄走了。
2. 给商科长发条短信：快递已经寄走了。

✏️ **短评**：如果经理不喊商科长过去，这个快递会是商科长亲自寄出吧？那么，他会对一切相关信息都了如指掌。现在，他不得不委托你来做这件事，你怎么做才能做得符合他的心意呢？

日常工作中，我们经常被上级指派（或被同事委托）做事。你不动脑子也是做，动动脑子（站在他的立场上想一想）也是做，但效果会大不一样。

不同的应对方法会产生不同的结果。

第一种应对方法，快递发走之后，没跟商科长有任何"报联商"。

🔍 案例 No.67 续前案例

如果没学过"报联商"，就按一般日常工作执行了上级命令，把活儿干了。过了一会儿，商科长回来肯定会过来询问。

商科长：小鲍，刚才我给你的东西，你帮我寄出去了吗？

鲍莲裳：寄出去了，这是寄货单。

商科长：那几个小瓶子是样品，你给我好好包装了吗？

鲍莲裳：包装了，我用报纸、泡泡垫包装好了才封的箱。

商科长：底下垫了几层？上边也盖了些软垫吗？

于是，鲍莲裳开始用语言给商科长描述她是怎么包装的：底下是什么样的，上边又是怎么包的……听得商科长找不到感觉，无奈地摇摇头。

商科长问：什么时候能寄到？

鲍莲裳一脸困惑地说：哎呀，这个我没问，应该是明天或后天吧？

商科长无奈地回到自己座位上，边走边想："活儿倒是给我干了，可是状态并不掌握。"

短评：这种模式，这种结局，你能给上级留下什么印象？能成为让他满意、信赖的人吗？

只懂埋头干活儿是不够的，"报联商"方面的意识欠缺，浪费了多少你辛苦付出的努力！

这种信息处理方式需等快递寄到了，对方收到了物品后给商科长打来电话才能确认那几个小瓶子包装得还行，并没摔坏。一直要到那时候商科长才能放下心来，他能舒服吗？

第二种应对方法，用"报联商"让上级早早地放心。这并不难，只要动动脑子就行。

站在对方的立场上思考，关于这件事他会怎么想？

商科长在和经理谈话时肯定是顾不上这件事的，可是谈话结束，他就会想起来，肯定惦记。

应对的对策：活儿由你干，但把相关信息详细地通报给他。

那么，开始做之前就要想好：关于这件事，商科长会关注哪些信息呢？

- 寄出去了没有？
- 做了防破碎包装吗？怎么做的？
- 地址有没有写错？
- 什么时候能寄到？

因此，鲍莲裳给商科长传递信息，尽早地把这些信息传递给他，打消其顾虑，让他早点放心。

用什么手段才能打消商科长的顾虑呢？得想办法做到跟他自己操作时一样知情才好。

- 把寄货单照张相——看到这张相片，他就知道我给他寄出去了。
- 在封箱前给包装状态照张相——看到这张相片，他就知道我是如何做的防破碎包装了。
- 把那张名片和寄货单放在一起照张相——手机上放大了可以看清地址没有写错。
- 快递员临走前问一句"什么时候能到？"——人家说明天下午就能到。

这样边干活儿边把委托人（商科长）所需的信息都替他收集、准备好。

什么时候"报联商"给商科长好呢？

- 马上给他打电话？不合适！现在，他正在跟经理谈话，会打扰他。
- 等他回来问时再说？也不好！这样会让他惦记，自己也被动。
- 给他发条短信？也不好！不如微信，可以传送照片，能把情况传递清楚。

于是，鲍莲裳决定给商科长发微信消息，现在就发。

具体操作：发送两张相片和两句话："快递已发出。快递员说明天下午能送到。"

按照上述思路，鲍莲裳立刻发了微信消息给商科长。

想象一下，商科长回来时的情景会是什么样的？

他在和经理谈话时，衣兜里的手机就有振动，顾不上看。

从经理那里出来，商科长在回科里的路上就掏出手机看，这是谁发了微信消息呢？哦，是鲍莲裳发来的。打开一看，有相片。放大一看，防破碎包装形态一清二楚，非常稳妥。再放大了看那寄货单，和名片上的地址一样！嗬，明天下午就能送到。太好了，我想知道什么鲍莲裳就告诉了我什么。行，鲍莲裳挺会办事，懂我，这件事做得我很满意！

等商科长回到屋里就不会往鲍莲裳这儿走啦，直接往他自己的座位那儿走。一边走一边跟鲍莲裳挥挥手："小鲍，谢谢你啊！"因为商科长想知道的信息，鲍莲裳已经都通报给他了！

这时，鲍莲裳跟商科长只需视线一碰，会心地一笑就够了，这就叫配合默契。

这么做是不是很圆满？是不是比第一种方法事半功倍，让上级更满意？

答案是肯定的！但是，问题来了！

请问：你会记得在包装封箱前照张包装形态的相片吗？

恐怕不会吧？恐怕连封了箱之后也想不起来照张相吧？

再问：你会在快递员走之前问一句"什么时候能到"吗？

多半不会吧？谁又会记得替别人问这个呢？

为什么？因为你脑子里没有别人！

一般而言，人们在为自己办事时都会为自己考虑。这时的相关信息，由于是自己操作当然是都知道的，就不必特意去收集了。而当你为别人做事时，只顾着忠实地给人家办事，往往会忽略了（替人家）收集相关的信息。由于没有站在对方的立场上替他考虑的习惯，就不会注意收集这些相关信息。但是，你想过没有，委托你办事的人可是想知道这些信息的！这需要由你来替他及时地收集、保留、整理，并适时地传递给他，让他知晓，他才会放心！

归根结底就是，你脑子里有没有形成"这件事，对方需要什么信息？"这种意识，这有巨大的差别！

仅仅一念之差，就决定了在团队里谁是受上级青睐、倚重的人，谁是费力不讨好的人。

工作做的多寡，看看身边的同事，大家都差不多。但是，对信息的处理（收集、提炼、加工、整理、递送）程度就千差万别了。那些信息处理得好的人，就成了上级眼里能干的"红人"！

➤ **站在对方立场上，设身处地替他着想**

🔍 案例 No.68　地震后的电话

发生了大地震之后，北京总部的总经理给位于灾区的支店长打电话。

总经理：你那里现场情况怎么样？

支店长：万幸，咱们公司的员工和亲属都已确认安全。租用的仓库受损严重，但咱们的商品还好。

总经理：是吗？那就好啊！

支店长：我这边没有什么问题，一切都还能应对，您放心吧！

> 总经理：那么，咱们最重要的老客户 A 公司那边情况怎么样啊？
>
> 支店长：那边？这个……我没有确认。
>
> 总经理：什么？这难道不是问题吗？是大问题啊！赶快带人去支援！

✎ **短评**：站在对方立场上思考就知道该做什么事了。注意收集、整理、储备好相关信息，一旦被问到时就能马上拿出来，做到"百问不倒"，你在上级的眼里就"称职"了！

🔍 **案例 No.69　经理代理**

经理要去国外出差 10 天，恰逢副经理因病住院。临行前，经理召集 4 个科的科长们开会布置了工作。散会前，经理指派一科的科长鲍莲裳作为临时负责人，替他暂时管理全局。

经理不在时，鲍莲裳兢兢业业、克己奉公，不仅认真完成自己科室的工作，每天还把其他科室发生的事情汇总，下班前简要地用邮件报给经理，让经理知晓。

经理回来后，对这段时间鲍莲裳的代管工作很满意，当众表扬了她。鲍莲裳总算松了口气，不料经理把她叫到自己的办公室，单独跟她谈话。

经　理：我不在的这段时间，还有什么你要说的吗？

鲍莲裳：该向您汇报的，我每天都及时地跟您汇报了，还有什么要说的呢？

经　理：这些日子你每天给我发的简报很好，谢谢你。但是，我不在的这些日子里，4 个科室肯定还发生了很多事情，很多细节我也需要知道，你不说我怎能放心呢？

鲍莲裳：啊，细节？有些事当时我没做记录，也没拍照，这可怎么说得清啊！

✎ **短评**：做上级的，他想知道自己辖区内发生的一切，就像自己没离开时一样详细知情才好。替上级代办的人如果不能很好地理解上级的这种心理，在做事时就不会有意识地替他收集、保存、整理相关信息，一旦上级问到就会回答不出来。

首先，你不仅是上级的"手"，还是他的"眼睛"、他的"耳朵"，要懂得这个道理，树立这种意识才行。

其次，你做事时别光干活儿，还要记得帮上级收集信息、整理好，以备需要时拿得出来。

最后，此事要做到什么程度上级才会满意呢？站在上级的立场上替他想想就知道了。最好能把信息收集、通报到"跟他亲自在现场一样"，这样最能令他放心。

实技 No.12　收集更多的信息

最基础的做法是：

1. 主动打招呼　别人才有可能跟你沟通；
2. 讲礼貌　　　别人才愿意跟你沟通；
3. 认真倾听　　别人说得越多，你才能越多地收集信息；
4. 保持微笑　　让对方感到轻松，他才会不断地说。

上述这些做法，有利于更多地获得信息。

你努力做到这四点就会有个"好人缘"，各处的信息就会源源不断地汇集到你这里来。

短评：收集那么多信息做什么？

- 信息时代，谁掌握了更多的信息谁就占领了制高点。
- 谁先一步掌握了信息，谁就抢占了先机，拥有主动权。
- 信息在手，如何选择、如何加工、如何提供、如何运用都能从容不迫。
- 反之，信息匮乏便无从判断，或者判断失误，更无法辗转腾挪，导致自己陷入被动。

本节复习

事是拜托你去做了，难道人家就不想知道关于那件事的相关信息吗？

活用"报联商"铁则 No.21

替别人做事时，别忘了替他收集他想知道的相关信息。

3.4 辅佐上级的信息加工——硬件方面的加工

有些信息太粗糙，在传递出去之前最好加工一下，给对方提供方便。

这里所说的"加工"，不是为了自己的利益对信息进行篡改，而是把信息加工得准确、细致，让别人容易懂。

➤ 对信息进行"加工"的着眼点

信息传递出去之前审视一下：该信息有无可改善、补全之处？

一般的改善：尽量做到不要让对方误解，也能少给自己添麻烦。

多替受信方着想：他（们）听到后会提什么问题吗？

有无可为下一个流程提供便利的改进、完善之处？下一个流程的同事就是你的客户。

实技 No.13 "加工"信息的方法

✧ 定型类信息的加工/改善/补全

◆ 添加记载。例如，列出其倾向和可分析的原因。

◆ 缩短精简。例如，把信息缩编/改写得短小精悍，让受信方节省阅读时间。

◆ 添加数据。例如，加上环比/同比的数据，可供比较。

◆ 追加图表。例如，将原有的单纯数据加工成图表。

◆ 追加记载。例如，追加相关事实、例证、过往经验、案例（好的和坏的）。

◆ 数据共享。例如，有必要时，将其公开发表在内部网上，可节省传阅的时间。

✧ 非定型类信息的加工/改善/补全

◆ 把信息加工/补全。例如，采用 6W3H 方法，使受信方了解全貌。

◆ 补充具体事项或数字。例如，给文中的有关内容补充数据/事实/案例作为佐证。

➤ **加工改善的实例**

用事实和数据加工信息，使信息更加可信。

> **实技 No.14　用事实说话**
>
> - 本月的销售状态绝佳。加工为：销售额比上个月增加了 50%——量化。
> - 预计于 2 月上市的产品。加工为：预定在 2 月 8 日工厂下线的产品 A——具体化。
> - 大部分的营业所。加工为：18 个营业所中的 15 个都……——确认。
> - 最坏时将发生严重事态。加工为：最坏时有可能因含某种毒素导致死亡——补充/完善。
> - 这次台风使公租仓库屋顶漏水，有多家公司受损，其中本公司受损最为严重。加工为：本公司的受损达到 100 万元，占受损总额的 70%——明确/直观。

更换含糊的表述，使信息表述更加清晰。

用数字表述，让信息更加浅显易懂。

有些信息，如果用数字来表述的话（比如"10 个足球场大小"），会更加直观易懂。

> **实技 No.15　用数字表述**
>
> "小王是新员工，他经验少，站在他的立场上是不能理解师傅您的期待的。"
>
> 这句话如果用数字来表述的话，就会更容易被听者理解：
>
> "新员工小王目前也就只有 20 分的水平，当他能做到 30 分的时候，他自己就觉得是超水平发挥了，于是他就期待能得到师傅您的夸奖。可是，师傅您是站在 100 分的高度上，您总是希望即使是徒弟，至少也应该做到 50 分吧！所以，您总不能满意他的表现，是不是？"

✏️ **短评**：用数字表述有助于受信方理解，可以简要地说明问题。

空洞的话语不如翔实的数据有说服力。真正的事实摆在那里，谁也不能否认。因此，表述时的事实和数据最令人信服。

➤ **数据的使用要恰当**

有的人懂得使用数字表述有说服力，于是为了数字而数字，结果适得其反。

🔍 **案例 No.70　过犹不及的数据滥用**

我曾在街上过马路等红灯时看到过电子屏幕上的一条滚动广告。

也许是为了抢眼，它的每句话里都含有数据。初看时的确感到了一些冲击性的震撼，慢慢看下去就觉得不对劲了，后来竟觉得简直荒唐！

把其中几句话抄录在这里，奇文共赏一下：

"截至昨天，本款产品已经售出 7000 台，广大消费者都喜欢它！"（还靠谱点）

"它的覆盖率已经达到 99.9%，全国几乎没有盲点了！"（有点模糊了）

"你还在等什么？不要再等待啦！等待的结果会导致你以每分钟 0.003% 的速度，不断地失去那属于你的 8% 的优势！"（无法相信了）

✏️ **短评**：真不知道最后这句话中的每分钟 0.003% 的速度是怎样算出来的。

等红灯时，我用手机计算器算了一下。用 0.003% × 60 分钟 × 24 小时 = 4.32%，那么按照上述数据粗略推算，23 天大约就是 100%？上述案例中宣传的东西又不是 23 天后就不卖的商品，真不知道这个数据是怎么算出来的！而那句"属于你的 8% 的优势"就更不知道是如何计算出来的了。

看来，该广告词的制作者应该懂得数据对人的心理能产生冲击和说服力，所以才刻意地在每句话里都加了数据。但是，为了数据而数据的勉强，其效果就事与愿违了。如此牵强的数据表述适得其反，让稍动脑筋的人就会生疑，不敢相信其表述的准确性了，这就叫"过犹不及"。

🌐 **实技 No.16　直观的表述**

两人约见。某甲到了约定地点不见某乙，打电话询问"你到哪儿啦？"，某乙回答：

A. 我马上就到　　　　　　B. 再有 3 分钟就到

C. 我已经不远了　　　　　　D. 我正在等最后一个红灯

E.　我拐过屋角就到　　　　　　F.　我距离你也就 100 米

G.　请你举起右手，我也许能看见你

请问，哪种回答更加直观，最能令人知情，让人了解事态？

本节复习

邮件、微信的文字，写好后自己先读一下，觉得对方能看懂了再发送。

活用 "报联商" 铁则 No.22

传递出去的信息应该加工成让对方易懂的状态。

3.5　更高一级的信息加工——软件方面的加工

小贴士 No.9　信息分享的三个层级

1. 持有信息：语言、数字、文字等不同形式的事实。　　——收集/整理/确认/加工。

2. 传递出去：发信方将其赋予自己的含义，然后发给对方。　——确保扎实地传递到位。

3. 发挥作用：让对方知晓这些信息，并了解自己的想法。　——确认双方就此达成共识。

案例 No.71　盛怒之下的信件

一次总经理收到一个客户寄给他的信，信中的措辞很不礼貌，总经理读了之后非常生气，立即喊来秘书鲍莲裳口述了一封回信：

"我万万没有想到，你居然给我寄来这样的信。尽管咱们交往一阵子了，咱们也有很多交易，但是我仍要将这封信公布出去，让大家看看你是一个多么不懂礼貌的家伙！"

说完，总经理命令鲍莲裳立即将信打印并寄出。

这时，下属该如何辅佐上级呢？

1. 执行命令：按上级指示，将这封信打印出来，立刻寄出。

2. 提醒上级：为了公司的利益要慎重："您消消气，这封信还是不要寄吧！"

3. 提出批评："张总，请您冷静一下。在这件事上，我们是不是也有该反省的地方？"

4. 延缓办理：快下班时，将打印好的信交给上级："张总，现在可以把信寄出去了吗？"

短评：上级也是人，也有喜怒哀乐。他在气头上下达的指示、酒后的决策等有可能过火、过激，等他事后回过味来时连自己也觉得不妥。这时，做下属的是不顾后果地忠实执行？还是当场提醒或拒绝？活用"报联商"，完全可以不动声色地辅佐上级，使其少犯错误。

➤ 把表述图像化

自古以来，人类就是首先通过视觉来看世界的，所以人对从视觉摄取的信息更容易接受。科学研究表明，人对用五官摄取信息接受的难易度比例如下：

- 视觉为 83%；
- 听觉为 11%；
- 嗅觉为 1%；
- 味觉为 2%；
- 触觉为 3%。

因此，若想让对方更容易接受你的观点、理解你的意思，在表述时把语言变成数字比用文字效果好，将数字变成表格又进一步，更好的是把表格变成柱形图、饼图，一目了然。

实技 No.17 用图形展示

在表示业绩、和竞争对手的差距、同比差时，可以通过图形展示，比如：

1. 缩小单格数据（每格的数据不要太大，将数据改小）；

2. 用纵向拉长或横向拉宽的方式显示曲线，会产生明显的视觉差距。

2019年销售业绩（万元）	2019年销售业绩（万元）

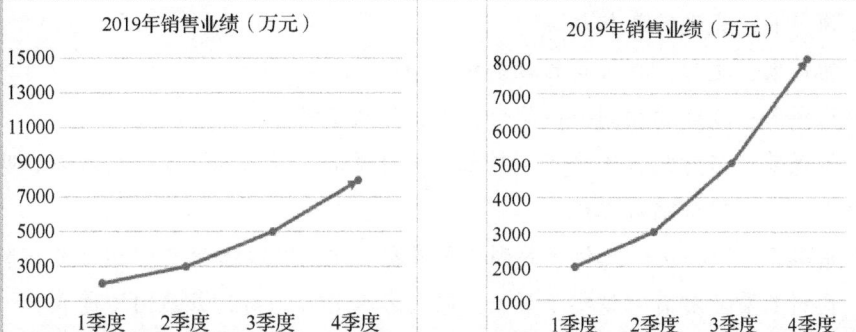

相反，在谈及损失、减产等不利信息时，可避免采用图形，多采用大脑难以迅速反应的表格或口头表述的形式。

✎ **短评**：数据不能谎报，但在表现形式上做了相应的处理，视觉感官上的摄取效果就不一样了。

　　这样的小把戏在商家向用户做新产品介绍的 PPT 里、在说明产品的技术性能或与其他品牌做类比时经常使用，它能让不太懂行的终端用户立即获得视觉冲击。

　　在经验丰富、内行、睿智的上级面前，这种小把戏是无法蒙混过关的。但对于那些马大哈、差不离、大概其类型的对手，这招也许能发挥作用。

　　自己发出的信息所承载的用意，对方理解了吗？

　　传达，传达，传是传了，但达了吗？达到自己的预期目的了吗？

　　联络就是传递信息，既然传递就要"送达"。如果传而未达，则毫无意义。

　　注意：该送达对方的是你传递出去的那些信息所承载的"用意"！

🔍 **案例 No.72　送了，但送达了吗**

　　一家承包玻璃幕墙施工工程的公司，在外办事的商科长给下属发了微信消息："明天甲公司的人来咱们公司考察，我这里有几张工程实绩的相片，你把它们放到 PPT 里，明天介绍时展示给客户看咱们最新的业绩！"

　　消息发出后，直到快下班了商科长也没收到鲍莲裳的回复，于是只好给鲍莲裳打电话。

　　商科长：我下午给你发微信消息了，你收到了吗？

　　鲍莲裳：收到了呀！

商科长：我发的是相片。

鲍莲裳：是呀，我收到的就是相片。

商科长：我让你放到公司简介里去，你放了吗？

鲍莲裳：当时就放进去了。科长，咱可是老"报联商"了，您放心，明天您就瞧好吧！

第二天，甲公司的几位领导到公司考察。鲍莲裳边播放 PPT 边做介绍和讲解，商科长看着看着就皱起了眉头。送走客人之后，商科长质问鲍莲裳。

商科长：我昨天发给你的电视台大厦的相片，你怎么没放到 PPT 里？

鲍莲裳：什么电视台大厦的相片？我没收到啊！

商科长：怎么会？我明明给你发了 5 张相片呀！

鲍莲裳：我只收到了 4 张呀！不信，你看。（说着，打开手机微信给科长看）

商科长：电视台大厦的完工效果最接近甲公司的要求，那是今天最应该让客户看到的，最具有说服力的一张相片！

鲍莲裳：可是，我就是没收到啊！

短评：商科长的确把想送的信息（5 张相片）送出去了，可那些相片只是载体，赋予这些相片的含义、自己发起这次联络的用意（向客户证明自己的实力），准确地送达对方了吗？

实技 No.18 联络的层次

基础联络：发信方把相关的信息发出了 ——把信息传递出去！

实战联络：发信后要确认传递到位 ——联络一定要到位！

高级联络：把自己的用意传达给对方 ——让双方达成共识！

在本案例中，发信方（商科长）和受信方（鲍莲裳）的"报联商"都还停留在实战联络水平，双方都没有理解"报联商"的真谛：通过"报联商"让双方达成共识，确保高质量的工作效果。

高级联络应该是：把自己赋予所送信息的含义（自己的用意）准确送达，与受信方达成共识。

按照这个标准，再回到上述案例。

作为发信方的商科长，发出相片后应跟鲍莲裳确认："发去工程实绩相片 5 张，你把它们放到公司介绍的 PPT 里（尤其是电视台大厦那张），向明天来访的客户展示咱们的实力。"

作为受信方，鲍莲裳在收到相片后应该闭环："收到相片 4 张，已经放到 PPT 里了。"

如果是这种级别的联络、反馈，双方就能及时核对，并发现少了 1 张关键的相片。

本节复习

对方能准确理解你发送信息的含义吗？这需要你去跟踪确认，不能置之不理。

活用"报联商"铁则 No.23

为信息赋予自己特定的含义，并确认对方准确理解，以达成共识。

3.6 辅佐上级的信息递送——带上自己的建议

上级期盼下属能替自己多分担一些工作，也就是上级喜欢那种遇到情况肯动脑子的下属。

➤ **别自己埋头苦干**

案例 No.73 秋季旅行

一家只有 40 人的小公司，每年秋季老板张总都出钱安排全体员工休假旅行一次。今年，大家选鲍莲裳当负责人，负责具体筹划事宜，让大家玩得高兴。

这种旅行是老板张总出钱，他最关心的只有两点：全体员工都要参加；不要超预算。

实施前两个月，张总来过问了。

张　总：小鲍，旅行的事准备得怎么样啦？

鲍莲裳：策划了一个行程，内容倒是挺好的，就是老联那天可能去不了。

> 张　总：怎么回事，不是再三要求必须全体员工都去吗？缺人的话改时间！
>
> 又过了两周没有音信，张总实在忍不住又来问了。
>
> 鲍莲裳：还在和旅行社交涉，这次大家都能去了，只是预算有可能不够。
>
> 张　总：大家选你当负责人都几个月了？不是三令五申不许让个人出一分
> 　　　　钱吗？

✐ **短评：** 下属很努力，却没得好。错在没及时密切地跟关心这件事的人沟通，自己在那儿埋头苦干。

下属不理解上级的心情——对方惦记着这件事呢！下属也不知道该及时去通报一下情况，让上级放心。如果下属密切地和上级沟通，他是不会来问的吧？

➤ 碰到困难寻支援，带着对策去商谈

假设进展中遇到了问题，下属能马上想起来去找上级商谈的话，又会怎么样呢？

🔍 **案例 No.74　（续前案例）人凑不齐时**

鲍莲裳：张总，秋季旅行的事，跟您汇报一下可以吗？

张　总：是啊，还差两个月，准备得怎么样了？

鲍莲裳：和旅行社商量了一个方案，内容是×××，预算也正好，只是那
　　　　天联师傅和客户有一个产品交接的事去不了。张总，您能不能出
　　　　面和那家客户的老板商量一下，要是他们能改个时间就好了。如
　　　　果客户能配合一下的话，这个日期就没问题啦！

张　总：是吗？那我来试试看，你告诉我具体是哪天？

✐ **短评：** 当遇到困难时，找上级去讲明事情的症结，说清自己已经力不能及了，并提出自己的对策，请上级出手协助，这是标准的商谈模式。

在上级关心时去汇报，既能让他了解现在的进度、状态、问题，也能及时获得他的支援。

➢ **想出办法破难题**

每前进一步就去汇报，让上级知情。你要知道，他始终惦记着这件事呢。

🔍 **案例 No.75 （续前案例）预算不够时**

鲍莲裳：张总，有时间吗？关于秋季旅行的事，跟您汇报一下现状。

张　总：上次我跟客户协调了一下，结果联师傅还是去不了，只好让你改方案，新方案策划得怎么样啦？

鲍莲裳：和旅行社又商量了一个方案，这回大家都能去。不过，预算超支了 2000 元。张总您看，大家辛苦一年就这几天能放松一下，是不是公司再追加点预算，让大家玩得高兴？这样的话，几个关键项目都能保留，大家玩高兴了，不是更感激公司吗？要是实在不行，那就动员大家每人出 10 元、20 元？

张　总：你倒是会想办法！好吧，时间也不多了，就按你说的办，你具体落实吧！

✏️ **短评**：办法总比困难多，看你想不想动脑筋。你想出方法来大胆去找上级寻求支援，行不行先试试。

及时汇报能让上级放心。让上级知晓、了解事情的进展和状态，让他心里有数，这就是辅佐。

本节复习

越是上级关心的事，汇报的次数越要频繁，目的是让他知情、放心。

活用"报联商"铁则 No.24

对方越是惦记，越要加大"报联商"的频率。

3.7　上级满意的信息递送——时机、间隔的把控

如果信息传递的时机不把握好，你会费力不讨好。

如果做事前不站在对方的立场上考虑对方关心什么，只知埋头干活的话，常常是事倍功半。

🔍 案例 No.76　汇报的频率

早晨一上班，商科长就给鲍莲裳布置了一项任务，倒不是多难办的事，只是看商科长那样子对完工时间很看重，因为他反复问："今天下班前你能做完交给我吗？"鲍莲裳想了想，资料、数据都挺全的，觉得也没有自己不清楚、不会做的环节，都是些一般性的操作，就是工作量大些而已。不过，只要手头利索点的话应该能做完。于是，鲍莲裳就跟商科长说："如果我今天不再接其他任务，手头的活儿也都暂时放一放，专心做这件事的话，下午5点以前应该能做完。"听到这话，商科长说："那好，5点前一定交给我，拜托你了！"

鲍莲裳马上埋头苦干起来，心想可不能到时候做不完辜负了商科长的期望。在这种心理支配下，她中午饭也是胡乱吃了几口就继续努力工作。终于，她下午4点半就做完了！

把文件整理好，鲍莲裳拿去交给商科长。

鲍莲裳：科长，您要的东西做好了，您看行吗？没晚吧？没耽误您的事吧？

商科长：是吗？才4点半就做完了！拿来我看看。嗯，挺好挺好，谢谢你，
　　　　小鲍！

鲍莲裳颇有成就感地回到自己座位上，心想："可算办了件漂亮事，商科长总说我不会做事，这回该对我刮目相看了吧？"

可是，商科长那边呢，看着鲍莲裳离去的背影，再看看手里的资料，苦笑着摇摇头："这个小鲍，真是不懂我的心思啊！"

咦？上级怎么还是不满意？难道哪里做错了吗？难道做得不对吗？

✏️ **短评**：关键是鲍莲裳没替对方着想，当然不可能做到上级的心坎上，也不能让上级满意了。

　　早晨，商科长交代完任务之后是什么心情？是担心！他那么关心交期，肯定有其原因。

　　他担心：你能准时做完吗？

　　他担心：你做出来的东西是不是我想要的那个样子？

　　他担心：万一 5 点交上来的东西不行，再返工可就没时间啦！

　　他担心：……

　　而下属呢？想过这些吗？能理解、体会上级的这些担心吗？尽管你努力地把任务完成了，也做成了上级要的那个样子，也不需要返工了，可在他眼里，这只是万幸！因为你中途一次也没向他汇报，让他不了解情况。

　　你没有及时让他知晓你这里的进展状态，他一直怀着惴惴不安的心情等待着。从早上 9 点到下午 4 点半，你让他足足惦记了 7 个半小时！试想一下，这 7 个半小时里他的心情能好吗？他中午饭能吃得香吗？

　　下午 4 点半，结果终于出炉了。他那颗在不安中煎熬的心总算熬到头了，他用急不可耐的心情审核了你交的文件。万幸！万幸！东西还行，时间也够。

　　于是，嘴上感谢，可心里会怎么想你呢？"你呀，你呀，你这个小鲍，让我担心了一整天！"他在心里怨你，甚至可能恨你！抱着这样的心态，他能对你满意吗？（尽管你努力了，他表面上也感谢你了。）

　　你不替上级着想，就不懂他。不懂他，你就是在按自己的想法做事，那只是你在自我陶醉，结果可能是费力不讨好！

　　那么，信息递送的时机，该如何掌握呢？

　　关于中间汇报的频率（也就是间隔）该怎么把握，严格地说，这是一个需要灵活掌握的技巧。

　　为什么这么说呢？

　　讨论这个话题，我们必须先弄清楚中间汇报的作用。

　　一般来讲，上级想听到中间汇报，有以下几种情况：

- 一时半会儿不能完成的工作。
- 不能按预定计划推进的工作。
- 情况发生了变化的工作。
- 必须保证交期且不允许出错的工作。

　　上级希望听到中间汇报，主要是希望能随时了解你这里的进展或状态，做到心中有数。同时，如果发现了问题也能及时修正，避免万一有大的失误又没充裕时间返工的被动情况。

明白了这个道理，"中间汇报的间隔时间该如何把握？"这个问题就比较容易解决了。

间隔多长时间合适呢？每周一次？三天一次？每天都去？一个小时一次？其实，这种间隔不能按物理上的时间去判断，应该根据这项工作的性质、重要性、紧急度、与其他因素的关联度，以及下达指示的这个上级的性格和他对这项工作的重视度等诸多因素综合判断。

例如，上级交办的是他很关心的一项重要工作，那么即使仅需一天就能做完，也需要中午前报进度、完成前报预计，目的是"让他知情，让他安心"。

反之，若是上级不那么关心的事的话，间隔时间拉长些也是可以的。

此外，这种判断还要因人的习惯不同而异。例如，急性子的人总是想听进度，慢性子的人就不着急。一般来讲，对方的性格、喜好、习惯是不会变的，汇报者应该注意自己的工作习惯：有的人喜欢告一段落再去，有的人喜欢写好文字再去，等等。能干的员工总是改变自己去适应上级的模式，力求取得更好的效果。一味地按自己的模式安排汇报频率的话，有可能和某个习惯不同的上级无法契合，导致他的不满！

按照上述原则分析前面那个案例，做下属的该怎么做更妥当呢？

还是那句话：站在对方的立场上替对方考虑。

下属察觉到了上级很重视这项工作的完成时间，那就跟他密切"报联商"，不能让他惦记！

案例 No.77 应有的密度

第一报 时间：早上 09:30，打算开工之前。

所报的内容：计划，即我打算具体怎么做这项工作。

收到的效果：确认上级的意图；请上级批准自己的计划；让上级安心。

上级的感觉：看来他理解我的意图了。嗯，靠谱！

第二报 时间：中午 11:50，进度完成了 50% 左右的时候。

所报的内容：进度、状况、问题、下一步如何做、预计。

收到的效果：确认方向正确；获得中间指示；避免走弯路；让上级安心。

上级的感觉：内容没脱轨，看进度今天能按时做完。放心了，安心吃饭去。

第三报　时间：下午 16:00，工作进展到 95% 左右的时候。

所报的内容：全部完工前的确认，比如，形式、内容、格式可否？还有什么遗漏、补充？

收到的效果：提前纠偏，避免完成后再返工。

上级的感觉：心中的石头落地，没必要担心了。

结果汇报　时间：下午 17:00 前，全部做完时。

所报的内容：工作成果。

收到的效果：上级彻底放心。

上级的感觉：这个人懂我，把工作交给她做，能让我放心。

短评：还是那件事，不过报得频繁点而已，效果就大不一样了！

心里有对方，不仅要知己还要做到知彼（他关心什么），那么你的具体做法就会不一样。这样的中间汇报频率，能让对方放心，对你是绝对有利的！

实技 No.19　如何把握汇报的频率

- 接受指示时借机向上级问清：您希望什么时候听汇报？
- 接受大型工作时，最好尽早做一份实施方案去汇报，并且当时就约好汇报频率：每到一个节点时，每×天一次，每周×一早。
- 超过一个月的工作：至少每周一报，只需谈上次汇报之后又发生的事即可。
- 一周内完成的工作：周三早上报进度，周四下午报预测，周五下午报结果。
- 超过一周的工作：至少两三天要报一次状态。
- 需两三天完成的工作：别等到结束时再报，中间能有一次汇报的话，上级会高兴。
- 一天就能做完的工作：根据上级的关注度，判断需汇报的频率。

- 上级关心的事：每天都找机会，简短通报一下进度/状态的话，上级会高兴。

案例 No.78　还有时间做事吗

有一次，我在课堂上演练汇报案例，说到汇报的频率时，有个学员举手提问："老师,这样做是不是汇报得太多了？一天下来不要做其他事了,光汇报吧!"（他这样说，我听到下面有学员笑了。）

对此，我的回答是："你的汇报恐怕是那种很耗时的讨论式汇报吧？我说的汇报是那种告知性质的通报（只通报现在的状态）。如果你能做到开始时报计划 5 分钟、中间报进度 5 分钟、快完成时报状态 5 分钟的话，上级对你这儿的状态几乎都了如指掌了，那么，结果汇报只需 2 分钟就够了吧？

"再者，为了规避你去通报时，上级跟你展开讨论而占用你干活儿的时间，你可以把汇报的内容整理成只是通报进度、状态的样式，设法避免给上级展开讨论的可能性不就行了吗？"

短评：其实，每次去向上级汇报，这轮对话是你（发信方）发起的。那么，谈话时间的长短，从某种意义上讲是掌握在你的手中的，不过需要一些技巧。

的确，职场上有"话痨"存在，一旦你遇到这样的上级，那可就难办了。你不愿被他耗费自己宝贵的时间，但又不便唐突地打断他的话离去。

上级让下属离开好办："知道了，你去忙吧!"一句话就行了。古代皇帝更直接，不等大臣奏完，他不想听时一句"你跪安吧!"，就把大臣轰走了。可是，身为下属，你能跟上级说："对不起，我正在……您这件事咱们改日再谈好吗？"这种话你说得出口吗？

案例 No.79　终结喋喋不休

我当科长时有一位上级（不是我的直属上级）是个"话痨"。有一次，我因工作关系去跟他沟通时，被他说了近一个小时！我当时心里很着急，希望他赶快结束谈话，还有一大堆的工作等着我呢，可他就在那里唠叨个没完，我真是烦死了，嘴里又不便说出来。

那天下班后，我回想起当时那个状态很恼火，于是苦思对策。

没多久，我又有一件事需要去跟他沟通，吸取上次的教训，我事前做了充足的准备。

资料简单化，文字尽量少（或者图像化、实物化），以减少话题被扯开的诱发因素。谈话方针：控制在给他通报现状、征求意见的范围内，其他一概不谈（不带材料，不提及，更不展开，也不接招）。

谈话开始后，我按自己的既定方针把要说的说完之后看了一下表，只用了3分钟。

不出所料，他的话匣子打开了，这个啦，那个啦……我呢？你有千条路来，我只一条路去：是，是，嗯，嗯，明白，知道了……我的态度很谦恭，但就是不给他提供展开的机会！当他问到主题外的内容时，我只回答："哎呀，这个嘛……我需要去确认。"

如此一来，谈话渐渐成了"单行道"，无法展开"对话"。不一会儿，可聊的内容已经到了山穷水尽的地步，没办法往下继续延伸了，他只好放我走了。

看看表，还好，一共耗时 10 分钟。

✎ 短评：既不失礼也不唐突，用"报联商"的技巧化解自己的困局。

请注意，当你采用这种技巧时，尽量不要说"是吗？""噢（恍然大悟的口气）！""嗯？（疑问的口吻）"等容易引发下文的应答类词语。至于"为什么？""后来呢？""你看呢？"这类征询式的内容，如果你不想展开话题的话，那就更不要自讨苦吃啦，要千万注意规避。

这种方法可应用于汇报、电话、洽谈，以及应对啰唆的商谈等各种谈话的场合。

练习题 No.5　第一报该在何时

1. 周一交办的，周五必须完成的事，上级很关心。
2. 月初交办的，月底必须完成的事，上级很关心。

本节复习

疏密均宜，不拘一格，只要"别让对方惦记"就行。

活用"报联商"铁则 No.25

中间汇报的时机、间隔的把控，以"别让对方惦记"为原则。

3.8 "报联商"的最高境界——主动提出建议

下属应在彻底知己知彼的基础上，提出应对方案。

再次强调："报联商"是信息处理术，其终极目的是"确保高质量的工作效果"。

为了达到这个目的必须在团队内加强沟通，每个人都要多想办法，献计献策。

为了提出的建议切实可行，每个人都必须彻底全面了解事态的真相，即需要"报联商"。

为了能让对方接受自己的主张，每个人都必须彻底地知己知彼，即离不开"报联商"。

上述这一整套逻辑是层级递进、环环相扣、颠倒不得、含糊不得的。

➤ 高级"报联商"是主动进取性的

"报联商"初级阶段是为了完成工作，是被动的。而高级"报联商"大多是以商谈的形式来谋求更高效率的结果，虽然最终目的也是完成上级交办的任务，但沟通的方式变成积极建议了。因此，它不是遇事才请示，而是未雨绸缪的提前谋划，需要早做准备的主动形式。

🔍 案例 No.80　不同的层级

新员工：科长，商品宣传资料怎么做才好，能指点一下吗？

老员工：关于宣传资料，我的意见是，把重点放在上个月卖得最好的那三种商品上，您看行吗？

候补干部：科长，关于商品宣传资料的制作我提个建议，以前我们只是制作小广告，今后做成精致的宣传彩页怎么样？

✐ **短评**：商谈的进化路：守—破—立，即新员工遵守，老员工打破，管理者创新。

基础商谈：为了能够完成工作。苦恼、不清、纠结时需要请示——自己学习进步。

高级商谈：为了改变工作方式。发现问题、有想法时提出建议——改进团队工作。

实技 No.20　针对"交通事故频发"这件事，辅佐上级的最佳方式

初级"报联商"：懂得一得到信息就随时、及时地向上级做如实汇报。

实战"报联商"：吻合上级的目的，按 6W3H 方法简明扼要地说清原委，并提出对策。

高级"报联商"：收集信息、数据，整理图像、视频，从中发现新的内容，比如：

1. 把数据和往年做比较、分析；

2. 考察在哪个时期、哪种环境下容易集中暴发；

3. 分析其发生的原因，找出内在的客观规律；

4. 征询身边人的意见，向老员工请教（有条件的话做小型实验）；

5. 有针对性地思考，提出自己的对策、方案，执行细节；

6. 觉得自己的方案比较成熟了，做好应对准备前去汇报（提出改进建议）。

这样的报联商，等于是下属帮上级把本该他做的事情预先做了（也许很粗糙，也许并不符合上级的心思……但至少整理了一些数据、梳理了一些思路）。这也许能给上级一些启发，这就叫辅佐。

✐ **短评**：不仅要有沟通的嘴，还要有管理的眼和改进的脑，进取性地把简单的汇报变成高级的商谈。提建议需要彻底地知彼，站在对方立场上思考，这样才能提出容易被对方采纳的建议。

➤ 高级"报联商"的行为具有"辅佐上级"的性质

提案型的汇报往往能给上级惊喜（因为超出了他对你的期待）。于是，他会觉得你对工作认真负责（既能发现问题又敢于面对问题，还能拿出对策来），因而对你产生信赖，其结果是委任你做更高级的工作（承担更大的责任），这不就是提拔的前兆吗？

因此，提案型的汇报是你获得提拔的"进取性战术手段"。

其实，各层级报联商行为的出发点是有一定区别的。

- 基础级　"我该怎么办才好？"——依存型。
  出发点：请人帮助自己突破难关。
- 实战级　"我想这么办。"——互惠型。
  出发点：有你也有我，争取双赢。
- 高层级　"你看这么办好不好？"——支援型。
  出发点：先利他，顺便利己。

练习题 No.6　鲍莲裳还缺什么呢

商科长：小鲍，你汇报一下由你负责的 A 商品目前的情况。

鲍莲裳：好的。我上周对客户做了一次全面的问卷调查，刚刚整理出来。

于是，鲍莲裳就 A 商品自上市以来各季度的销售情况，这几个月的市场占有率、客户使用情况，客户对此款新品和原有旧型号性价比的反应、顾客对 A 商品与市场上其他竞争对手同类产品的比较和评价等，做了全面汇报。

商科长：嗯，不错，很翔实，还有吗？

鲍莲裳：还有几宗投诉，大多是集中在××方面的问题，都已解决，客户
　　　　也很满意。

商科长：挺好，很全面，看来这个商品交给你管理是找对人了。然后呢？

鲍莲裳：没有了，情况就是这样，我要说的都汇报完了。

商科长：是吗？小鲍，还缺点什么吧？

请你思考一下，鲍莲裳的汇报中还缺点什么呢？

本节复习

多能干的上级也需要别人辅佐，下属在了解上级的基础上，应主动出手相助。

活用"报联商"铁则 No.26

"报联商"的最高境界是，在彻底知己知彼的基础上提出建议。

3.9 辅佐上级管理团队——应对别人的商谈

积极应对其他同事的商谈，也是对上级的辅佐。

工作上的难处大家都知道去找上级商谈，但同事有烦恼，上级或者照顾不过来或者未必有那么大的余力应对，这时你若能出手应对一下同事的商谈，那也是在辅佐上级。

为了团队的利益，你应该格局大一些，不拘泥于本职工作，伸出援手帮助有困难的同事，不仅找你商谈的同事会感谢你，你的行为上级也看得见。

认真地应对别人的商谈还可以结下人脉，在自己的周围营造出愿意相互帮助的人际环境，同时打造了自己的"商谈人才库"，以备不时之需。

人家来找你商谈他自己的事，倾吐他的困惑和烦恼，他就向你展示了自己的软肋？那是对你的信任，你千万不能掉以轻心、不可儿戏，更不要辜负了人家对你的信任和期待。

➢ 听——找到问题的核心

你要认真听取对方的叙述，从中发现他所提问题的核心，以便对症下药。

如何更多地从对方所说的内容中获取关键信息呢？高效的商谈是从认真倾听开始的。

Hear = 听，用耳朵听。

Listen to = 倾听，停下手里的事，上身前倾，看着对方的眼睛，不时点头，及时回应。

通过倾听，你可以收集自己想要的信息。

• 面对随声赞同的听者，说者的话匣子容易打开，于是很多信息就被收集到了。

- 如果只顾自己说，不给他人说话的机会，对方会厌烦，也就不想说了。
- 对说者说的话进行反驳的话，会给说者以沉重感，他就不愿继续说下去了。
- 被人追问并不舒服，于是不知不觉说者的话匣子就关上了，这样一来能收集的信息就少了。

因此，听者不要轻易打断说者的话，让他说完。

🔍 案例 No.81　不忙下结论

一次，美国某知名主持人采访一名小朋友："你长大后想要做什么呢？"小朋友天真地回答："嗯，我要当飞机的驾驶员！"

该主持人接着问："如果有一天你的飞机飞到海上时引擎熄火了，你会怎么办？"小朋友想了想："我会先告诉坐在飞机上的人绑好安全带，然后我带上降落伞跳下去。"

当现场的观众笑得东倒西歪时，该主持人继续注视着这个孩子，想看看他是不是自作聪明的家伙。没想到，孩子竟然哭起来。

于是，该主持人问他："你为什么要这么做呢？"

他的答案透露出一个孩子真挚的想法："我要去拿燃料，我还要回来！"

✏️ **短评**：让人家把话说完，等把对方的真正意图听出来之后再下结论。

此外，还可以边倾听边观察、询问、揣摩、思考。

- 把握对方的状态——小事或大事？难易度？困惑度？紧迫度？保密度？
- 根据内容和情况考虑谈话场所和时间——就在这儿谈？换个地方？现在？改个时间？
- 营造气氛——努力营造合适的谈话气氛。

✍️ 练习题 No.7　从优到劣，请给它们排排顺序

1. 不论在任何场合，总是沉默寡言，不说只听。
2. 别人说时自己不说，眼睛一直看着对方的眼睛，认真地听。
3. 自己滔滔不绝地说，不给别人说话的机会。

4. 别人说时，只说简短的应答词语，或者只说些能诱导对方说话的词汇。

5. 别人说时插话、追问，并展开讨论，发表自己的见解。

➤ 问——诱导别人都说出来

找你来商谈、请教的人不一定学过"报联商"，甚至连商谈的基本要求都未必懂得。他们有的人顾虑重重、吞吞吐吐，有的人不善言谈、半天说不到点子上……

面对这样说不清、道不明的人，你怎么能贸然给人家出主意呢？你必须要问清楚他到底怎么了？哪里有困惑？需要什么帮助？这和医生在给患者开药方之前，不仅要听患者的叙述，还要用望、闻、问、切的手段给患者诊断，待确诊之后才能开方子治病是同样的道理。

询问的目的，主要包含以下几点：

- 用提问诱导谈话的进行。
- 进一步确认对方的意图。
- 把对方掌握的信息深挖出来。
- 更加明确地弄清楚事实的真相。
- 把对方难以开口或想隐瞒的内容挖出来。
- 把藏在对方意识深处的潜在想法引出来，看看到底是什么。

实技 No.21　用提问确认事实

1. 拓展会话的空间。　　　　　✕ 是……吗？　　✓ 下一步你打算怎么办呢？

2. 问得越具体，回答得越具体。　✕ 有什么问题吗？　✓ 那批货发出了吗？

3. 问过去/问将来——当时为什么没做呢？为了达到这个目的，你打算怎么做呢？

4. 问事实/问想法——是什么原因造成了这个结果呢？你是怎么想的？你怎么看这件事？

你可以通过提问确定对方问题的核心。

× 请问我适合当电影演员吗？——这样的提问涉及面太宽，令人无法回答。

√ 请问我这个没"触过电"（"触电"为跨界拍电影的调侃说法）的人能当电影演员吗？——问题比较具体，相对比较好回答。

实技 No.22 S-P-I 问话方式及回答

S-P-I 问话方式：

S：这件事的背景是什么？　　　（Situation）

P：你所面临的问题是什么？　　（Problem）

I：你需要获得的帮助是什么？　（Information）

按照 S-P-I 进行回答：

S：我奉命负责 A 项目的投标工作，正在制作标书。　　　　（Situation）

P：遇到了设备电压方面的技术问题，我没有这方面的经验。（Problem）

I：请问您能给我指点一下该查阅哪些资料吗？　　　　　　（Information）

实技 No.23 把问题扔回给对方

你说的问题我听懂了，在我回答你之前，我想问问：你打算怎么办？——促使他思考。

错：（对方说出自己的对策后追问）还有吗？　对方若回答"没了"，谈话只好终止。

正：（对方说出自己的对策后追问）还有呢？　一字之差，能诱导他继续思考。

用反问化解自己的窘境。

● 您怎么送我的礼物是钟表啊，不是不"送终"吗？——反问他：你说呢？

● 您让我本周内完成，这哪儿做得完呀？——反问他：你先考虑考虑，一小时后回答我。

● 你说这话是什么意思？——反问他：你这么聪明的人，还能不懂？

即使对方还是纠结，这种回答至少能给自己争取一些思考对策的时间，起码是一个缓兵计。这样一来，不仅化解了自己的危机，而对方的回答也可能是柳暗花明、别有洞天，替你解围了。

注意：给别人出主意时，要站在对方的立场上思考。

例如，面对排忧解难类的商谈，就该和对方一起思考良策。

你应该把对方咨询的事当作自己的事，给他出主意，而不是当作听故事，仅仅表示同情而已。你要问出真话，弄清楚对方的真正烦恼，运用你的经验和智慧帮他解决。

解决问题的过程：通过听/问/设问帮对方找到问题的所在及发生原因，然后分析/探讨对策。

实技 No.24　帮对方解决问题的前提

- 倾听，即耐心地听，不要心不在焉地听。
- 听到底，即不要打断，中途可以用短暂的回应来诱导他。
- 不要着急，即不要囫囵吞枣、自作聪明、自以为是地判断。
- 肯定地听，即不要反驳，可以表示同感来鼓励他说下去。
- 找到问题点，即聚焦到问题的核心。
- 说出真心话，即弄清楚来商谈的人的真正烦恼，认真对待。

实技 No.25　寻求答案

- 谈自己的经验、体验、失败——不仅是你，我也有过这方面的失败经验。
- 提问、拆招——发现自己的问题了吗？你觉得哪儿错了？
- 提供专业经验，揭示问题的核心——技术上是……，问题的核心是……
- 整理问题，把事情简单化——这么说，你希望解决的问题是……
- 提供其他视角，拓宽思路——你说的有道理，但别的方面还可以考虑考虑吧？
- 提出建议，把问题具体化——5 个人不够的话，你觉得需要几个人呢？

针对不同的对象，我们要采取不同的商谈对策。

- 完美主义者：事必躬亲。他们不愿意在上级、同事、客户面前认输，爱面子。

  对策：安排给他的任务都是那种非他不可的事，告诉他可以不干什么，但必须干什么。

- 钻牛角尖者：易怒是他们的性格特征，但背后也有隐情。例如，人际交往不充分。

  对策：多跟他接触，多找机会交流。让他了解你、信赖你，他就不会轻易发怒了。

- 性格内向者：这种人什么都自己扛着，总是暗自烦恼，不愿跟别人说。

  对策：劝他多跟人进行沟通，把自己的烦恼说出来向别人请教，没什么大不了的。

如今，人们的生活压力很大，压力管理成了人们必备的一种本领。

小贴士 No.10　压力的自我释放

- 不要瞻前顾后地想多了　　——自己是改变不了过去和别人的。
- 养成运动的习惯　　——自己坚持每天运动 15 分钟。
- 简单的运动也能释放压力　——深呼吸，摇动颈部，入静，远望等。
- 规律的饮食　　——享受吃饭的乐趣，每天认真地吃 3 顿饭。
- 充分的睡眠　　——恢复脑力和体力。
- 确保有可以深谈的密友　　——人生得一知己足矣。
- 狠狠心去休假　　——往往能立即见效。

有一类商谈是宣泄类的。这时，对方心里已经有了主意，或者根本没想让你给他出什么主意，只是因为有烦恼、有压力，想找个地方倾诉一下而已。

这时候，他表现出来的特点是，尽管你出于好心替他着想，帮他出谋划策，可是他怎么都不采纳。你正着说不对，反着说也不行。

案例 No.82 当个听众

表妹来找鲍莲裳倾诉，说她的男朋友没有上进心，脾气还不好，最近总和自己吵架。但是，两人谈恋爱 3 年多了，要不要分手呢？

鲍莲裳：我觉得，如果你受不了他就分手吧！恋爱时间的长短，不应该成为继续交往下去的理由。

表　妹：你怎么可以这样说呢？你太小瞧我们这些年建立起来的感情啦！

鲍莲裳：是吗？这么有感情的话，那吵架只是一些小摩擦，那就理解对方继续交往吧！

表　妹：但是，最近吵架次数实在太多了。我真的想分手，可又有点不甘心。

短评：有时候，我们的确是对的，但我们提出的忠告却未必是对方想要的。

对待这类"商谈"，你给她出的主意/提的忠告是不是正确、有没有用已经不重要了，重要的是对方愿不愿意接受。这时，你该做的不是说服对方，而是尊重她的感受；或者当个忠实的听众或安全的"垃圾桶"，让她一吐为快就是了。

当别人找你商谈但你应对不了时，给他指条路，也是一种"商谈"。

虽然你很想给他帮忙，但觉得自己能力不够时，千万不要勉强假装能应对，以免害了人家。

- 介绍能者、他人，利用网络寻找能人。
- 介绍参考书、电影，甚至推荐他去旅行。
- 这次帮不上了，下次其他事情一定帮忙，约好给他援助也是一种应对。
- 找专业人士帮忙，给他指条路也是一种"商谈"。

案例 No.83 如来指路

行者即招呼罗汉把金丹砂往妖魔一齐抛下。那妖魔见飞砂迷目，把头低了一低，足下就有三尺余深，慌得他将身一纵跳在浮上一层。未曾立得稳，须臾又有二尺余深。那妖魔急着拔出脚来，急忙取圈子往上一扔，叫声："着！"一下子把十八粒金丹砂又尽套去，拽回步径归本洞。

天王等众道："这般难伏啊，却怎么捉得他，何日归天，何颜见帝也！"旁有降龙、伏虎二罗汉对行者道："悟空，你晓得我两个出门迟滞何也？"行者道："老孙只怪你躲避不来，却不知有甚话说。"

罗汉道："如来吩咐我两个说，那妖魔神通广大，如失了金丹砂就教孙悟空上离恨天兜率宫太上老君处寻他的踪迹，庶几可一鼓而擒也。"行者闻言道："可恨，可恨！如来却也闪赚老孙！当时就该对我说了，却不免教汝等远涉！"

李天王道："既是如来有此明示，大圣就当早起。"

（节选自《西游记》第五十二回）

✎ **短评**：世上高人很多，自己未必就是那个最合适的"商谈对象"。除了诚心诚意地为找你来商谈的人出谋划策，给他指条路、介绍个人，也等于帮了他。

➤ 最终还是要靠自己解决问题

- 给别人出主意的最大目的是帮助、培养、锻炼、教育他。
- 商谈的过程是双方加深了解的过程，同时是建立信赖关系的过程。
- 如果你帮别人拿主意那就成了"越俎代庖"，是要承担责任的。
- 不论怎么给别人参谋、分析、出主意，最后都别忘了这句话："如何做还得你自己决定。"

本节复习

耐心听、认真问、出手支招儿，真诚地帮别人解困能收获好感和友谊。

活用"报联商"铁则 No.27

积极应对，帮助同事排忧解难，也是对上级的一种辅佐。

附:"报联商"的强大功能——保卫企业的安全

在商业领域里,任何团队都有机密,那是不能轻易泄露的。可是,对于商业机密信息的保密工作,普通员工通常不是特别上心。因此,企业因信息泄露或处理不当而遭受损失的事比比皆是。

➤ 谨防信息泄露

🔍 案例 No.84 跳槽的员工

甲公司为了摆脱经营困境开发了一款新产品,在开发这款新产品之前,公司组织人员下功夫对一般消费者进行了社会调查,并对收集上来的信息认真讨论、提炼、研究,进而总结出准确的消费者需求。大家认为这款新产品具备了满足消费者需求的新功能,推出后肯定会深受消费者的欢迎。

配合这款新产品的上市,甲公司还策划了大规模的营销宣传活动,投入了大量的人力和物力,准备到时候借此一举扭转公司亏损的状态。

不料,竞争对手乙公司竟抢在甲公司正式推出该产品前的一个月上市了类似产品,虽然不像甲公司的这款产品那么完美,但几项新功能居然完全一样,而且价格比甲公司的价格还低。

竞争对手怎么会知道消费者需要这些新功能呢?没见他们做市场调查呀!

甲公司内部查来查去,原来是自己公司的保密工作有漏洞!参与新产品开发的人无意中让某生产线操作工的同乡知道了近期的研发方向,而那个操作工几个月前辞职了。

看来,那个操作工肯定是被竞争对手乙公司挖去了!

✏️ **短评:** 商场如战场,有时甚至比战场还残酷。寄托公司生死的一个大活动就这么功亏一篑,岂不令人扼腕。有些信息该让员工知道的就让他们知道,不该让他们知道的就不要让他们知道,保密工作马虎不得。

企业要把保守秘密这件事和相关人员的切身利益挂钩。比如,向他们讲清楚,此项目如果失败了,企业将遭受巨大损失,你们今年的奖金也就没有了;企业垮了,你们的饭碗也就没了等。这样,他们才会上心、留意,时刻保持警惕。

> ➤ 不商谈就擅自行动

🔍 **案例 No.85　偷偷修电脑**

公司新录用了一个名牌大学的毕业生。这个人很优秀，大家都看好他，认为他有光明的前途。

一天，他把公司配给他用的笔记本电脑弄坏了，自己折腾了半天也没修好，怕被批评不敢跟师傅和领导说，下班时偷偷把这台电脑放进双肩包带出了公司，拿到自己家门口的小店去修。店里的维修人员说想加急也行，得把电脑放在店里夜里赶修，明天早上再来取走。

第二天，他取了电脑带回公司上班时，被门口的保安给查出来了，反映到他的领导那里，本人直接不录用（还在试用期），领导被降级处分。

原来，公司的电脑里有保密文件，不能带出公司。

✏️ **短评**：不懂"报联商"，不知道没请示不能擅自行动。

这家公司肯定有保密制度，而且对新员工讲过，那新员工为什么还明知故犯呢？也许是公司只顾着讲违规后的惩罚，没讲清利害关系吧？

一味地强调违反了规则将受到何种处罚，这只是高压手段。其实，堵不如疏。如果同时讲清：遇到问题时该找上级去"商谈"。这样一来，减轻了新员工的恐惧程度，就不至于把员工吓得甘冒违规的风险擅自行动了吧？

> ➤ 委任和放任

委任是双向有反馈的上下级关系。在正确的"报联商"的加持下，下属能把工作做得令上级满意。

委任是信赖。上级信赖下属才委任给他，目的是期待他能更大发挥自己的才能。下属不应辜负上级的期待，应明白上级的意图，不断地"报联商"，替上级达到目的。

放任是单向粗糙的上下级关系。下属往往会偏离了目标，辜负了上级的期待。

放任是上级委托后就不管了，不过问、不督促、不指导、不检查，听之任之。这种情况下，下属就难免会不请示、不汇报，只是一意独断专行。

案例 No.86　宿舍的管理

公司为了留住刚入职的大学生人才，减轻他们的住房压力，以公司名义通过不动产中介在公司附近租了几十个单间房作为单身宿舍，打折廉价专供刚入职的大学生租住，也算是公司给新员工的一项福利。

新员工有的干了没多久就辞职走了，有的工资涨上来找到更好的地方搬出去了，还有的谈对象后自己另租房子住……总之，这些宿舍的住宿人员变化挺大。

原来管这件事的是总务科的张姐，她心细管得挺好，这么多年没出过什么差错。

最近，张姐要休产假了，恰巧给她新招的预备接手的那个女孩子突然通知公司说不来上班了。而张姐的预产期马上就到了，不得已，公司匆忙中只好指派总务科的朱横临时接管这件事。

朱横是一个 20 多岁的小伙子，最喜欢的事就是和朋友们边喝酒边看球赛。他在工作上不如张姐那么认真，总务科长是知道的。总务科长千叮咛万嘱咐："朱横，可大意不得啊，谁搬走了、谁搬进来了认真登记，弄清楚些啊！"一时间也招不来合适的人，工作就这么凑合下去了。

开始时，总务科长怕朱横出错，倒也检查过他的工作。其实，总务科长也不清楚这些房子的细节，房子都在哪儿？哪间到期了要续约？哪间应该退房了？再者，检查主要是吓唬吓唬朱横：别马虎，认真点。

一晃 6 个月过去了，张姐休完产假回来上班了，将工作接过手来一看大吃一惊，之前交接给朱横的文件夹里居然有个分文件夹根本就没打开过！那里边的 4 间房子自己休假前交接工作时就已经没人住了，特意说了可以退房的，可是朱横居然根本就没去办！这半年来 4 间房子的房租，每个月就那么继续从公司走账、扣款，已经白白流失了一大笔钱了！

短评：适人适岗才可防微杜渐。什么人就得干什么活儿，马虎不得。

如果觉得用此人不合适就尽快调整，若一时半会儿调整不了，那就把委任改为监督——做上级的即使为了自己的"乌纱帽"，也该严密监督才是。

➤ "报联商" 的威力

保卫企业安全，员工人人有责。贯彻好了"报联商"，真不知从哪儿就会结出硕果。

案例 No.87　企业捍卫者

一位留学归国的朋友早年在市区创办了一所语言培训学校，租下了 20 世纪 30 年代外国人在租界里盖的一栋花园别墅小洋房作为校舍，不大的院落环境幽雅，很有特色。

为了打造洋房特色旅游区，政府开始清理老租界里原有的房客，要把不合适的企事业单位迁出去。这所学校也在迁出范围内，老板接到要检查的通知心情很郁闷。

一天上午，负责这项工作的两位政府官员没打招呼，就到这所学校来"微服私访"，想实地调查一番。学校的学生都是在华外企的驻员们，那些外国人只有下班后的晚上业余时间或周末才来这里学习中文，所以上午整个小院里只见到一位阿姨。

那位阿姨 50 多岁，是老板雇的临时工，负责打扫院落、楼内卫生，还干些杂务，并不涉及教学事务。当时，阿姨正在用水泡红枣，用酱油和盐调制腌肉。

两位政府官员随意和阿姨攀谈起来。这才知道今天适逢周五，晚上校方组织了端午晚会，她这是准备晚上现场教那些外国人包粽子要用的肉馅和红枣。"那些外国学生可喜欢这里啦，因为学校不光教他们中文，每逢中国节日都要举办活动。例如，中秋要吃月饼，介绍中秋文化；春节要让他们写对联，还教他们动手包饺子。到时候，这屋里屋外的，连院子里都站满了外国学生，喝着啤酒聊天。每到这个时候我可忙呢！"那位阿姨十分自豪地说。

老板担心自己的学校被迁出，找到相关领导陈述情况。不料，领导告诉他："你放心吧，我们调查过了，像你们这种运营风格的文化类企业，适合待在旅游区里，不必迁出了。"

老板心里十分纳闷："这是谁给政府领导做了工作？真是解了心头大患啊！"回去经过仔细调查发现，竟是打杂的阿姨在关键时刻给美言了。

老板非常感激这位阿姨，特意备了礼品去感谢她。阿姨却推辞不受："老板，你每次见到我都跟我打招呼问好，一点也没有老板的架子。我在这种高大上的地方干这些打杂的活儿，也没有被看不起。你总是很尊重我，要说感谢，该是我感谢你才对。"

✎ **短评**：打招呼竟有这么大的威力！"早上好""你好"这类问候的背后，体现的是对人的尊重。"联络"从打招呼开始，看起来很简单，可是有多少人做到了呢？

学习高级联络的时候更要回归原点，重新审视一下自己的基本行为。"报联商"我们学了，也懂了，可是做了吗？做到位了吗？做得好吗？从打招呼开始，重新认识一下"报联商"吧！

🔍 **案例 No.88　清洁大妈**

记得看到过一篇报道，说的是韩国的某大银行，整栋楼都是他们的，在一楼设有营业大厅。一天凌晨该银行潜入了一个歹徒，正在破坏取款机时被凌晨上班打扫卫生的清洁大妈发现了，清洁大妈便挥动竹扫把和手持利刃的歹徒打了起来，幸亏惊动了路过的巡警，抓捕了歹徒。

事后调看监控录像发现，当时四周空无一人，一个女子竟毫不犹豫地挺身而出和歹徒对抗，这需要多么大的勇气。银行的董事长得知此事，专程找到这位清洁大妈表示感谢。

清洁大妈说："董事长，您每次见到我都跟我打招呼，一点也没有架子，这让我很感动。您问我当时是怎么想的？我当时就想您是个好人，我不能让您受损失。"

✎ **短评**：投之以桃，报之以李。你怎么对待别人，别人就怎么对待你。

"报联商"做好了，不知道会避免多少风险和损失，而提高"报联商"层级要从巩固基本方法和技巧做起。

🔍 **案例 No.89　鱼池缺氧**

某沿海地区的春节习俗是年夜饭里要有鱼，而且是活鱼，寓意年年有余。

一家养殖鱼的水产公司到了腊月，每天都要把养在海里的鱼打捞上来，然后运到在鱼市场租的大鱼池里，第二天早上批发给各个摊铺。

鱼市场是由某保安公司负责安全保卫工作的，24小时有人值班，夜里也有人看管。因为大鱼池需要保持电机运转，往水里不停地供氧，保证鱼活着。

一天早上，保安公司的老板一来就听到晴天霹雳：养鱼池的供氧电机发生故障停转，由于氧气不足导致昨天运来的满池活鱼今天早上都死了！

老板紧急赶往现场才知道电机是昨晚2点发生故障的，值班的那个保安睡着了。后来，班长发现鱼群不对劲就慌了，于是两个人就在那里商量怎么伪造现场掩盖事实，企图蒙混过关！直到早上看着实在蒙混不过去了，这才逐级报上去。

水产公司不干了，这都是供给市民们年夜饭的吉庆鱼，死鱼怎么卖？其实，如果当时就紧急汇报的话，还是有几个补救措施可以降低损失的，但事到如今一切都晚了！

短评：企业的安全是每个老板都希望的，但是，员工们能跟你同心同德吗？

若真正把"坏事要早报"的铁则落实到位的话，的确能起到保卫企业安全的作用。

为此，企业可以设立内部监察机制。

- 中伤、诽谤——事实无根，纯属捏造——谁都能轻易做到。
- 告发、揭露、爆料——基于事实，揭发隐藏——仅知情者才能做到。
- 设置监察员——这是客观的第三只眼，只对老板负责——监督各种违规、违章、违法现象。
- 防患于未然——在被政府查处之前不断自查，以避免财务、消防、安全、环保等问题。

本节复习

用"报联商"拧紧企业安全这个螺栓。

活用"报联商"铁则 No.28

企业安全、个人权益有很大部分是靠正确的信息处理来保卫的。

第 4 章
向上管理的"报联商"

4.1 应对上级

职场上遇到什么样的上级，是自己无法选择的。因脾气秉性、工作压力、环境条件等因素，难免会遇到上级的言行给自己造成困惑、不便，甚至令自己反感的情况。

这时，该怎么办呢？顶撞，反驳，据理力争，跺脚走人？

完全没有必要。"报联商"功能强大，用好了完全可以应对这些复杂的局面。

4.1.1 所提建议被驳回后怎么办

➢ 人生八成不如意

现代人在职场上总是不能事事如意，比如每个人的价值观不同，个人的标准不同，你觉得好的他看不上，你不满意的他强要，等等。

如果对方是你的上级，可能出现你提的建议被否定，而他的指令却压下来的情况。你这边胳膊拧不过大腿，再不情愿也不能不执行。这种情形若频繁发生，你是不是很不开心？

首先，你要看开些，人的一生没有谁能一帆风顺，总得有些坎坷不平，这是正常的。

其次，用"商谈"的技巧去化解矛盾、破解难题，或者改变上级的想法。

你的建议明明很好，上级为什么不采纳呢？

有些建议能让人眼前一亮，可还是因为种种原因不能被上级采纳，这让提建议的你很有挫败感。仔细分析下来，大多是因为上级觉得你提的建议存在以下问题。

- 与企业的风格定位不符。
- 从局部看是挺好的，但从总体看就不一定了。
- 你还不具备提这种层次建议的资格。
- 从上级的位置、角度看不合适。
- 上级觉得时机不恰当——事情总有轻重缓急之分。
- 让上级为难，如团队内协调、友邻关系处理、资金费用、期限、时机等。
- 需要上级做的工作量太大，如他忙不过来、受不了等。

案例 No.90　被否定

鲍莲裳：厂长，清点库存太费人力了，也不准确，我建议咱们最好能引进条形码管理。

厂　长：嗯，你这个方法确实不错。但是，还有没有别的方法？

鲍莲裳：目前，我觉得这个方法最有效了，立即就能节省大量人力，而且能减少失误。

厂　长：能不能再考虑考虑别的方法？

鲍莲裳：我实在想不出别的方法了。

厂　长：一下子解决当然好了，可是今年没有预算了，明年预算下来之前能否想出别的能应急的方法呢？

短评：被否定是常有的事，上级自有上级的难处。这时，下属泰然处之，另想办法就是了。

每位一线员工都有较多的细节执行手段，这些上级不一定知道。如果员工拿这些来和上级抗争，就会陷入完全不在相同层级的讨论的困境，这样的讨论是不会得出有效结果的。因此，下属不要用简单的战术问题去和上级的战略意图对抗。

小贴士 No.11　上级批准下属方案时掌握的标准

1. 意对文好——甚合吾意，准。
2. 意对文次——照顾面子，准。
3. 意可文孬——发回重写，改。
4. 意错文好——没有意义，驳。

➤ 不轻易放弃

案例 No.91　动辄贴标签

鲍莲裳：关于××操作太费人力了。科长，我有个建议，你看咱们引进这套新系统如何？

商科长：嗯……这套系统的确不错。不过，还有没有别的方法？

鲍莲裳：怎么？这个方法不行吗？

商科长：哦，我没说不行，我只是说可以再想想还有没有其他方法。

鲍莲裳：我认为这个方法是最好的。

商科长：没有别的方法进行比较，我怎么能判断这个方法是最好的呢？你再去想想还有没有别的方法。如果比较之后还是它最合适的话，再决定吧！

鲍莲裳：这么说，还是不行啊！

商科长：不是说不行，为了达到目的肯定不会只有一个方法，我是在说这个道理。总之，你去想想再说不行吗？

鲍莲裳：知道啦！

鲍莲裳心想，这家伙太死脑筋了，简直没法在他手下干，干脆辞职算了！

✎ **短评：** 一旦沟通遇阻或者上级有反对意见就做立场假设、划帮分派，甚至揣摩对方的动机等做法都是在走极端。上级让你再修正，不过是希望你能做得更好些，为他更多地分担些。对你来说，这其实是难得的学习机会，完全没必要动不动就满怀怨气。

比较一下，下面的应对方式哪种更好？

- 服从——压抑自己 ＝ 维持人际关系。
- 反抗——坚持主张 ＝ 人际关系紧张。
- 商谈——既不侵害对方的利益，又能维护自己的主张 ＝ 双赢。

➤ **即使被拒绝也不要停顿，应该继续往前推进**

案例 No.92　当即确认

鲍莲裳：商科长，策划书做好了，有时间吗？跟您汇报一下。

商科长：哦，可以的，你说说看。

鲍莲裳：详细内容是这样的……因为……我认为这个方案最合适了。

商科长：嗯，的确不错，你辛苦了。不过，现在还有时间，再仔细推敲推
　　　　敲怎么样？

鲍莲裳：啊！是吗？好吧，我拿回去再想想！不过，科长您觉得哪个地方
　　　　该调整呢？

商科长：哦，因为……所以……你把这个部分再看看？

鲍莲裳：知道了。

短评：被上级驳回"重新考虑"是对你的锻炼、考验，其实也是你成长
的好机会！仔细分析一下被驳回的内容：如果是对你的做法不满，那其实是在教
给你方法；如果是骂你笨，可以听成是对你有更高的期待。

如果在你的追问下，上级还是不明示方向，也不指出原因的话，那就要揣摩
上级的意图了。也可以去向熟悉上级性格和模式的老员工请教，以确认方向。

例如：

- 紧急度，数量，费用，时间。
- 安全度，效率，耐久度。
- 上级期待的交期。
- 晚了会影响谁。

如果仅因找不到合适的手段就放弃，那可是本末倒置了。应回到原点，重新
审视当初的目的是什么？为了达到这个目的，还可以采取别的什么方法？

实技 No.26 一环扣一环

当上级说"先放这儿吧"时：

1. 懒人会想：太好了！可交差了，最好别批复。

2. 一般人会想：明白了，没办法，回去等着吧！

3. 优秀员工的做法是：

马上追问一句："请问您大致什么时候能答复我？"　　——连接下一步。

若上级答复："下周内吧！"你又该怎么办？　　——不要停！

马上再确认："太好了！前半？后半？"　　——坐实它，具体化。

并当面记录在笔记本上。　　——用行为给对方压力。

如果到期上级没回复就（拿着笔记本）去确认！　　——主动往前推进。

短评：问得越清晰，具体工作越容易往前推进，而且，你的积极态度会得到上级的赏识。

➤ 运用技巧问究竟

案例 No.93 "套"出真话

商科长：你的计划虽然挺有意思，可是费用太高，我不能批准。

鲍莲裳：谢谢您的批评。这么说要是减少些费用就行了，是吗？

商科长：你拿回去再想想吧！

鲍莲裳：知道了，我再看看能否再减少些费用。不过，减少多少合适呢？3万、5万？还是现在水平的8折、7折？

商科长：至少7折吧，如果能减半就更好了。

鲍莲裳：明白了，我努力试试，在节省费用方面想想办法。谢谢科长的点拨。

短评：数字化、形象化、具体化的问法，等于是在给对方的回答提供方便，让他能马上选择。上级面对你这样的提问，马上就能表明他的态度，这样你下一步的工作不就找到具体的方向和目标了吗？

这种询问方法运用的次数多了，慢慢就会形成自己的工作习惯，能大大提高工作效率。

当上级不置可否时，下属最好不要轻易放弃，因为这时上级可能：

- 他在纠结中——采用就会有风险，不采用则风险为零。此时，你若拿出更详细的材料、数据来进一步完善，能让上级放心，就能促使他决断。
- 他也许正在暗中用自己的方式调查、确认此方案的可行性，评估其利弊呢。
- 他也许正在请示他的上级，他也在等待批复呢。
- 用搁置来观察你对此事的热衷度和干劲，如没多大动力，你自己会中途放弃的。

本节复习

决不轻言放弃。只要往前推进，总会找到办法，迎来转机。

活用"报联商"铁则 No.29

优秀的员工不会轻易停下脚步，总会设法前进。

4.1.2　上级总是变来变去

➤ 下属误解上级在变

这种情况是上下级之间没有充分沟通，因理解误差引起的。

🔍 案例 No.94　换会场

总经理给鲍莲裳布置了任务："今年公司的年会跟往年一样，还是由你负责操办。"这样的年会鲍莲裳操办过两次了，轻车熟路。不过，鲍莲裳想起今年才培训过"报联商"，还是跟总经理中间汇报一下吧！

鲍莲裳：汤总，跟您做一下关于年会的中间汇报好吗？关于时间……关于规模……地点还是定在希尔顿，跟去年一样……

总经理：等会儿，去年的那个会场小了点，档次也不够，这次换香格里拉吧，那里不错。

鲍莲裳：啊？好不容易跟希尔顿谈好了价钱，比去年便宜 5%呢，怎么又
　　　　要换地方？

总经理：噢，是这样的，这次市里的副市长有可能出席，而且集团新上任
　　　　的焦副总也要来咱们这里，场面不能太小了。

鲍莲裳：知道了。不过，又得重来了。

短评：是上级要变吗？下属觉得上级变了，其实是一开始双方没能就这些细节达成共识。下属在按自己的理解操作，上级发现不对要求修正到他需要的轨道上来，这能叫"变"吗？

问题出在"接受指示"环节上，当时下属没确认细节。例如，出席人物，上级的想法等。还出在"汇报时机"环节上，下属在动手前没拿计划去找上级确认就直接推进了，依据的是自己经验的"想当然"。如果下属严格执行了应有的"报联商"基本程序，也就不会出现这些不该出现的偏差，那就更谈不上变了。所以，本案例中的"上级变了"，严格说来是下属的"报联商"不当造成的。

➤ 上级的确要变

现实工作中，也有上级要变的，大致可以分为以下几种情况：

- 他的上级变了，他也不得不做出相应调整（又不便跟下属言明）。
- 工作进展到这里，外部环境变了（或没达到他的预期），不得不做出调整。
- 他又改变主意了（他自己优柔寡断，耳根子软，容易被别人左右）。

此时，下属可以采用如下应对方法：

- 契合之：尽快了解上级的模式，调整自己以适应他的变化。
- 预防之：几次下来，摸到上级做事的规律后，预做防备。例如，当发现上级有可能会变时，就频繁、反复地去请示（确认变化），并尽早止损，以免损失过大。
- 管理之：活用自己手中的【现场信息提供权】反向管理你的上级。

有的上级经常朝令夕改，说了不算，还不承认，让下属为难。

当下属按照上级的指示费劲地干了半天，他一句话就变了，等于自己白干！跟他去确认，他给你来个"谁说啦？""我什么时候说过？"，真不讲理，但确实有这样的上级！

怎么治治那种说过不认账的上级呢？有办法！

你可以频繁地去"请示"，随时了解上级的想法。

- 上级变化之后是不是不记得通知下属及时止损等，这些是要靠你自己去观察、摸索、弄清的。

- 遇到这样的上级，下属做事时就要多份心思，对他的指示多做确认，以防多变、突变。

- 加大确认的频率，可以用缩小间隔的方法及时止住大损（因他变导致的大工作量返工）。

- 如果担心频繁的确认、询问会引起上级烦的话，可以用请示的方式去曲线确认。

- 请示的内容可以制造：这样行吗？打算加入那个可以吗？××时间做好来得及吗？……

其实，这样的请示真正的目的是确认："我看你哪儿又变了？谁让你总变呢！我这么频繁地来确认也是被你逼出来的止损策略呀！"

你还可以通过记录 + 复述的方式防止上级不停地变。

实技 No.27 应对善变的上级

你做了记录，而且当着上级的面看着笔记复述给他听，这叫"肢体语言 + 行动语言"。这等于是在跟他说："你说的话，我可是有记录的哦，以后别跟我说什么'我没说过'之类的话了。"你给他这么一个无形的压力，他再想朝令夕改说了不算时，那是要考虑考虑了。

会议上，大家都拿着笔记本在那里记录，这给上级的压力很大，尤其是在他跟你一对一说话的时候，这招很管用。如果你觉得你的上级总是"说了不算"的话，那就随身带着笔记本，只要他下指示就在笔记本上记录（做给他看，施加无形压力）。

如果还是不行的话，那就和几个同事一起当着他的面掏出笔记本记录（而且是大大的本子）。记录完了，看着他的眼睛，当着大家的面，大声地复述他的指示。

如此一来，这个场景会深深地印在他的脑海里。再健忘的人，等他又要朝令夕改时就会想起"自己可是当众说过的呀！大家都有记录的啊！别人可都听见了啊！这可不是那么简单就能推翻自己说过的话啦！"，这样他就会有所顾忌，需要掂量掂量了。

短评：即使情况有变，工作的确需要做出改变，上级总得跟你说清变更的原因和理由吧？这样总比那种动不动就让你改，还不说清原因，只是一味地以权压人的蛮横做法让人心里舒服些吧？

电话里接受客户的要求时也可以反复确认，同样能起到"保护自己"的作用。

案例 No.95　问一句

下午一上班，商科长就对鲍莲裳和闻怡菊说："今天下班前，你俩各自给我交一份 E 产品上个月销售情况的资料，我有急用。"

闻怡菊说："哎呀，今天下午我约了去拜访甲公司呢，这就要出发了。看来得早点回来再弄了。"商科长闻言也没说什么。闻怡菊转过脸冲着鲍莲裳吐舌头，做了个鬼脸，就出门了。

鲍莲裳心想："本来就够忙的，又给加活儿！"没办法，干吧，反正数据都在电脑里，赶紧整理。不料，开始做才发现不是那么简单，不仅要统计数据还要添加附件，有的地方还要做简要说明。好不容易把这件事做完了，看看也还满意。

抬头一看，商科长不知什么时候也出门了。再看看表，不知不觉地弄了快两个小时，这都快到下午 3 点了！想起今天必须做完的好几件急事，看来今晚又得加班了，真倒霉，本周都连续加班 3 天了！

快到下班时，闻怡菊从外面回来了。看着她不慌不忙的样子，鲍莲裳心想："商科长要的东西你现在还没动手做，今晚看你加班到几点？"不料，等到了下班时间，闻怡菊开始收拾东西一副要下班的样子。鲍莲裳忍不住问她："咱们科长要的那份资料你弄好啦？"闻怡菊听她这么一问，反倒诧异地说："商科长说那资料不要啦，你不知道吗？"

"什么？不要啦？"鲍莲裳吃惊地问。

"是的。刚才我拜访完甲公司，回公司之前想起咱们这位科长一贯善变，就多了个心眼，给他打了个电话，借汇报刚才访客的结果，顺便向他请示那份资料该怎么做、要注意什么等。结果，你猜怎么样？他说不需要了，也没跟我说为什么。怎么？他没通知你？"

听闻此言，鲍莲裳好懊恼，没多个心眼中间探一探，白干了两个小时可以不干的活儿。

短评：知道对方善变，自己就该警惕起来，主动采取些应对措施，才能确保自己的利益。

本案例中的这个上级有问题：变化了也不通知下属，拿下属不当回事，不尊重下属的感受。但是，在职场上，你会遇到什么样的上级不是由你决定的，你也没办法挑三拣四，应对方法只能是"兵来将挡，水来土掩"，随遇而安。然后，自己设法尽快摸清上级的模式，并调整自己去契合之、适应之才行。

本节复习

能改变的只有自己。契合对方的模式以变应变，知道了对方善变也就有办法了。

活用"报联商"铁则 No.30

摸清了上级善变，那就用"报联商"去应对他。

4.1.3 如何对待"跟自己过不去的上级"

经常能听到这样的吐槽：

- 每次去汇报工作，上级总是不满意，挑三拣四的。
- 上级总是跟我过不去，对别人总是睁只眼、闭只眼。
- 我做了那么多事，上级怎么就看不到我的优点，净挑我的错。
- 我最讨厌的话就是"能者多劳"了，一有别人干不了的活儿就扔给我。

在这些人眼里，似乎他们的上级都是"坏人"，专跟自己过不去。

暂且抛开你们之间的人际关系、上级本人的脾气禀性、上级对下属的方式方法，甚至他对你已有了成见等诸多要素不谈，我们只是分析一下该如何看待这种"逆境"。

➤ 上级是跟你"过不去"吗

🔍 案例 No.96　"报联商"课程之母

我刚刚开始讲授"报联商"这门课时，由于本身不是讲师，所以从内容选择到理论的逻辑安排再到呈现方式等，甚至连做的 PPT 都有问题，现在回想当年简直就是小儿科。

那些年里合作较多的一家咨询公司的一名业务员，每次我给企业培训之后，她都会给我发来邮件：学员的反馈啦，她在课堂上发现的问题啦……尤其是提出的一些改进要求，都是以"客户人事部门希望明天的课做如下改进"的口吻。逼得我不得不连夜修改课件、做 PPT、调整内容。本来讲一天的课就挺累了，不能好好休息不说，为了明天的课能让客户满意，我经常不得不干到半夜一两点！说实话，那阵子我在心里烦透她了。

可是，我的这门"报联商"的课程就在这样的"逼迫"下，逻辑渐趋合理、案例越积越多、内容日渐丰满，逐渐形成了受客户欢迎的由几个层级组成的一系列课程。接着，我把讲课的内容写成了书，出版！

第一册书出版面市之后，我送了这位曾经让我"烦透了"的业务员一本，签名处特意写上"感谢'报联商'课程之母，是你的督促、鞭策，让我一路走到了今天"。

✏️ **短评**：精彩的人生原来都是与苦难相伴的，"坏人"正是上帝送给你的最佳"磨刀石"。人生旅途中，有些遭遇可能会让你经受磨难，但这些遭遇是激励你走向坦途的船桨、风帆。你应该懂得天道酬勤——使我痛苦者，必使我强大。做让自己为难的事，必有所得！

当你受到别人的打击、嘲笑、压迫时不要怨恨，相反应该感谢他——正是他给你带来了磨炼自己的机会，使你学会勇敢而巧妙地应对苦难，让你的人生在充满机遇和挑战的同时，拥有了历练和收获。

把苦难当作人生最珍贵的财富吧！成功永远属于那些不畏艰险、勇于拼搏的人！

实技 No.28 和可怕的上级“报联商”

- 发声：平稳坚定，缓慢温和，认真明确。
- 说话：语言流畅，强调重点，节奏稳定。
- 表情：高兴时露笑脸，发怒时可以皱眉头，表情清晰、明确，口唇放松，不要噘嘴。
- 视线：安定，不要用强视线逼迫对方扭头或转移视线。
- 肢体：用轻微的手势引导对方说话，自己坐直、放松。
- 意见：以自己为主语表述，比如不应该是“你认为……”，而应该是“我觉得……”。

> **遇难则喜**

不妨把苦难当作历练自己的机会，主动磨炼自己。

案例 No.97 难侍候的专家

几年前，有一次我到一家外资企业的工厂去讲课。

课间休息时，有个学员向我诉苦：“生产上出现了一个技术问题怎么也解决不了，把国内其他友邻单位的能人都请教了，全不行。只好从国外派了个领导来。这人真是专家，他真的把问题解决了，但是他必须在这里待半年才能彻底解决问题。不过，这个人性情很古怪，看什么都不顺眼。不仅工作上，连生活习惯都和大家不一样！给他派的几个助手都受不了他，不是被骂跑就是跟他大吵一架，甚至为此气得辞职离开的人都有。”

“现在，让我去给他当助手，我怎么跟他沟通？这日子怎么过呀？”那个学员问我。

我告诉他：“这个人的确有真本事，他能当上领导自有其中的道理。他和所有的人都合不来也肯定有其原因，其实他也很苦恼！”我给出的忠告：“以柔克刚，去软化他。”具体做法：“做好精神准备，承受一切委屈，让他尽情地宣泄，你只管像海绵一样地吸收。然后，慢慢接近他的内心，从他的言谈举止中摸清他烦躁的根本原因，对症下药。这样一来，你付出的努力，你的收获将有可能是以下三种：

大收获：他身怀的绝技、独门功——别人掏不去的，你做好了，你能得到；

中收获：摸清他的模式、套路，契合之、顺应之——能减轻这几个月的折磨；

小收获：和他相处对你是一种磨炼——今后的人生中遇到再难相处的人，也能应对。

总之，跳出圈子看待这件事，我觉得你陪他几个月虽然辛苦，但不会没有收获。"

课间休息很快就结束了，过后我也把这件事给放下了。

一年后，我又去给这家企业做升级班培训时，这位学员主动跑来跟我讲："谢谢老师上次给指的路，我按老师说的办了。最初的一个月真的很难过，简直就是地狱，我都要崩溃了。但是想到老师说的肯定会有收获，我才忍了又忍地坚持下来了。后来慢慢地适应了他，也能做到满足他的要求。最后，真的如老师所说的那样，他把自己的绝技教给了我，他回国也是我去送的。在我们这儿待了半年，他就只跟我一个人合得来。现在，我们成了朋友。上个月他带着妻子来中国旅游度假，也是找我接待的呢。现在回想起来，那几个月我真是经历了一般人需要几年才能经历的事，收获太大了！今后，我再遇到任何不顺心的事，心态都会泰然，有一种'曾经沧海难为水'的感觉呢。"

　　短评： 很多年轻人抱怨，因为琢磨不透上级的性格而难以沟通。究其原因，很可能是他自己先在心里给那个人贴了标签，总觉得这个上级"跟自己过不去"。在这种心理作祟下实施的"报联商"，从内容到方式、从语言到态度都会受到影响，对自己极为不利。

其实，上级也是普通人，下属只要仔细观察、将心比心，就能找到和他契合的沟通方式。那些从心理上就觉得对方"无法靠近"，其实很多时候是自己吓唬自己。懂得这个道理后，调整一下自己的心态，改变自己原有的模式，再去和那个"跟你过不去"的人交往，你会发现"柳暗花明又一村"！

🔍 案例 No.98　预做铺垫

鲍莲裳在这家企业实习时就听说市场部的杜经理很强势，但是实习期间没跟他打过交道。现在，她被这家企业正式录用了，竟被分派到市场部杜经理的手下去工作。

报到那天，鲍莲裳先声夺人："杜经理，我听说您是个爽快的人，办事认真，富有同情心，尤其是对我们这样新来的不懂事的员工特别关照。我就爱在您这样的领导手下做事，今后请您多多指教。"听她这么一说，杜经理那张"阴天脸"也难得地放晴了。主要是话中听，让人美在心里。于是，杜经理觉得这个孩子挺会来事儿，留下了良好的第一印象。

✏️ **短评**：强势的上级也是人，也爱听恭维的话。攻关不如攻心，关系搞好了，他对你也就凶不起来了。

➤ 用积极人生观看待挫折

🏷️ 小贴士 No.12　我的苦难观（磨炼）

孟子曰：天将降大任于斯人也，必先苦其心志，劳其筋骨，饿其体肤……

- 寻常人都埋怨苦难，回避苦难。

  每当面临苦难或辛苦时，思想中自然会产生抵触情绪，

  于是当无法回避不得不去做的时候，他是带着怨气去做的。

  这样，事情虽然做了，但是他不仅在身体器官上，

  而且连精神上都只能得到负面的损耗。

  我认为：这样的人是笨人。

- 很多人以平常心对待苦难和辛劳。

  他认为这就是自己的命，

  并不去怨天尤人，只是任劳任怨地承受着。

  于是他坦然，或者说是漠然。

  这种人的心很平静。

我认为：这是人之常情，倒也无可厚非。

- 还有人面对来临的苦难、逆境，以积极的态度应对。

  他认为这是上天恩赐给自己的一个机会，

  上天特别偏爱自己，没把这样好的磨炼机会给别人。

  这样想，他就会积极地面对挑战，勤恳认真地对待困难。

  于是，在磨炼中，他成长、他积累、他比别人进步得更快……

  不仅经验、经历更加丰富，而且精神上都获得了一次别人难得经历的磨炼。

  我认为：这种积极的人生态度是可取、可嘉的。

- 其实，我更推崇的是那种主动寻找苦难的积极态度。

  他用克服困难来磨炼自己，

  比如，专拣重担肩上挑；明知山有虎，偏向虎山行等做法。

  这种积极进取、主动寻找磨炼的人，进步得最快。

换一个视角去看，失败就是成功！换一个视角去看，苦难就是历练！

因为经历过更多苦难磨炼的人，较之于一帆风顺的人，阅历更多，经验更丰富。

最终，他的收获也最丰厚。

感谢自己面临的种种苦难吧，那是上天在特别地眷顾你。

因为不是人人都能有幸获得这种珍贵的磨炼机会的。

古贺

有感于 1999 年仲夏

常走崎岖山路的人，他的步伐要比只走平坦道路的人更加稳健。

本节复习

商场如战场，职场刀光影。看破这一层，心态自然平。

活用"报联商"铁则 No.31

用积极心态看待苦难，把压力当作对自己的磨炼。

4.1.4 巧妙应对"上级的压制"

压制下属的上级，大致有这么几种：

- 好不容易当上了领导，觉得自己总算"多年媳妇熬成了婆"——耍权发威；
- 觉得自己比下属高明，知道得多，人脉广 ——莫名地高傲；
- 自恃比下属有资历、有经验，手里还有权 ——喜欢卖弄；
- 上边有人，或者跟高层有亲密关系，有恃无恐 ——摆架子。

实技 No.29 应对"强势上级"

1. 预先抬高自己心理承受的门槛。

设定上级会骂50句/10分钟，不料才骂了10句/3分钟，于是觉得自己赚了！

2. 过滤掉情绪性的语言/词汇。

分解上级的责骂，剔除那些宣泄性的内容，只关注实质内容。

- 你就不长点记性吗？   ——这是让我以后别再忘了。
- 你怎么不早点跟我说呢？   ——这是在责怪我说晚了。

3. 反向吸取力量，化责备为反省。

- 你怎么这么笨！ ——你应该听成：这是在恨铁不成钢！
- 连这个都不会？ ——你应该心想：这不是跟你学，来套你的本领吗？

短评：学会这三招，上级带给你的那些压力就被你从心理上化解成没什么大不了的小浪花了。

➤上级受到蒙蔽或对自己有了成见

"冰冻三尺非一日之寒"，等到上级对你有了成见死活看不上你，天天没事找事地折磨你的地步，双方都有责任，正所谓"一个巴掌拍不响"。

当你被上级压制时，先看清形势，再决定如何做。

- 解铃还须系铃人——反省过往自己的失策，调整对策，渐渐地和上级修复关系。
- 自强！打破人微言轻的状态，让自己有分量，做好本职工作，创造优异成绩。

对方的狂妄，其实是由于自己内心的自卑：只要你有能力，他会来找你的。

- 忍！一般忍一段时间都会有变化，或他收敛、倒台、调走，或你雨过天晴熬出头。

  条件：把自己的本职工作做到无可挑剔，做到让他无话可说。

- 斗！基于正当理由，准备好事实证据，谋定而动，堂堂正正地一举翻盘。但对方有权、正红时，需做好自损八千或鱼死网破的思想准备。

- 走。没有上述气度、勇气和能力者，只好走为上策。

实技 No.30　应对高压

1. 调整自己以适应对方营造的那种氛围，不卑不亢地应对。
2. 彻底倾听对方的话，去除情绪部分，听出根本原因，认真记录。
3. 有针对性地应对他所指出的问题，即堵住他的嘴，让他找不出破绽。
4. 把坏事变为好事，对消极的因素给予积极的评价。

例如，可以这样说："正因为这次××，下回才能××，是吧？"

➤ 先暂且忍下

当形势明显对你不利时，不可硬拼。

职场上遭遇强大势力挤压时，可以参考《三国演义》里关羽身处劣势时的做法——既要保存实力以候转机，又要不失原则（降汉不降曹）地留住青山。

案例 No.99　关羽降汉

曹操突袭刘备之战，关羽被围城外土山，曹操派关羽的故友张辽前去劝降。

辽曰：兄今即死，其罪有三。

公曰：汝且说吾哪三罪？

辽曰：当初刘使君与兄结义之时，誓同生死；今使君方败，而兄即战死，倘使君复出，欲求兄相助，而不可复得，岂不负当年之盟誓乎？其罪一也。刘使君以家眷付托于兄，兄今战死二夫人无所依赖，负却使君依托之重。其罪二也。兄武艺超群，兼通经史，不思共使君匡扶汉室，徒欲赴汤蹈火，以逞匹夫之勇，安得为义？其罪三也。兄有此三罪，弟不得不告。

公沉吟曰：汝说吾有三罪，欲吾如何？

> 辽曰：今四面皆曹公之兵，兄若不降，则必死；徒死无益，不若且降曹公，却打听刘使君音信，如知何处，即往投之。一者可以保二夫人，二者不背桃园之约，三者可留有用之身。有此三便，兄宜详之。
>
> 公曰：兄言三便，吾有三约。若丞相能从吾即当卸甲，如其不允吾宁受三罪而死。
>
> 辽曰：丞相宽宏大量，何所不容，愿闻三事。
>
> 公曰：一者，吾与皇叔设誓，共扶汉室，吾今只降汉帝，不降曹操；二者，二嫂处请给皇叔俸禄养赡，一应上下人等，皆不许到门；三者，但知刘皇叔去向，不管千里万里，便当辞去。三者缺一，断不肯降。望文远急急回报。
>
> （节选自《三国演义》第二十五回）

✎ **短评**：在万般无奈之下，可以考虑有条件地折服（只要不违背原则），以等待东山再起的时机。

所谓"小不忍则乱大谋"，不得已时的委曲求全、以退为进，其实质还是为了前进。放眼世间，凡能成大事者，哪个不是"忍功了得"？比如南非的曼德拉，在监狱里 27 年也不屈服。

小贴士 No.13　尺蠖之屈，以求信也

尺蠖：一种昆虫，体长约两三寸（1 寸约为 0.033 米）。它爬行时尽量弯曲自己的身体，是为了伸展前进。

这种用弯曲来求得伸展，比喻以退为进的策略。

人也要学会退让和忍受，才能充分展示自己的能力。

小贴士 No.14　若能越过"人生四苦"，便能立地成佛

一是看不透：看不透人际争斗后的隐伤，看不透喧嚣中的平淡、繁华后的宁静。

二是舍不得：舍不得曾经的精彩岁月，舍不得居高位时的虚荣，舍不得得意时的掌声。

三是输不起：输不起一段情感之失，输不起一段人生失败。

四是放不下：放不下已经走远的人与事，放不下早已尘封的是与非。

> 隐忍待机

案例 No.100　无奈的强忍

康熙年间（公元 1684 年），江苏巡抚汤炳把下属吴江县令郭秀叫来，让他交代贪腐问题。

不料，郭秀很坦率："群众举报的都是事实。"并且给上级看了一本详细的账目，每笔钱都记得清清楚楚。可是，郭秀说："这钱我一文也没拿，都送给您的前任巡抚余国柱了。"

汤炳知道前任巡抚余国柱已经调任京官，现在是户部尚书，眼下正是皇上面前的红人。

郭秀接着说："余国柱在任那 4 年总是找我要钱，我拿不出来他就不干。我先是到处借，后来借不到了，就只好昧着良心去搜刮百姓。就说赋税吧，我不得不加征到 2 倍、3 倍啊！要是余大人再不走，就只能加征到 4 倍了，要不从哪儿弄钱给他？"

汤炳骂道："郭秀，你为了自己升官就不顾百姓死活？"

郭秀很委屈："哪里呀，我这么做，无非是为了能保全现在这个位子，能给百姓做点事儿。您仔细看看那账本，我把握的尺度是既不能丢官，又不能激起民怨，我有多难呀！"

汤炳仔细看那账本，确实每笔钱都不算太吓人，至今没有民怨、没有闹大。看来，郭秀虽做了亏心事，终究还算有点良心。如果深究必然牵扯到前任巡抚，而余国柱正是当今大人物明珠面前的红人，那事情就麻烦了。

于是，汤炳问："我给你个机会，你能止住百姓的恶评吗？"郭秀正襟凛然："汤大人，只要您不像余大人那样找我要钱，我不但能止住百姓的恶评，还要把我们县治理成模范县。"

> 汤炳见此说道："那好，你这回的事我暂不追究。如果你说到做不到，新账老账一起算！"

✎ **短评**：面对邪恶时溜须拍马，还是沆瀣一气同流合污？为了将来能隐忍下来，还能把握好分寸继续维持下去，这需要过人的毅力和能力。

➤ 寻机翻盘

🔍 **案例 No.101　续前案例——有所作为**

郭秀这回不必捞钱上贡了，能轻装前进。回去后他大力惩治属下的贪腐，同时严办仍不收手的人，很快就改变了那几年县里的歪风，全县上下一片叫好。

第二年，秋雨连绵几十天，庄稼绝收，民房倒塌。郭秀亲临现场指挥救灾，避免了过大损失。灾后，他又手绘了县里的灾情图，上报朝廷为民请命，提议暂免本县一年的赋税。朝廷从他的汇报和图画中了解了灾情的严重，批准了免税，总算给百姓争得了一点喘息的时间。

第三年，在朝廷例行考核时，郭秀获得了"江南最佳县令"的评语。他的直属上级江苏巡抚汤炳以"德才卓异"为由，向皇上推荐郭秀。皇上调任郭秀上京任职，出任都察院江南道御史（监察干部），负责江苏和安徽两省的行政督察。

郭秀对腐败疾恶如仇，在这个任上频频出手。特别是看准了时机，敢于冒死连奏3本，终于彻底把明珠、余国柱等十几个朝中无法无天的贪官大臣给拿下，盘踞朝廷多年的大老虎们被打尽，令当时的天下吏治焕然一清。

郭秀打老虎立了大功，人称"铁面御史"。不到3年时间，康熙皇帝把他从县令提拔到都察院左都御史的职位（相当于国家监察部副部长），让他领导全国的反腐工作。

✎ **短评**：在无法抗衡时，甩袖离去最简单不过了。但没了位子，也就没了翻身的机会。

遇到压制时，跺脚就走其实最简单，但也是最无能的表现。能做到忍辱负重继续把工作做下去，而且在有限的条件下尽量做好的人，才是高格局、胸怀大志的人。

能战胜敌人的人是英雄，能战胜自己的人是圣人。英雄战胜敌人，而圣人没有敌人。

本节复习

学会不生气，放宽气量忍，能在逆境中生存的人，才能有大作为。

活用"报联商"铁则 No.32

逆境中仍能尽全力把工作做好的人，必能百炼成钢，必有出头之日。

4.2　管理上级

在职场上，基本的模式是上级管理下级，因为他手里有权。但是，上级也不是神，他也有判断失误、低效率、偏听偏信、不合理，甚至感情用事或犯错误、一意孤行的时候。遇到这种情况时，为了工作、为了团队、为了大局，也为了自己，做下属的除了"辅佐上级"，在条件具备时也可以"管理上级"。

当然，这种管理不可能是用权力，而是用"报联商"（运用信息）来管理上级。

4.2.1　舍卒保车，舍小保大

下属提出的建议、方案遭到上级驳回后，为了让自己的主张能够获得批准，在探明被驳回的原因后，做出修改、调整时就不得不放弃一部分。那么，该放弃哪一部分呢？

下属肯定不愿意放弃建议、方案的核心内容，但是不放弃点什么又难以过关。这时，下属可以根据自己对上级性格、沟通模式的了解做出如下调整。

- 选择不那么重要的部分做出舍弃，也就是"舍卒保车"的战术。

- 选择不那么紧急的部分予以暂缓，也就是"分期分批"的战术。
- 把原有内容的板块顺序大幅调整，能起到"未曾谋面"的作用。
- 同时对其他部分做些文字修整，能收到"改头换面"的效果。
- 对原有方案文字的版面重新排版，让人有"焕然一新"的感觉。

用这份"和原来那个不一样"的方案，再去试探上级，反复摸索。

案例 No.102　转移焦点

某油画家的画技已经很好了，但是他把自己的作品送审后，那些审查官总是横挑鼻子竖挑眼，这里、那里找出一大堆"毛病"来，简直是鸡蛋里挑骨头，烦死人了。

这次，他又完成了一幅作品，自己看着挺满意的，但是一想到明天送去审查肯定会被退回来的命运就烦透了。尤其是那个主审官，长得简直就是一张"猫脸"！这么想着，他不知不觉竟然下意识地在作品左下角的空白处画了一只猫！待回过神来时，那只猫已经蹲在那儿了。他心想：咳，反正是要被退回来修改的，不改了，就这么送吧！

果然，作品到了审查官那里，他们看到这只猫就"炸了"：这只猫和这幅画有什么关系啊？它为什么在左边啊？它怎么是蹲着的呀……作品被退回来时，附带的评审词里都是对这只猫的批判，各种各样，非常严厉。

画家本来也没想要这只猫的，既然审查官如此不喜欢这只猫，那么几笔油墨把它遮盖掉就是了。

改过后的作品再度送审，这回竟然通过了！

短评：那些审查官就是在刷存在感，不审查出点你的"错"来，他们如何彰显自己的权力？既然如此，那么以后就给他们送点"错"，让他们审查就行了。

有时，团队里的上级也是如此：你的方案、建议在他那里没有哪个能一次过关，总会被挑出些毛病来！其实，上级有可能就是在跟你"刷存在感"（此四字在这里应看作"彰显权力"的意思）呢，你又何必跟他较真呢？

本节复习

有时不放弃一些东西就难以得到自己想要的。

活用"报联商"铁则 No.33

必要时可以舍弃旁枝末节，确保主要内容顺利过关。

4.2.2　用"报联商"管理自己的上级

➤ 上级和下属各自的优势

上级：站得比较高，顾及全局；考虑问题全面、深远；经验丰富，人脉宽广，手中有权。

下属：身处第一线，情况了解得直观、详细、深入；对具体操作的时机、方式更加清楚；对相关各方的影响好坏心中有数等。

双方的这些优势虽然不可替代，但通过"报联商"是可以相互利用、相互弥补的。

🔍 案例 No.103　正面硬刚

有一名读者在读者群里向我咨询：如果下属帮上级决定方案，上级是不是有失尊严？

有的上级认为，他的判断是对的，别人无权给他的决定提意见。

例如，在一个讨论会上，下属在提出了几个方案后选择了一个合理的，强烈推荐并给出了理由。结果被上级直接否定了，他认为不合适，却选择了一个明显不合理的。到展开讨论时，大家意见有分歧。此时，下属以为上级会公正，于是就坚持自己的意见并给出了详细的理由，不料上级更不采纳。

✏ **短评**：有的上级很开明、灵活，甚至虚怀若谷，这就有利于下属向他献计献策。但对那种自信、强势，甚至刚愎自用听不进别人意见的上级，下属是难以向他提建议的。

关于提意见，还要看是什么事，或在哪个节骨眼上。有的事即使是能听进下属意见的上级，在某种情况下也不愿听，因为他对该工作负有责任，他会根据自己对他的上级意图的理解来判断和决策。

做下属的，提出方案、建议，提醒、辅佐上级，上级是欢迎的，因为这能给他提供启发或打开他的思路。但是否采用，还是部分采用或仅作为参考，那就是上级的事了。

身处第一线的员工往往会觉得自己是具体执行者，是对该项目、该工作了解得最清楚的人，因此自己推荐的方案才是最合适的。但是，你别忘了上级所站的高度，他看问题的视角，他的行事风格，他对上级交给他的这份担子的理解，还有……这些都不是做下属的能理解的，更不是下属能左右得了的因素。

下属在会议上"提建议、提方案"是对的，"强烈推荐"也无可厚非，但遭到否决后当场继续"坚持自己的意见"就不可取了，因为有时上级会因场合、面子而拒绝。

那应该怎么办呢？有好建议，会议上提，一看不对劲就别坚持，下来后换个方式，比如私下谈谈看。

另外，下属能否给上级献计献策，上级能否听进自己的话，在很大程度上取决于他对你的信任度（及好感度）。平常多和上级去"报联商"，逐渐建立信赖关系，再献计献策的话，就会顺畅许多，否则你的好意容易碰壁！

➢ **利用客户影响上级**

🔍 案例 No.104　餐厅偶遇

这次 A 项目的投标，对其中的关键设备，商科长有意采用甲公司的某型号产品，并指示鲍莲裳据此制作标书。

标书制作过程中，鲍莲裳发现甲公司的这套设备的性能有几项不能满足客户的需求，而且成本测算下来竞标价格也没多大优势。于是，鲍莲裳便做了大量的调查，发现乙公司的同类产品性能可以满足客户的要求。鲍莲裳就去拜访了乙公司，做了进一步的详细调查。在提交甲公司材料的同时，作为参考，鲍莲裳把乙公司的材料也交给了上级，并提出了自己的建议。

不料，商科长根本没细看就驳回了："让你按甲公司的做你就执行呗，换什么换？"

碰了一鼻子灰的鲍莲裳没放弃。她仔细想想，认为要想让商科长改变想法，需要动动脑子。

"科长，周五下班后我请您吃饭。我的孩子要上小学了，跟您这个过来人取取经，您给我指导指导？"鲍莲裳发出了邀请。"好啊！"商科长愉快地答应了。

周五晚上，鲍莲裳把商科长带到了预订的餐厅。入座后，点完菜吃起来，不一会儿该请教的私事就谈得差不多了。这时，鲍莲裳跟一个走进餐厅的中年人打招呼："哎哟，这不是李经理吗？科长，跟您介绍一下，这位就是我跟您提过的乙公司营销部的李经理。幸会幸会，我们一块儿吃吧！"

席间自然谈到了那套设备，什么技术参数、性能功能、销售价格、优惠条件、售后服务……这顿饭简直就是业务洽谈！商科长对乙公司的这套设备完全了解后，心中自然有数了。

✏️ **短评**：看似偶遇，能是偶遇吗？这种专业性强的事还是请专家来说才好。

这是一个先斩后奏的案例，是不经请示就擅自行动的大胆模式，是一个为了工作、为了团队利益，偶尔不得已而为之的奇招。

但是，敢用此招是有条件的。

- 下属通过日常的"报联商"已经与上级建立了相互信赖的关系，才敢如此妄为。
- 下属对事情已经做了充分的调查和判断，对自己的主张有充分的信心和自信。
- 出于公心，没有私意，真正是为了团队的利益。

➤ 不失时机地教育上级

具体执行者的第一线员工，根据自己的渠道获得的信息，判断出上级的指示千真万确是不合理的，甚至是错误的，此时该怎么办呢？

最好不要当面顶撞上级，先执行。在执行的过程中，用密切的"报联商"，用事实（千万不要用语言）去告诉他：领导，你错了！

案例 No.105　调教上级

唐僧收了孙悟空做徒弟的初期，关于是人是妖的争论不绝于这对上下级之间。作为上级的唐僧，在辨别妖怪这件事上明显不如下属孙悟空。因此，在遇到白骨精时，这个上级便被那妖怪幻化的村姑、老妪、老翁蒙骗，一味地用手中的权力责怪、打压、惩罚下属，直至将其逐出团队，解雇了！

等到猪八戒智激孙悟空下山时，孙悟空本来的目的不过是要和那妖怪争个高低，"解它骂我之恨"而已。那孙悟空完全可以用自己的神功一通打斗，打败了妖怪也就达到此行的目的了，可他偏偏要舍简就繁地演一场戏。

孙悟空变成白骨精母亲的模样，当着已成为俘虏被绑在柱子上的唐僧的面，问那妖怪："你是怎么骗得这和尚撵走了他的徒弟孙悟空的？"于是，那白骨精便卖弄本领，在唐僧面前故技重施，把村姑、老妪、老翁重新幻化了一遍。这些表演让唐僧深受教育，原来在辨别人妖这件事上，孙悟空这个下属比自己高明，是自己错怪他了。

孙悟空见演的这出戏已经达到了借机教育上级的目的，这才现了原形，铲除妖怪。

自那以后的西行路上，每当孙悟空判定谁是妖怪后，唐僧不但不再阻拦，而且主动配合他铲除妖怪。不管那妖怪再以什么样的形象出现，如蜘蛛精、蝎子精、老鼠精、玉兔精等，个个娇艳美女，照灭不误。

（根据《西游记》故事内容编写）

短评： 做下属的虽然不能当面顶撞上级，也无法违背上级的意愿，但可以巧妙地、策略地用信息对上级进行调教，指出并纠正他的错误，为自己的后续工作扫清障碍。

初期，当下属发现上级犯错后就直接指出上级错误时的下场如何呢？每当唐僧和孙悟空这对上下级就"是人是妖"的问题出现分歧时，上级就以权压人——念紧箍咒！直念得孙悟空"满地打滚，竖蜻蜓"。而第三次不仅念咒，干脆撵走！可见，正面冲突的后果有多么严重。

假设孙悟空一见正面指出上级错误行不通，就不再硬抗，暂时顺从上级的主张，与那妖怪虚与委蛇，却暗中多加防范，让它下不了手又会如何呢？随着时间的推移，妖怪总会露出马脚，那时再铲除妖怪也不迟，又何必凭借自己真的正确就当面逞强，被上级整个死去活来呢？

当然，《西游记》的作者要那么写，也有他的逻辑和趣味性，那就另当别论了。

本节复习

下属给上级提建议能否被采纳，要因人、因事、因时而异，不能一概而论。

活用"报联商"铁则 No.34

下属是可以利用给上级提供信息的方法来影响、教育上级的。

4.2.3　学会运用【现场信息提供权】

如果身处第一线的下属发现上级的决策明显不合理，应该调整，该怎么办呢？

先执行！在执行的过程中，可以采用密切"报联商"的方法，用信息告诉他："您的决策有问题，您错了！"

上级手里有"决策权"，下属手里也有【现场信息提供权】，下属灵活运用手中的这项权力是可以管理上级的。

实技 No.31　灵活运用【现场信息提供权】

的确，上级手里是有决策权的，你作为下属，必须且只能听他的。

但是，上级的决策是需要根据信息才能做出的，而这个信息必须是真实、准确的才行。

身处第一线的你，自然就站在了拥有【现场信息提供权】的有利位置上。

下属要正确认识自己身处第一线位置的意义。从这个意义讲，下属利用【现场信息提供权】这份宝贵的资源，只要适时、精准地提供能让上级决策的信息，下属也是能管理上级的。在电影《英雄儿女》中，志愿军英雄王成身处战场第一线，他提供的信息是"近点儿""再近点儿"，最后是"向我开炮"，这就指挥了后方的上级。

从最基层的信息到最高层的决策，中间的层级越多，到达决策层的信息越会被弱化，甚至被扭曲，令决策者对信息的敏感度愈加迟钝。

为了介绍【现场信息提供权】的作用和威力，下面将通过几个系列案例，详细剖析、解说下属是如何用信息来影响、改变上级的决策的。

🔍 案例 No.106　地域差别

鲍莲裳被任命为西北地区的负责人。老板选中她负责西北地区就是看中了她的开拓能力，觉得她自创业以来就跟随自己，在总部所在地的东南沿海地区打出了一片天下，很能干，派她去肯定没问题。

赴任前，老板和鲍莲裳认真讨论了几次，参照公司现行的销售模式制定了一套打开西北市场的方案，鲍莲裳信心十足地去上任了。

到岗工作一段时间后，鲍莲裳发现这边的市场情况和东南沿海大不一样。首先，市场的消费观念不同，这和西北地区冬季严寒的气候及历史形成的民俗习惯有关，这是很难靠"培养市场消费观念"就能改变的；其次，也是因为上述原因，这边的经销商与生产厂家的合作模式也和总部那套现成的方法不能兼容。总之，如果用原计划的方法，公司的业务在这里开展有很大的问题。

✏️ **短评**：鲍莲裳可是"报联商"的老手了，公司5年前就引进了"报联商"，经过培训、消化、落地后，又进一步对中基层干部做了升级班的培训，早已形成了若干制度。这种"遇到问题要请示"的观念早已深入到基层，员工们都在落实执行，像鲍莲裳这样的中层干部就更不用说了。

🔍 案例 No.107　续前案例——先执行

鲍莲裳按照所学的"报联商"技能起草了一份报告，开列了自己看到的、想到的种种原因，陈述了现场的情况，建议对原定的方案做出大幅度的修改调整，提出了几条切实可行的建议。并保证：只要按照她的建议调整方案，她有信心完成当年计划的指标。

这份报告提交给总部老板后，几天后答复回来了。竟然不批准，要求她按原来的计划执行。

　　问题严重了，不能和上级达成共识怎么开展工作呢？这次，鲍莲裳认真对待，深入现场取得第一手资料，用大量数据和现场照片，以及对客户访谈的内容，再次认真写了一份报告，陈述了自己的想法，并附上了相应的照片，希望能说服老板采纳自己的建议。

　　在期待中过了几天，这次不是文字批复了，老板直接打来电话质问鲍莲裳："总部这边也不是一个省啊，也有山区呀，冬天也冷呀，怎么啦？咱们现行的方法实践证明不是都成功了吗？怎么到你那儿就不行了？"口气中颇有不满之意。

　　起初，鲍莲裳还在想，难得跟老板通上话了，语言比文字、相片更能说清楚，打算再据理力争一下，但听出来老板的口吻很不满意，也就不再说什么了。只是答应："明白了，坚决按领导的指示办，按原计划执行！"

　　✎ **短评：** 自己的建议不被采纳，上级的决策和你的不同。这时，最好不要硬碰硬，不要"据理力争"。因为既然你把该说的、能说的都说出来、都提供给上级了，他还要那样决策，那肯定有他的想法。

　　千万不要否定上级的决策。和手握实权的上级争执对下属极为不利，退一万步讲，这种场合即使你能言善辩最后把上级说服了，你还是输了！因为在上级心里，你肯定丢了"好感度"。

　　怎么办呢？服从！认真地接受上级的指示，按他说的去办。上级有上级的考量，他的决策是根据他的经验得出的，是站在团队总体的角度做出的。所以做下属的即使一时难以理解，在执行过程中也有可能会慢慢消化。等到事情过去后，下属回过头来看时就有可能理解了。

🔍 案例 No.108　续前案例——密切汇报

　　鲍莲裳召集各地门店的店长开始按原计划落实展开，但马上遭到了下属的反抗。

　　鲍莲裳一边说服下属一边深入第一线，亲临现场收集第一手资料。她开动脑筋不辞辛苦，昼夜奋战。每当遇到问题时，她总能想出对策见招拆招、一一化解，并及时报给总部，向老板汇报、请示，然后付诸行动。

这种密集的"报联商"在开始时一周一次，到了矛盾突出时，有一段时间简直是一天一报。送去的都是数据、现场录像、客户的谈话、员工面临的困难等实实在在的第一线信息。当然，这一切都是真实的，没有任何弄虚作假，没有欺骗。

这样一来，老板几乎跟亲临西北市场一样，在一段时间里对这里的情形了如指掌。

最重要的是，所有的请示、汇报里展现出的都是鲍莲裳那副积极向前的姿态，哪怕是碰得头破血流，也不惜再次赴汤蹈火、坚定不移的态度，真是做到了贯彻总部方针不遗余力，永远一副百折不挠的架势。让老板感到她简直比自己还卖力地在执行既定方针。

但是，毕竟西北地区面临的外部条件和东南沿海地区不一样，员工们费时费力做得很累，市场开拓却一路前行得磕磕绊绊，经费也大大超出了预算。

这期间各地门店的店长遇到了实际问题，也难免通过自己的渠道向总部认识的人发牢骚，抱怨工作难做。很快，西北市场上的声音传进了老板的耳朵。开始时，老板不信，甚至觉得这是鲍莲裳在搞鬼，在故意操纵舆情，企图蒙骗他。

✏️ **短评**：若要扭转乾坤说服上级，只能靠"报联商"！此时的关键是，摆出一副比上级还积极的态度来落实这个"明显有缺陷，不符合现场实际情况的决策"——做给他看，用事实教育他！

此时，密切细致的信息传递能起到"现场透明"的作用，让上级对第一线的情况了如指掌，有利于他的判断。此种场合下属越不汇报，上级越不明白现场究竟发生了什么事，他会继续坚持自己的（错误）决定。

🔍 **案例 No.109　续前案例——突袭检查**

有一天，老板没做任何预先通知，突然来到西北地区视察！

鲍莲裳马上明白了老板的用意，这是对自己传递的信息不相信，要亲自确认呀！鲍莲裳向老板就近期工作简单做了汇报，就陪老板去了现场。

到了现场，那里一片混乱。老板突然找了个理由把鲍莲裳支开了。鲍莲裳明白：这是怕我在这儿人们不敢说实话，故意把我支开呀！这个时候不论跟下属吩咐什么都会遭到怀疑是在做手脚。于是，鲍莲裳一句话也不说，扭头就走。

鲍莲裳走后，老板跟现场的公司销售人员、买方客户、经销商的安装工人直接对话。人们也不知道这个人的身份，只知道他是总部来的。大家都异口同声地抱怨，各自诉说自己的苦恼。一个客户还说鲍经理很辛苦、很负责，总是替我们着想。

✎ **短评：**面对这种突然袭击式的现场视察，临时做准备或给下属布置任务，统一口径是来不及的。根据跟随老板这么多年的经验和对老板行事风格的了解，鲍莲裳早就料到会有这一天。因此，这些天她跟员工们打成一片，听他们吐槽；跟客户反复沟通，知道他们的需求；跟安装工人谈话，倾听他们的苦衷。这些准备工作都提前做足了，已蕴含在现场的人们那里，也就不必自己再交代什么了。

🔍 案例 No.110　续前案例——现场验证

第二天陪同老板用早餐时，鲍莲裳接到一个电话，说是某项目现场出事了。公司的商品运到现场后客户不干，不让安装，要求退货。老板闻言，便提出饭后去那里看看。

一路上，鲍莲裳只是简要地向老板介绍了这家客户的情况，既没给现场打电话，也没给下属下达什么指示，直接就到了现场。

果然，现场一片混乱，销售员、经销商的老板、安装工人都在那里，客户更是一脸怒气。鲍莲裳马上进入状态，了解情况、确认问题、拿出对策，做各方面的工作，指挥若定。不一会儿，一场风波就被鲍莲裳给平息了，各方都很满意。

老板在一旁看在眼里，沉思不语。

离开现场后，鲍莲裳针对刚才暴露的问题又提出了几条具体的应对措施，但老板明白：那明显是头疼医头脚疼医脚的办法，解决不了东部沿海地区和西北地区水土不服的根本问题。

当鲍莲裳打算再向老板请示时，却看到老板皱起了眉头，便止住了话题。

结束了两天的突击视察，老板在机场要离开时，握住鲍莲裳的手说："你辛苦了。"

✎ **短评**：想在上级面前展现自己的才能，临时抱佛脚是来不及的。这必须得平日多用心，用"台上十分钟，台下十年功"的精神不断积累，才能修炼得临场不乱、镇定自若。

昨天带领上级去一个现场，今天上级指定一个现场，看到的情况都是一样的。上级亲眼看到的和远在总部时听到的信息能够吻合起来，这两者之间没有出入，皆因平日里鲍莲裳做了大量、密切、细致，关键是真实的汇报。

试想一下，如果没有前面那些"报联商"的铺垫，这次老板到现场才看到这些问题，岂不是会受到巨大的冲击？由于信息不对等，他看到这一切不是要大发雷霆："怎么会这样？你为什么不早说？"

🔍 **案例 No.111　续前案例——用事实说话**

老板回到总部，第二天下达指示：终止原有的方案，并命令鲍莲裳拿出一套适合西北地区市场特色的方案。

其实，这个方案鲍莲裳早就做好了，有现成的。不过，她想了想还是又全面仔细地看了一遍，根据这次老板看到的、听到的，做了些细微调整，故意第二天才交上去。

那个方案很全面，关于老板这次看到的几个问题，里面都有切实可行的对策。封面上贴了一个便签，简述了方案的几个重点；后面还附了一份完成计划预测表，开列了如果按这个方案推进的话，下边的几个地区的门店各自能完成多少销量的数据，底下有各门店店长的亲笔签字，俨然是一份军令状。

新方案很快获得了总部的批准。于是，员工们好像获得了解放一样，干劲朝天地撸起袖子大干了起来。

✎ 短评： 事情进展到这里，是不是可以看出来，这一切都是鲍莲裳这个下属为了扭转上级决策而精心策划的一场大戏？其成功的关键是"用'报联商'提供一线真实的信息，供上级判断、决策"。

因此，当下属和上级意见不符时，不必正面对抗，方法多着呢。或委婉，或曲线；或暂缓，或私下；或迂回，或引导……能达到自己目的的方法很多，为什么一定要正面冲突，顶撞上级呢？用密切的"报联商"，用传递基于事实的信息来告诉他"此路不通"，不就是个好方法吗？

🔍 案例 No.112　续前案例——调教成功

方法一改，路子对了，形势立即大变，各个环节都顺畅起来。鲍莲裳马上跟进，制定了一些适合新方式的规章制度，把公司销售员和经销商、施工工人及客户的关系明确，责权做了规定。经报总部批准备案后，贯彻落实下去。

此后，营销业绩逐月递增。网上有客户的好评，投诉率也大大下降。鲍莲裳的汇报主要用数字说话，及时地把这些变化以表格、图形等方式汇报给老板。

同时，老板从其他渠道及客户那里得到了反馈，都是一片叫好声。看来，当初就采用鲍莲裳提出的修改方案应该是对的。不，应该说，鲍莲裳这个人用对了！

之后，老板不再对鲍莲裳的工作指手画脚了，看来是学乖了。这一点，从老板再来西北时不再跟鲍莲裳谈工作，只让她陪着游山玩水就能看出来。

鲍莲裳呢？仍然对老板毕恭毕敬，凡遇大事都不忘向老板汇报，让老板及时知道。老板对她每次的汇报都不再多加干涉，而且不论在公开场合还是在私下里都对鲍莲裳赞赏有加。

于是，只要业绩的数字保持增长，显示趋势的箭头持续向右方上扬，那汇报的深度、细度也就越来越简单了，到后来渐渐地成了一种例行公事的走过场了！

✎ 短评： 上级的信赖、自己的自由是等不来、求不来的，要靠自己去努力、去拼搏才能获得。

第一线的真实信息才是高层决策的依据。身处第一线的下属，是完全可以用信息管理上级的。"报联商"的功能很强大，主要看你怎么用了。（关于【现场信息提供权】的灵活运用，还可参见本书第5.1.6'借力客户'一节"。）

本节复习

信息收集—提供—判断—决策，这个链条上信息收集和提供都由一线员工负责。

活用"报联商"铁则 No.35

上级是在判断下属所提供信息的基础上做出决策的。

4.2.4 【说服对方三法宝】

说服对方是一项高技术含量的复杂的工作，涉及许多要素。要想成功需做足准备，下足毛毛雨，决不可随意为之，否则会遭遇失败。

案例 No.113 仓促上阵会失败

鲍莲裳：下周我们计划组织一次针对经销商的专项活动，可以达到促进地区工程生态的效果。领导，麻烦您帮忙通知并要求各经销商的老板到时参加。同时，为了体现公司的重视，请您也参加一下啊！

领　导：嗯，这个活动很有意义！但眼下正处于销售旺季，各经销商的老板都很忙呢。再说，下周我也抽不出一整天的时间啊！

鲍莲裳：领导，因为这个工作是整个地区一起推行的一项活动，上面也很重视。而且，我觉得此次活动在旺季量大时更应该传达给经销商一些要求。

领　导：我知道，但真的太忙啊！这时候硬要经销商的老板来参加，人家会有意见的！

鲍莲裳：我明白，但只要经销商的老板出席即可，全部准备工作我这边负责，不会让他们费太多精力！

领　导：不如考虑把活动推后，等到销售旺季过去后再开展如何？

鲍莲裳：领导，我觉得这个活动就应该在销售量大时打预防针啊！

领　导：那就等到这个月结账后再组织吧！还在旺季里，那时候也许大家都能抽出时间来。

> 鲍莲裳：那具体什么时间合适呢？
>
> 领　导：这个现在暂时定不了！我要去开会了，以后再聊，到时再定啊！
>
> 鲍莲裳：那具体哪些经销商能来参加呢？
>
> 领　导：这个……我现在得赶紧去开会了，再说吧！

短评：只知道自己的目的，完全不去了解对方的顾虑是什么就仓促上阵，当然会败下阵来。

已故著名相声演员马三立前辈的相声有独特的艺术，那就是提前把铺垫做足，把听众都引进特定的场景之后才"抖包袱"，于是"笑果"极佳。

说服别人也一样，不做任何准备，根本就不知彼，哪能成功呢？

要想说服对方赞同你的观点，关键是站在他的立场上去思考，这样才能打动他。

在实践中，我总结出一套行之有效的方法，它是由三个步骤组合成的一套连贯行为，按照这个思路把每一步都落实到位的话，说服对方按你的要求办事的成功率就会大大提高。

实技 No.32　【说服对方三法宝】的运用

做法 1：思考一下，这件事怎么做才能让他获利？

对策：让对方得到好处。

目的是让他感到：原来这么做我能得到好处！

做法 2：预测对方的全部顾虑。

对策：用事实和数据打消他的这些顾虑。

目的是让他感到：看来这么做，不要紧呀。

做法 3：如果按你的方案执行的话，需要他做什么工作？

对策：把该由他做的事替他做了。

目的是让他感到：这么做，我挺轻松的嘛。

仔细想想，谁不是这样呢？当你把上述三项做到位时，对方会想："这么做没什么不好呀，方方面面都处理得挺合适的嘛！我不用亲自动手，于公于私都有利，我又何乐而不为呢？毕竟成就了他也就成就了我嘛！"

当然，把这三项做到位，也许你会很辛苦。你要观察、了解、揣摩对方的脾气秉性，要知己知彼地摸准他的疑惑点、顾虑点；不仅要寻找机会说服他，还要替他做本该由他做的一些事。这岂不是自讨苦吃、自找累受？

是的，的确是这样！可是，如果你不这样做，对方就不赞成你的观点，你们只能停在无休止的争论上，你说服不了他，他也说服不了你，你们都在原地踏步。

辛苦些吧！虽然你多受了点累，但你的工作不就往前推进了吗？替对方干，其实就是给自己干！

🔍 案例 No.114　【说服对方三法宝】的方法古人早就在用

赤壁大战前，曹操将重兵屯聚长江上游，摆出吞并孙、刘之势。

刘备阵营君臣一心，决心一战。可孙权阵营里却一片降声，是战是降孙权举棋不定。

此时，孙权阵营里只有鲁肃、周瑜主战。于是，鲁肃去找诸葛亮帮忙，又联合周瑜来说服孙权赞同自己的主张。

他们用的就是【说服对方三法宝】的策略，只是这项工作是由三人分工协作完成的。

首先，讲清抗曹对孙权有何好处？——这是由鲁肃去说的。

须臾，权起更衣，鲁肃随于权后。肃曰："如肃等降操，当以肃还乡党，累官故不失州郡也；将军降操，欲安所归乎？位不过封侯，车不过一乘，骑不过一匹，从不过数人，岂得南面称孤哉！众人之意，各自为己，不可听也。将军宜早定大计。"

权叹曰："诸人议论，大失孤望。子敬开说大计，正与吾见相同。"

其次，预测孙权的顾虑，打消之。——这是由诸葛亮去说的。

孔明曰："豫州虽新败，然关云长犹率精兵万人；刘琦领江夏战士，亦不下万人。曹操之众，远来疲惫；近追豫州，轻骑一日夜行三百里，此所谓强弩之末，势不能穿鲁缟者也。且北方之人，不习水战。荆州士民附操者，迫于势耳，非本心也。今将军诚能与豫州协力同心，破曹军必矣。"

> 权大悦曰:"先生之言,顿开茅塞。吾意已决,更无他疑。"
>
> 最后,把孙权该做的工作替他做了。——这是由周瑜去说的。
>
> 瑜曰:"瑜请得精兵数万人,进屯夏口,为将军破之!"
>
> 权拔佩剑砍面前奏案一角曰:"诸官将有再言降操者,与此案同!"
>
> (节选自《三国演义》第四十三回)

🖊 **短评**:二文一武,里应外合,配合默契,摸准了孙权的心思,打动了他的心。首先打消了他的顾虑,讲清了具体好处;然后表明这项工作我来替你做,于是说服成功。

其实,诸葛亮等人能够成功说服孙权赞同他们的方案,他们还是做了很多准备工作的。

例如,诸葛亮舌战群儒,那是在说给孙权听!

又如,诸葛亮用曹操的话"揽二乔于东南"智激周瑜,机智地探明了对方是与自己同观点的主战派。

再如,周瑜去给孙权分析曹操大军不过是外厉内荏,也起到了进一步打消孙权顾虑的作用。

本节复习

说服对方的关键是:站在对方的立场上思考。

活用"报联商"铁则 No.36

摸清对方的顾虑并切实打消之,才能说服对方。

4.2.5 【说服对方三法宝】在实践中的运用

🔍 **案例 No.115 更换关键部件**

有一次,我去给一家生产型企业讲课。课间休息时,一个学员向我咨询:

"我们厂里生产线上的一个关键部件用了很久了，不仅经常出故障维修花时间，每次停线抢修还降低了生产效率，而且产品的质量不能保证，残次品较多。我是维修组的组长，我们组的人不得不时刻准备着，一出毛病就按预案跑去抢修。我几次跟厂长申请要求更换这个部件，厂长都说成本太高，不批。现在，我们维修组的几个人疲于应付，焦头烂额。老师，有办法解决这个问题吗？"

我告诉他，接下来的授课内容里有【说服对方三法宝】的解说和演习，可以好好利用。于是，课堂上我带领学员学了演习案例"用款申请书"。（详见案例 No.120。）

下课后，这个学员又来跟我说："老师讲的道理和方法我都听懂了，我也赞同老师给出的方法。可是，具体到自己面临的这个困难，我不过是维修组的组长，有些事情是我无法做到的，比如有些数据我是弄不来的，怎么办呢？"

我问他："你想不想解决眼下这个难题？""想啊！"他说。我说："这就行了，办法总比困难多，就看你想不想做了。老师只是告诉你对策和方法，给你指了条路，具体如何实施还得靠你自己去想。如果在困难面前，你想到的是'我做不到'，那你就永远做不到。不过，我要提醒你：你提交给上级的各项数据，必须是严谨的、翔实可靠的、经得起推敲的，否则没有说服力。"他歪着头想了想，将信将疑地走了。

✎ **短评**：师傅领进门，修行在个人。孙悟空的本领也是师傅教会了之后，自己"日夜苦练"才达到用起来得心应手的地步的。

【说服对方三法宝】只是一个指导思想，引导你如何让别人赞同你的观点。具体运用起来，因情况千差万别，必须一事一应对才行。只有掌握了精髓和要领，活学活用才能奏效。

🔍 案例 No.116 续前案例——做足准备

事隔几个月，我又去这个企业做"报联商"升级班的培训。

上课前一见面，那个维修组的组长就跑来跟我说："谢谢老师的指点，问题解决了！"我一听很惊讶："你不是有困难吗？怎么解决的？"

"可费了时间和精力啦！"他说。于是，他跟我说了自己的努力。回去后，他组织小组全员学习【说服对方三法宝】相关内容，并转达了我的忠告，让维修组的工人都明白了该怎么做，再征求大家意见该怎么办。讨论了几天，大家终于达成了共识：不走此路，别无他路！

那么，既然要做，就设法来克服困难吧！于是，每次维修他们都指派专人负责以下工作：

- 拍摄维修现场；
- 拍摄故障发生瞬间，并说明原因；
- 统计故障发生次数、频率；
- 统计每次抢修所需时间；
- 统计这期间的用工人次数；
- 测算停产时间内造成的损失；
- 维修所耗辅材折算费用；
- 统计残次品率并折算成费用。

为了弄到和核实某些关键数据，他们不得不向财务、采购、技术研发部门的人员求助。然后把这些全部折算成费用，与更换新部件的费用做比较，做出详细的令人折服的测算，用数字证明更换新部件需要多长时间即可收回成本，连续使用×年即可盈利，并做成对比图，使其一目了然，而且能确保产品质量等，有多项好处。

这期间他们不停地给厂长、总部陈情利弊，做足了准备工作。待上述数据全部统计好，也把视频裁减得当，大家反复观看认为可以"发起总攻"了，再等待最佳时机采取行动。

✎ **短评**：随风潜入夜，润物细无声！做足准备工作，扫清外围障碍，是需要下一番功夫细细做的。

维修组要替厂长想想：

为什么厂长不向上打报告？——他没有可靠的数据做支撑，因此信心不足。

为什么厂长不去统计、分析这些数据？——不是他不想，而是他忙不过来、顾不上。

为什么厂长对更换部件积极性不高？——他没看到此举对自己的好处。

为什么厂长没责令维修组统计这些数据？——厂长顾虑维修组不愿意做"分外的工作"。

维修组的组长，通过"报联商"培训，知道了要"站在对方立场上思考"，就弄明白了：原来是这样。既然如此，我来打消你的顾虑，我不怕辛苦，你的工作由我替你来做！

案例 No.117 续前案例——谋定而动

不久，他们得知总部分管生产的副总要来厂里视察。抓住了这个时机，维修组的组长这才把准备好的材料交给厂长。厂长将信将疑地核对了材料里的几个数据，又观看了影像资料，发现无懈可击后，才明白维修组的组长这次是有备而来的。看到厂长赞许的表情，维修组的组长又拿出了一份写给总部的申请报告草稿给厂长，请他参照——连这个都替厂长准备好了！

果然奏效！厂长没想到这份调查报告竟然出自维修组，而且数据经得起任何推敲。于是，厂长一下子心里有数了，底气足了，就有了信心。

这样一来，厂长吐露了副总来视察的日期和当天的日程安排，并调兵遣将地布置了一番，还指定助理小张到时候负责给车间"通风报信"。

到了那天，助理小张及时地通报了副总离开厂长室要到车间来视察的具体时间。于是，几个维修工人在那里满头大汗地抢修这个部件。维修组的组长只讲了几句（提前预备好的）关键的话，做了简明的现场汇报。看着满地凌乱的产品和停工的生产线，副总什么也没说。

之后，厂长将根据维修组组长的草稿编写的申请报告（把他们统计收集的数据作为附件）报了上去，结果顺利地获得了总部的批准。

短评：有时候，动动脑子比埋头苦干更重要。这个维修组的组长一旦有了思路，在说服对方前做足了准备工作：收集资料、想方设法、选择时机，打消厂长的疑虑，给厂长提供方便。一旦说服了厂长，原来的"障碍人物"便成了"同伙"，形成了和你同心同德的局面。这样发起总攻时上下一心，及时地做给关键决策人物看。

你的上级手里有资源，关键是你如何说服他，让他愿意为你动用这些资源。

看上去，维修组的工人挺累，甚至强人所难地做了些"本不该由我来做的事"，可是这样一来长期困扰大家的难关不就突破了吗？

仔细想想，由维修组来努力解决这个对他们而言几乎是"力不能及"的问题，究竟是"为公"还是"为私"？

表面上看似乎是"为私"——维修组的工人不必再整天疲于应付了。可是，这样一来不是也客观上解决了工厂的"卡脖子"问题吗？公司节约了成本，保证了合格率，厂长也减轻了负担，简直就是双赢、三赢、多赢！只不过当事人要多费点时间和精力罢了！

案例 No.118　旺季请假

这本书初稿完成之后，正好我要举办一期师资认证班。一个报了名的学员在微信里跟我说他也许来不了："因为从事的是旅游业，上级规定，在暑假旅游高峰期间，任何员工都不能请私假，尤其是周末的日子。"

于是，我就把已经写完的【说服对方三法宝】这一节的内容发给了他："可照此行事。"结果，他真的成功请了两天私假，前来参加培训了。

课后考核时，他抽中的考题是"怎么商谈"。于是，他就把这个自己请假的过程作为案例分享给了大家。

做法 1：怎样能让上级获利？——讲明这次学的是"报联商"，学成后可以教育公司员工。

做法 2：预测上级的顾虑，打消之！——周末会安排好自己带出来的徒弟，让他负责自己的工作。

做法 3：需要上级做什么？替他做了！——请假时，带上徒弟一起去找上级，当面向上级演示徒弟完全能够胜任师傅的工作，并向上级做出保证。

短评：学习、领会了【说服对方三法宝】的原则，在执行中就会根据自己的具体情况去实施，当然奏效。

即使掌握了上述【说服对方三法宝】的技巧，若要一举成功，还是要做充分准备的，正所谓"凡事预则立，不预则废"就是这个道理。

一旦大家学会了"报联商"，掌握了"报联商"的原理、思路，具体应用起来，各个岗位上的人都会变成能人！

遵循"利他"的指导方针来行动（为了达到自己的目的，而主动给对方提供方便），一旦成功（达到了自己的目的）了，其客观结果是公、私双赢（自己突破了困境，团队解决了问题）。

本节复习

掌握了"报联商"的真谛并运用得当的话，可以一路披荆斩棘、所向披靡。

活用"报联商"铁则 No.37

用信息把前进路上的障碍者运作成伙伴，事情就好办多了。

附：课堂上实际演练【说服对方三法宝】

组织学员分组讨论、演练下列活动。

由学员扮演鲍莲裳，代表小组去向上级（讲师扮演）申请款项。

案例 No.119　让上级接纳自己的意见

鲍莲裳当组长了，小组里有 3 个人。

他们的工作是负责库存管理，每天都有大量的统计作业。

最近，3 个人经常加班，原因是电脑软件落后，处理速度太慢。

市场上有升级版的软件可以加快速度，洽谈之后，大约需要 5000 元。两名下属催促鲍莲裳去向上级申请，尽快购买升级版的软件，替换原来的软件。

怎样请示，才能顺利获得上级的批准呢？

互动开始后，首先让各小组讨论方法，然后各小组选代表扮演鲍莲裳向上级（讲师）提出申请。

上级（讲师）则以种种理由（疑虑、担心）反问下属，考察他们能否预测到上级的种种顾虑？预测不到，打消不了，申请就驳回不批。然后，下一组来申请，直到——驳回，才开始参照相关答案来揭开谜底——如何说服上级。

注意：各小组讨论时，屏幕上播放【说服对方三法宝】相关内容，提醒大家按这个思路做申请准备。

实技 No.33　上级使用的各种驳回理由

1. 这些日子你们忙，我也看在眼里了。可是，按咱们部门的业务规律，忙过这个月就轻松了，还差几天，你们几个再坚持一下？要不，我派人临时给你们帮帮忙，也就挺过去了。购买升级版的软件的事，明年再说，行吗？

2. 咱们这个部门的数据可不能出差错啊，更换升级版的软件能做到无缝对接、万无一失吗？

3. 5000 元是最低价吗？有没有更便宜的？或者更合适的？

4. 你们擅自和这家公司谈好了价格，可是咱们公司有规定，新品采购统一由采购部负责，他们那边也认可从这家公司购买吗？

5. 经费从哪儿出呢？

6. 这款升级版的软件只有统计功能？还有其他功能吗？

…………

➤"润物细无声"式的准备工作

其实，所谓的"时机成熟"往往不是等来的，很多时候是人为（甚至刻意）制造出来的。

小贴士 No.15　毛毛雨式的浸润

有诗曰：好雨知时节，当春乃发生。随风潜入夜，润物细无声。

仔细体会一下诗句中"润物细无声"的画面感。

倾盆大雨下在水泥地的广场上，雨停不久，积水就会流走，人走在上面不会湿鞋。

小雨下在乡村的泥土路上，雨停后，人走上去鞋子只是被雨水打湿。

但如果是蒙蒙细雨、似有似无，扑在脸上湿漉漉的感觉。这样的牛毛细雨下上一整夜，慢慢地浸润脚下的泥土，那么清晨起来出门一脚踩在泥土上的话，鞋子会陷下多深？沾上多少泥土？可见，这一夜细雨对泥土下了多大的功夫！

✎ **短评：** 为了做成一件事，前期的准备工作就要靠这种"润物细无声"的劲头。虽然不显山不露水，但需要耐心地、不懈地做工作，才能达到用渗透、熏陶、影响来营造"时机成熟"的目的。

这种准备工作有时很耗力、更耗时，所下的功夫往往占据了把此事办成的大部分时间。正是由于做足了准备工作，到了"发起总攻时"才能"一举拿下"！

其实，这个过程就是不断地找人谈话、沟通的过程，即"报联商"的过程。

年轻人和新员工总是看到老员工、师傅、上级办起事来那么轻松，自己觉得不可能做成的事，他们做起来总是那么容易。殊不知，那背后就是他们长年累月用"润物细无声"式的"报联商"所积累的信息、人脉、经验和信赖在发挥作用。

➤ 揭示演习的答案——如何说服对方

几轮申请之后，各个小组都无法从上级（讲师）这里获得批准，都被上级（讲师）用种种理由（参见本书实技 No.33）给驳回去了（预测上级的顾虑不准确）。此时，上级（讲师）才慢慢揭开谜底，给出参考答案。

打仗攻城时需要扫清外围障碍，才能发起总攻。其实，扫清外围障碍就是频繁地给上级下毛毛雨。

"科长，你看昨天我们几个又加班到 8 点。"

"科长，小杜都累病了。"

"科长，这款软件太慢了。"

"我查了，有比这款软件快 10 倍的软件，我去调查一下啊！"

"我查到了，这是说明书，我跟他们谈价钱呢！"

"小尚参加新软件使用培训班去啦！"

…………

待"润物细无声"的毛毛雨下足了，对上级所做的铺垫工作做足时，发起总攻！

将"用款申请书"递上去，打消上级可能有的所有疑虑，一举拿下！

这个演练的目的是，让学员在实践中体会、学会【说服对方三法宝】的实际运用。

案例 No.120　课堂演练——【说服对方三法宝】的实际运用

上级（讲师）出示这份申请书，揭开演习的谜底，一一说明文中各处"打消疑虑"的要点。由于扫清了外围障碍，下足了准备的"毛毛雨"，这份申请书又针对上级的所有顾虑给出了对策，做到了让上级再也找不出不批准的任何理由，剩下的只有"批准"一条路，也就攻克难关了。

营销部　　经理：

更新计算软件　用款申请书

商品名称：×××品牌　统计处理用 Ⅲ型软件　※1

申请经费：人民币伍仟元整

申请理由：

1. 进入本年度后，继去年的销售势头，本部门的订货量持续增长。※2 因此，内勤发货和统计处理的工作量与去年同期同比已增长 50%，※3 并继续保持强劲的增长势头。

2. 为对应这些工作，本小组 3 位员工不得不经常加班（最多者 4 月份加班达 42 小时，※4 其中多数因统计工作需要导致※5）。

若长此以往，不仅会耗费大量加班费、增加成本，甚至有可能会因操作者疲劳，导致处理失误等重大人为事故。※A

3. 经调查发现，主要原因是现用计算处理软件属于旧型，处理速度慢、效率不高。※6

该软件现已升级至第Ⅲ代产品。经派员工实际操作体验发现，※B 其速度比现款快 10 倍。

比价：自×月×日开始会同采购部※C 向××公司和××商行等 3 家经销商询价。※7 经 3 轮谈判和比价还价，至今已将初始报价的 7500 元压到 5000 元（目前，市面上价格为 6000 元左右）。※8

其中，广信商行报价为 5200 元，含赠 3 次免费升级。

电通公司报价为 5000 元，含赠 2 次免费升级。

我们的意见：采用电通公司的软件。※9 因为两次升级即可涵盖 3 年时间。

※10　※D

经费出处：请求动用今年办公品预算；※11 电通公司同意分 3 期付款（首期 2000 元）。※E

效益预测：此项投资预计至少可在 5 年内大大改善内勤统计的效率，※F 适应目前业务增长的发展形势，减少甚至消除加班现象，保持员工的精力，杜绝人为错误的发生。※G

另外，本软件具有的功能还可以被本部门其他科室利用，※H 完成市场预测计算等工作。

附　　件：1. 今年前 4 个月出货数据清单（环比、同比表）

2. ×月份 高××的考勤卡　1 张　　　　　　　　　※12

3. 产品使用说明书　1 册

4. 报价单　3 家，3 轮报价，全部资料　　　　　　※13

5. 内勤小组 尚××的实验操作体会报告书　1 份　　※14

申请者：内勤组长　鲍莲裳

提交日期：×年×月×日

注：

主旨：为上级着想，让他放心，给他好处。

运用"报联商"的技巧，打消上级疑虑的地方。

※1 "报联商"基础复习：结论在前。

※2 "报联商"基本动作：不是临时性现象，躲得了初一躲不过十五，不可回避。

※3 "报联商"基本动作：用数据说话。

※4 "报联商"基本动作：用数据说话。

※5 "报联商"基本动作：算经济账，指明瓶颈所在。

※6 "报联商"基本动作：带着自己的对策去汇报，前期"毛毛雨"已下足。

※7 "报联商"基本动作：货比三家。

※8 "报联商"基本动作：用数字、用事实说服对方。

※9 "报联商"基本动作：阐明自己的观点。

※10 "报联商"基本动作：用事实讲清理由。

※11 "报联商"基本动作：预测上级的提问，阐明自己的观点。

※12　"报联商"基本动作：用事实和数字说话。

※13　"报联商"基本动作：信息公开、透明。

※14　"报联商"基本动作：预测上级的提问，打消其顾虑。

站在上级立场上思考，给他好处的地方。

※A　本案例学习的重点：替上级着想，消除本部门的隐患。

※B　本案例学习的重点：替上级着想，交接万无一失，打消上级顾虑。

※C　本案例学习的重点：替上级着想，按规章办事，让上级放心。

※D　本案例学习的重点：替上级着想，中长期打破本部门当前的瓶颈。

※E　本案例学习的重点：替上级着想，减轻经费压力。

※F　本案例学习的重点：替上级着想，近乎一劳永逸，合算。

※G　本案例学习的重点：替上级着想，业务管辖内的责任安全。

※H　本案例学习的重点：替上级着想，此行为一举多得。

✎ **短评**："报联商"的最高境界是做到"知己知彼"。预测对方的心理需要用心、反复摸索、反复磨合。

"报联商"的根本目的是"解决问题"，如果能做到这一点的话，目的就能够达到了。

《报联商：职场沟通必修课（实战篇）》第 285 页的案例 195 的最下方给读者留了一道思考题（附件 3 的填空）。学到这里，大家应该可以知晓正解了，想想那是什么呢？

🔍 **案例 No.121　下属可怕吗**

在一次公开课上，我引导来自数家公司的学员们分组演习【说服对方三法宝】的实战案例。当我拿出上述"用款申请书"来给大家揭开谜底之后，一位 40 多岁的经理级干部模样的学员一拍桌子说："这个下属太可怕了！"我惊讶地问："为什么？"他说："他把上级摸透了！"

于是，我问大家：难道这有什么不好的吗？

请大家想一想，如果你的下属都能把工作做得如此细致、到位，把你的疑虑都预测准确，并用扎实的工作一一打消之，那么等他到你这里来请示时，已经是经得起推敲的、面面俱到的，而且是安全的、切实可行的方案了，请问你这个做上级的是不是很轻松呢？批准就行了！这难道不是好事吗？

大家回去后大胆地把你的下属往这个方向调教吧！等活儿都让他们干了，你腾出时间来思考、应对更大的事情，有什么不好的呢？

再说，世上又有几个人能做到这种地步？古语说："取乎其上，得乎其中。"你怕什么呢？就算你拼命把下属往这个方向调教，短期内也未必能见多大成效，是不是？况且，权力还在你手里，有什么可怕的呢？听我这么一说，大家都笑了。

学到这里，我们可以回顾本书的序言，重新思考一下"报联商"世界里的"上下级关系"了吧？

本节复习

说服工作是需要耐心细致地做足准备工作的。

活用"报联商"铁则 No.38

让对方同意你的观点的前提是：他能确保安全，并且尽可能地省事。

第 5 章
用来办事的"报联商"

5.1 借用他人的力量

职场上，有很多工作靠自己一个人的力量是不能完成的。由于个人的能力有限，做出来的工作成果往往不能令上级满意。

之所以要结成团队，就是因为 1＋1 的效果可能大于 2，因为团队的力量比个人的力量强大多了。学会借用别人的力量给自己办事是一种能力。

但是怎么借？别人会借给你吗？这就要靠"报联商"了。

5.1.1 学会借力使力

遇事只知道自己"努力"，不懂得借助别人的力量的人就是"不懂管理"。

案例 No.122 员工也有"管理力"

鲍莲裳在走出校门后的第一份工作岗位上干了 5 年，仍然是个组长，比她晚来的人都当了主管，甚至有人做了经理！她觉得没有前途，于是辞职走了。

辞职半年后，一个偶然的机会遇到从前的上级，聊起来才知道公司对她的真实评价是："缺乏管理能力。"

鲍莲裳感到奇怪："我一个普通员工，就算是组长也才管一个人，需要什么管理能力呢？"

上级对她说："每个员工都应该具备管理能力。大多数人把管理简单地误解为'权力'，以为只有上级对下级才能管理。其实，这种理解是错的。比如，你辞职前负责的那次产品说明会到场客户 300 多人，你在忙什么？你在门口统计人数，结果会场的扩音器是坏的，影响了整体效果。"

鲍莲裳很委屈："我怕人数统计出错，散会后发放的资料不够，才去亲自统计的。"

上级说："这些事你可以交给别人去做，你该学会借助别人的力量，包括上级、同事、客户。"

短评： 管理能力是一种通过他人完成自己工作的能力，这里所说的"他人"包括同事、下属、客户、朋友，甚至对手，当然更包括自己的上级。

下属为难时懂得去找上级求助，上级伸手援助，这样上级既能完成团队的工作，也能帮助下属成长。下属多帮上级分担一些，上级轻松了就能往更高处攀登，自然也能带动下属往上攀登。

实技 No.34　迅速拉近人与人关系的商谈绝招

初级（被动阶段）：为了顺利完成工作要做必要的汇报，还要联络、共享一些工作信息，面对出现的问题也要去商谈、请示。这个阶段强调应知应会，必须要有的沟通不能少。

中级（主动阶段）：主动地请教一些自己不知道的事，觉得信息有用会主动联络，想到什么建议也会主动提出。上级觉得，如果你不跟他商谈一些事就是你做得不合格。

高级（活用阶段）：上下级之间慢慢地熟络起来无话不谈时，下属瞅准了机会以请教的姿态去向上级商谈私事。此举一下子就能拉近你们之间的关系，产生一个质的飞跃！他会觉得，你已经不把他当外人了。于是，他内心深处那层隔阂也会一下子被打破，从此把你当作"自己人"了。

下属一旦和上级建立了良好关系，那事情就好办多了，这叫"搞定领导"。

本节复习

你接触到的人各有各的能力，就看你想不想得起来去借用、会不会借用了。

活用"报联商"铁则 No.39

懂得借用别人的力量帮自己做事就是管理。

5.1.2　借力上级

职场上，最容易借力的就是上级。团队里上级帮助下属是天经地义的事，这是他的职责。

➤ **遇到难关，借力上级**

案例 No.123　找上级借人脉

鲍莲裳找商科长去商谈："科长，本月时间过半了，我这个月的营销指标还差 40% 才能完成。通过前期的活动我已得知 A、B、C 3 家公司目前有采用咱们产品的意向，我想利用剩下的这些天主攻这 3 家公司。如果能跟他们建立起业务关系，不仅本月指标能够完成，以后还可以长期合作。我打算尽快登门去拜访，可是我不知道他们的联系方式，连他们的地址在哪儿都不知道，更不认识里面的任何人。商科长，我知道您了解和接触过很多公司，掌握了很多信息，您能为我提供一些信息吗？如果能给我具体人员的相关信息就太谢谢您啦！"

商科长："你的确是在为工作努力，我就帮帮你吧！下午我找时间给你翻翻这堆名片，我记得我这里有 A 公司、B 公司的名片。C 公司嘛，我不记得有认识的人。不过，隔壁办公室里的联师傅跟他们有过业务来往，我马上给他打个招呼，你去找他要信息吧！"

✎ **短评**：面对下属这样的求助，大多数上级都会乐意帮忙。毕竟下属展示的是积极的工作态度，所做的事也是在和上级相向而行，在做有利于团队的事。

公司的品牌名望、社会信誉，上级的经验、权力都是下属的银行，那是公共财产，不是上级个人的（只不过是由上级在保管而已）。在自己成长的道路上，这些资源可以使用。因为下属所做的工作也是为公，那么遇到了困难为什么不能动用团队的"银行存款"呢？所以，为了工作去借力上级，提取些"公款"来用，是天经地义的事，大胆地利用上级手中的资源吧！

➤ **惹了祸要善后，借力上级**

🔍 **案例 No.124　补写页码**

明天培训的教材整理好了，商科长让鲍莲裳拿到外面去打印、制本，做好准备。等 80 本都装订好拿回公司后，鲍莲裳才发现忘了让店家给教材打上页码！老师在课堂上和学员互动时，经常会说"请翻开教材第××页"，这些教材没有页码，多不方便呀！

于是，鲍莲裳拿起笔给教材的右下角手写页码。忙了半天才写了几本，这要什么时候才写得完？再说，马上要去参加本周的例会了。开会？鲍莲裳想出办法了。

她找到商科长去商谈，直率地坦白："科长，我犯错了，我检讨。是这么回事……我的对策是……请科长救民于水火。"商科长拿她没办法，只好协助她落实。

来到会场的同事每人发了几本教材。当大家纳闷时，商科长宣布："是这么回事……等会儿当各人发言汇报本周进展时，有的人要放 PPT 辅助说明，那么插换优盘、切换屏幕时的间隙大家可以帮助填写一下页码。50 页只写右下角的话，1 分钟可写好 1 本。每人承包几本，帮帮小鲍。"商科长话音刚落，鲍莲裳站起来给大家鞠了一躬："给大家添麻烦了，请各位多多关照，拜托啦！"大家明白了原委，于是开始填写起来。

✏️ **短评**：上级手里有人事权，主要看你会不会用。下属能成功地借用上级之力办自己的事就是管理。

管理也是一种领导力，是在辅助上级把事情办好。当然，严格说来这种失误是不该犯的，但是人无完人，工作哪有不出差错的呢？关键是你发现失误后会不

会用"商谈"去调用由上级管理的那些"公共资源"来实施补救，这就要看你的
"报联商"执行水平了。

➤ 自己快速成长，借力上级

🔍 案例 No.125 吃小灶，掏本领

我对参加培训班学习并通过考核的学员，在他们回去之后，会有一次实战
考核，看看他们学了、懂了，也认可了"凡事要闭环"的"报联商"基本内容
"知情通报"后，在实践中到底做得怎么样。

一次培训结束后不久，我就给每位学员都快递了辅助教具"'报联商'基础
四根桩"的教学海报。然后，按学员名单监督，每收到一位学员的信息反馈"寄
来的海报收到了"，我就划掉他的名字，我想看看有谁"学会了不用"。最后，
当大家都有了闭环回复后，只有一个人没有回复。

我给他发微信消息："快递收到了吗？"他回复："收到了！哎呀，对不起，
因为……"于是，我给他发了几大段文字，再次告诫他："闭环意识和行动一定
要挂钩，要落实到行动上。如果讲'报联商'相关知识的讲师自己都做不好，
怎么去给别人讲？让一个胖子讲减肥，有人听吗？"于是，他回复："谢谢老师
的教诲，我这次犯错是个很好的案例，我会把它拿到课堂上分享给我的学生！"

他的这次实战考核失误反倒吃了个"小灶"，坏事变好事了。

这令我想起鲍莲裳的故事。

上中学时，一次考试有道题鲍莲裳答不上来丢了分，发下卷子后她拿着这
道题去问老师，老师给她做了详细的讲解，于是她学会了。尝到甜头后，每当
考试卷子上出现自己不会做的题时，鲍莲裳不再空过不做，而是故意写一个似
是而非的错误答案上去，事后拿这个答错的题去向老师请教（她管这叫"吃小
灶"），竟比别的同学进步快多了。

走上工作岗位之后，她依然这样。每当遇到问题时，在不影响工作的前提
下，有时她会明知"正解"，自己有可行的对策，却故意带上有瑕疵、有毛病的
对策去跟上级"商谈"，找上级请教，目的是让自己能"吃小灶"，学本领！

✏️ **短评**：上级是个巨大的宝库，他那里蕴藏着下属求之不得的经验、人脉、

技能、方法。但是，人家凭什么轻易拿出来给你？那是人家历尽艰辛才获得的"财富"啊！怎么办？正面去要是不易要来的，只好设法去"掏"。把人家的本领掏出来，那可是高级"商谈"技巧。

"故意犯错"就是个巧妙的"掏技"，可以不动声色地把对方的本领掏出来！

看到这里，也许有人会说：这么用"心计"也太功利了吧！

须知，别人不是天生就该为你服务的，谁也没有责任向你传授什么"绝招"。人生路上的那些"秘笈""高招""诀窍"，是要靠自己去经历、去撞墙、去失败、去参悟才能学到的。因此，动用些"心计"去"掏、淘、讨、套"，也不失为一条成长的近路。况且，看看职场上，你身边又有几个人能做到如此想方设法地努力学习本领呢？

再者，就算用了些"心机""心计"，只要没用在损害集体利益、做坏事上，把这些聪明才智用到了学本领、长知识，把工作做得更好上，又有什么不好呢？

本节复习

把上级看作"团队资源的保管员"，要学会去领取、借用那些资源。

活用"报联商"铁则 No.40

上级是下属的工具、梯子、公共财产，尽管大胆地使用。

5.1.3　借力同事

同事就在身边，朝夕相处、互相了解，也应该互相帮助，这是有来有往的相互协助关系。

案例 No.126　想尽一切办法

孩提时代，鲍莲裳有一次看到爸爸给了哥哥好吃的糖果，她也想要。爸爸跟她说："你去把沙坑里那块石头搬出坑去，我就给你。"那时，鲍莲裳还很小，她费了很大的劲把石头推到了沙坑边，但是一松手石头又滚了回来。她回头看看爸爸，爸爸说："你该'想尽一切办法'把这件事做成。"鲍莲裳又去努力，仍然失败了，她坐在沙坑里哭了起来。

爸爸走过去把她抱起来说："你怎么不去找哥哥来帮忙呢？你看，哥哥就在那里玩呢。"于是，鲍莲裳跑去把哥哥拉来："哥哥，帮帮忙！"哥哥轻松地把那块石头扔出了沙坑。

爸爸一边把糖果递给鲍莲裳一边说："我说的是让你'想尽一切办法'，这里面包括请哥哥帮忙，也包括请我帮忙做这件事呀！刚才，你并没有做到'想尽一切办法'。"

✏ **短评**：那种凡事只凭自己"死打硬拼"式的蛮干太低级了，怎么想不起来去请身边的人帮忙呢？

一般来讲，该跟同事协作的工作会从上级的渠道布置下来，或者在会议上讨论决定下来，谁该协助谁做什么都交代得很清楚。但也有那种突发的、临时遇到的、万般无奈的情况，那时再一一去请示上级、走组织程序，指定谁来协助是来不及也做不到的。这时，若要"借力同事"就取决于自己平时积累的"好感度"了。

🔍 **案例 No.127　临场搬救兵**

公司将要举办一场大型商品发布会，上级指派鲍莲裳和另一位同事负责事务性工作。

当天早上 9 点，她俩刚到本部大楼顶层的大礼堂做准备工作，这位同事就接到家人打来的电话，说家人出事了，她跟鲍莲裳打了声招呼，便匆匆忙忙离开了。

活动预定上午 10 点开始，开始前有好几百个资料袋和矿泉水要分发到会场的每个座位上。时间短、工作量大，仅靠自己一个人是做不完的。鲍莲裳想到了该去商谈，找团队"借力"。她匆匆忙忙下楼回到科里，打算向商科长搬救兵，但商科长不在，屋里只有同事庞娟。

鲍莲裳： 庞娟，帮帮忙好吗？我的搭档李娜家里有事走了，10 点的活动我一个人不行。

庞　娟： 我正在计算这个月的统计报表，明天科长去总部开会时要用呢。

鲍莲裳： 其实，我需要的帮忙就是资料袋和矿泉水分发，东西太多了，我一个人肯定来不及。还有就是人员到达时给大家指引一下会场通道，等开会时就没什么事了，顶多帮我一个小时。你这份统计工作等中午散会后，下午我帮你做，肯定不会耽误你的事，好不好？娟姐，帮帮忙啊！

✐ **短评：** 连哄带求也好，条件交换也好，当遇到突发事件情况有变时，能想到找人去"借力"，上级找不到，同事也行。总之，"报联商"中的"商谈"在这时候用活了就是"管理力"，能保证不让工作出问题。

年轻人要想扮演大角色、完成大项目，许多时候需要向外部寻求支持与合作。遇到为难事时不会请别人来帮助你，自己的层级就无法提高，要学会把别人拉进自己的工作中来。

"商谈"不仅是保障自己圆满完成上级交办任务的通用工具，还是把自己的单兵作战模式升级到能调动周围的人形成协同作战模式的高级工具。

团队协作的效果很多时候是 1+1 大于 2。如果总是自己一个人默默地"努力"，其结果或是质量降低，或是延误交期，至少是低效率，最终给团队造成麻烦！真不如一发现问题就去找上级、找能者、找同事去"借力"，请他们来帮忙。

你为难时想找同事给你帮忙，这时候是你有求于人，那么你当时的态度肯定会影响你求助的效果。人家会根据你的态度来决定是否出手帮你、帮哪些事、帮到什么地步等。

如果你的表现让人家觉得你患得患失、犹犹豫豫、欲言又止、话留半句，或者心神不定、言不由衷、目光游移、心不在焉的话，人家敢真诚地出手相助吗？这种状态即使最好的朋友真的愿意帮你也会起疑。他会不忙着出手，而是先询问你到底发生了什么事？让你说实话。待弄清真相之后，他才会出手，对吧？面对这种情形，换作是你也一样。

因此，既然是去求人，既然你选定了找这个人，那就大大方方、亮亮堂堂、开诚布公地讲明你的困惑和纠结，这样的态度才能求得"真经"，人家才能帮到点子上。

实技 No.35　求人有诀窍

× 我这里突然来了个急活儿，我自己做实在来不及，你能帮帮忙吗？

√ 我这里突然来了个急活儿，我自己做实在来不及，你能跟我一起做吗？

× 把这张桌子搬到隔壁房间去。

√ 咱们一起把这张桌子搬到隔壁房间去，好吗？——把命令换成协作口吻，人都不喜欢被命令做事。

× 和你手头的工作相比，我这件事情更重要。——一味地施以高压，令人不快。

√ 我知道你现在挺忙的，但是……——表示理解，展示人情味；给对方留出拒绝的余地，对方反而不好拒绝。

× 平常衣着总是乱糟糟、不修边幅的人去求人帮忙，很少有人愿意出手。

√ 平常总是穿戴整齐的人，突然头发凌乱、挽起袖子的样子去求人，别人一般会出手。——你的状态也在帮你说话。

实技 No.36　请同事给客人上茶

❖ 小鲍，给客人上杯茶。——用命令的口吻，同事感觉不舒服。　×

● 小鲍，总是求你帮忙。又来了重要客人，请你帮忙给上杯茶好吗？——商量的口吻。　√

- 每次你上的茶都沏得很好。——事后用具体方式表示感谢。　√
- 有你上茶显得我很有面子，对方不敢放肆造次，有利于谈判呢！——给同事参与感。　√
- 我们的谈话气氛正不对时，幸亏你来上茶，一下子就缓和了。——给同事成就感。　√

本节复习

平时多联络，积累好感度；有难去商谈，请他出手助。这叫"巧使唤人"。

活用"报联商"铁则 No.41

借力同事把自己的事做成，是职场打拼必备的重要本领。

5.1.4　借力下属

"下属的力还用得着'借'吗？命令他做就是了"，上级这么想就错了。工作都是员工在做就不必说了，在这里仅探讨上级如何把一线员工手里的信息收集上来——这就需要"借力"下属了。

员工身处第一线，他们能看到很多细节。他们有智慧、有想法，还有自己的主意，这些仅靠命令是未必能要出来的。上级什么都用手里的"权"去命令下属，若下属来个"出工不出力"呢？来个"出力不动脑"呢？来个对问题"熟视无睹"呢？甚至"知道了也不说"呢？

上级怎么办？最高超的做法是用"报联商"去"借"，而且借得不显山不露水，才叫高明。

首先是"掏"——从下属那里把信息要出来。

上级布置完任务后不能放置不管，要随时监督、跟进，去找下属要信息，尤其是坏消息更要尽早发现。而能否打造出可以早期获得坏消息的环境和体制，是考验团队领导能力的一个标准。

- 具体指出某件事来询问——某某事没问题吧?
- 不要轻信那些"没问题""还行"的说法,直接询问具体细节,连问几个为什么。
- 告诉下属:有什么问题尽管来找我,我不会难为你的。
- 下属真的来说坏事时,不要责备、不要骂,真心地帮他解决问题,他下次就愿意来了。

其次是"淘"——从所有信息中选出有用的信息。

案例 No.128 自塞言路

在讨论会上,上级的本意是让大家畅所欲言,集思广益给某事出出主意。可是,如果在这样的场合上级也不忘摆领导的谱,大家正你一言我一语说得热闹时,上级冷不防冒出一句:"哎,严肃点,讨论问题可不要乱开玩笑。"或者正色道:"这可是工作哦!"

看似不经意的一句话,好像是一盆冷水,足以将下属的发言又切换成讨好上级的模式。他们那避免犯错的心态又被唤醒,帮上级解决问题的心态就被丢到爪哇国去了。结果好端端的一次头脑风暴又演变成走过场,甚至变成无聊的溜须拍马,上级想听到什么好建议的目的也就泡汤了。

短评:只有不合适的建议,没有坏建议。上级要做的就是仔细听,觉得不合适不采纳就是了。

也可以"讨"——把提建议当成一项工作指标来硬性考核。

上级借力下属,可以在团队里制定提建议制度。例如,每人每周 1 条,或每个月 3 条等。

这个方法看上去似乎有些霸道了,但立竿见影!这种用硬性指标要求员工提建议、出点子的方法,会让员工觉得哪怕提出一个糟糕的建议,也好过一言不发、不动脑子。再说,"三个臭皮匠顶个诸葛亮",汇集上来的建议、点子,质量再低也架不住数量的积累——只要上级及时地对其加以总结、拔萃,总会提炼出有用的东西来,总比自己一个脑袋苦思冥想要高效得多。

还可以"套"——当下属遇到问题来请示时,反问他!

- 你说呢?

- 如果我放权让你做，你会怎么做？

- 如果我给你（资源、权力、某种帮助），你会如何应对？

- 我再给你配些人手呢？

用这样的问话，把下属的智慧、能力、干劲等设法"套"（诱导）出来。

最后是"挤""拧"——从下属那里把信息、智慧逼出来。

上级带领团队前行需要信息，自己一个人的智慧有限，也不可能面面俱到看得很细。而自己团队里有多少人就有多少双眼睛、多少个头脑，他们活跃在第一线，有上级不具备的"虫眼"（参见《报联商：职场沟通必修课（实战篇）》第 103 页）。不把这些眼睛、耳朵、头脑都利用起来，简直就是一种巨大的浪费！

怎么挤？怎么拧？ 用"周报"逼下属去观察、去思考，然后通过周报的形式汇总信息并提交上来。

实技 No.37　周报格式

部　　门：		所 属 长 官	直 属 上 级
姓　　名：			

本周成果（12 月 9 日—12 月 13 日）

1.

2.

3.

下周的重点工作计划（12 月 16 日—12 月 20 日）

一	12 月 16 日	
二	12 月 17 日	
三	12 月 18 日	
四	12 月 19 日	
五	12 月 20 日	

星期	日期	出勤	工作地点	件数	同行者	外出、工作时的内容、成果
一	12 月 9 日					
二	12 月 10 日					

三	12 月 11 日					
四	12 月 12 日					
五	12 月 13 日					

信息·问题·感想·建议（请围绕下列内容写出你看到、听到的信息，想到的事）

★ 题目 1：例如下列某项：

    ○ 本周工作心得体会；

    ○ 竞争对手公司的信息；

    ○ 新产品的信息；

    ○ 客户信息；

    ○ 营销的其他方法或建议；

    ○ 样本、宣传资料的改良/改善建议；

    ○ 对市场开发的想法；

    ○ 对本公司的产品，其他公司的评价；

    ○ 对产品的改良/改善建议；

    ○ 本部门的问题报告……

★ 题目 2：

★ 题目 3：

（若此部分空间不足，可续第二页）

上级批示：

  短评：留档记录的内容只占上半部分的篇幅。那下半部分呢？这就是上级所需要的东西了。

  一线员工在做具体工作时（如果没有压力），通常只会机械性地动手完成上级交给的任务，一般是不会特意留心去观察、关注、思考这些信息的。

但他们才是执行者、亲历者。现场的信息，他们都看到了、也都知道。因为没人找他们索要，所以他们一般不会去刻意留心，自然而然地"只干不想"，既不认真观察，也不思考改进，或闷在自己的肚子里，或被忽略掉。

"周报制度"强制性地要求员工每周必须填写周报（每逢周五下班前员工不写好交给直属上级就不能下班）。这么逼一下，他们在现场得到的信息就会被挤出来，从各处汇集到上级那里去，这对于上级来讲是求之不得的信息源和智慧宝库。

如果员工不愿意交周报怎么办？上级去"要"。——工作忙、太烦琐、没得写……员工没有写周报的积极性，应付。的确，每周都要写同一个项目的事，光是那家公司的名字都写烦了。

为了督促员工按时上交周报，可以采用把周报格式化的方式，简化写作程序。

按照本部门的工作内容，由部门领导设计合适的模式（制定游戏规则）并开列项目。每个项目设下拉框，里面预设若干选项。员工周五下班前打开下拉框、选项、填表，个别预设项里改动几个字，重点在"所感"项目中下功夫写几句，便可完成一件工作的汇报。

如此一来，不必重复写每周都写的那些东西，确定选项后只需填入这一周的进展、变动、感想，即可完成周报。

实技 No.38　略式周报

姓名：　　　　　　　　　　　　　　　　　　　　　　　日期：

类型	1# 外务/业务开拓		2# 外务/业务跟进A		3# 外务/业务跟进B		4# 内务/整理准备	
对象	A公司	▼		▼		▼	公司财务	▼
人物	HR张科长	▼		▼		▼	李经理	▼
地点	该公司本部大楼	▼		▼		▼	财务科	▼
方式	登门拜访	▼		▼		▼	电话	▼
事由	推荐报联商培训	▼		▼		▼	D公司尾款	▼
结果	送上方案	▼		▼		▼	催促本周内解决	▼
要点	目标: 年内实施	▼		▼		▼	对方拖延	▼
后续	下周跟进	▼		▼		▼	本周内我再去催	▼
所感	数家竞争,有难度 建议领导出面 需要找人	▼		▼		▼	建议科长给对方 财务经理打电话	▼
批复	知道了 我有空时,来跟我细说 做好准备,我会找你	▼		▼		▼		▼

✎ **短评**：予人方便，自己方便。这种略式周报减轻了一线员工的写作负担，上级期待的信息也就被"拧"出来了。

表格下面"批复"的作用。

- 每周一上级要把用红笔做了简短批复的周报返给员工——让下属感受到上级的关注。
- 高层领导可随时调阅任何员工的周报，该做法可威慑中层领导不敢肆意欺上瞒下。
- 批复栏最重要的作用是教导、诱导下属把填写重点放在下半部的感想、建议上。

如果不建立这种令下属在工作中"看到了就要思考"的体制，下属很可能在做具体工作时根本就不动脑子，那么拥有信息资源的一线员工就会熟视无睹详细信息。这种周报，等于是给一线员工开设了一条直通云端的言路。他看到了就会有想法、有主意，他的建议也有通道能够上陈，上级不就打造了"广开言路，兼听则明"之路了吗？

只要上级有意识地用"批复"的方式不断地诱导下属，索要高质量的"工作感想"，下属为了在周五能写出"有分量"的周报内容，渐渐地就会养成一种"在工作中动脑子"的习惯。于是，员工的眼睛、耳朵都会灵敏起来——该留证据的他会拍照，该记录的他会动笔，该确认的他会当场追问……否则，周报的质量不高，上级那里过不了关！

"拧智慧"就像拧湿毛巾一样，只要用力拧总能拧出水来！周报是把下属的智慧拧出来、挤出来的终极手段——上级用好它可以如虎添翼，但一定要注意不能流于形式。

如此一来，"掏、淘、讨、套、拧、挤、要"地操作下来，分散在员工那里的信息和他们的智慧，也就都能收集上来了。

（注：本丛书《报联商：职场沟通必修课（实战篇）》案例 195 的《出差报告》中，该员工所开列的第七项建议，就是长期实行这种周报体制所缔造出来的成效。）

本小节内容属于"干部篇"报联商的范畴，这里仅就"借力下属"略做介绍，不多做展开。详细"上对下的'报联商'"内容介绍，敬请期待"报联商系列丛书"终结篇（干部篇）的出版。

本节复习

上级手里有权，可以在自己团队里设法收集信息，从中提炼、萃取精华。

活用"报联商"铁则 No.42

团队成员那里有信息、有智慧，上级要设法去掏出来、挤出来、拧出来！

5.1.5 借力朋友

找人帮忙，借力攻克难关，也包含找自己的朋友去"借"。

既然是朋友，那利益关系是等价交换的。朋友，找人家借力时倒是好张嘴，但事后要记得还，所谓"好借好还，再借不难"嘛！

案例 No.129 专业人士的力量

技术员鲍莲裳勤奋好学，也爱钻研。最近，她对现在的产品提出了一个改良建议，如果落实的话能大大提高产品性能，在业界也能开创先河。

这么好的建议提交给经理却被否决了。经理认为不符合市场发展的大方向，也担心涉及专利纠纷，还有技术、成本……总之，经理一大堆顾虑，就是不同意实行。

鲍莲裳不甘心，想方设法打消经理的顾虑——从网上下载资料，利用周末休息时间找专业人士请教，向使用该产品的客户收集数据，甚至找律师咨询有关专利法律方面的问题。然后，鲍莲裳把相关资料、数据整理出来呈报给了经理，可是仍然不见动静。

上周，鲍莲裳参加一个聚会时，听说同席的一个人是这方面的专业人士，便向他请教。一番攀谈下来，鲍莲裳听了人家的见解很受启发，她觉得这番高见很专业。忽然，她想到：如果让自己的上级也能听听这些高见就好了。

她当场便把自己的想法说了，并征得了这位专家的同意。上班后，鲍莲裳好说歹说地请经理抽出时间和这位专家见了面。这位专家对此产品的发展趋势从很专业的角度做出了分析，对市场前景、鲍莲裳收集的资料和数据都客观公正地表明了自己的看法。

听了这些非常专业的高论，经理终于打消了疑虑，决定采用鲍莲裳的建议。

短评：世上无处不盟友，主要看你会不会用。先要具有这样的观念，才能慧眼识珠。

那些涉及专业的事，自己说不如请专家、行家来说收效大，因为权威、专家更有说服力。

实技 No.39 讨巧的商谈

聪明的员工，即使自己有了可行的对策，仍然去向老员工、上级请教。看看他们有没有更好的办法？或者故意用请示的口吻到上级那里寻求帮助。

- 我相信关于这件事您肯定能给我出个好主意。
- 因为××理由，我才来找您请教的——对方会有自豪感，容易出手。
- 看了一圈，我觉得这件事只有您才能帮我。因为相信您，我才来找您的。

短评：这其实是加速自己成长的一种方法——别人脑子里的智慧哪能那么轻易就白送给你？

在极为不利时，还有一条高明的遁路——这个方法跟朋友借力时可以用。

实技 No.40 遁路

跟对方说："就算我欠你的，这回你先借给我。"

欠的是什么？金钱？时间？劳力？人情……

很泛泛、很空洞的表述。不必说明，心照不宣。

到需归还时，还是有调整空间的："哦，当时我不是那个意思"，等等。

本节复习

朋友之间礼尚往来。找朋友借力要记得找机会归还。

活用"报联商"铁则 No.43

请专业人士出手，比自己更有说服力。

5.1.6 借力客户

在业务链上，我们和上游的供货商，下游的销售、服务对象都有交集，那里也蕴藏着巨大的力量，必要时是可以借来为己所用的。

有那种高人，利用"报联商"的技巧要求别人按自己的意愿行事，把自己想办的事给办了。这需要高超的技巧，不仅要周密谋划，在紧要关头甚至要自己亲自出场才行。

下面我们用四个系列案例，仔细分析一下《西游记》里一个被读者忽略的"借力高人"——火焰山的那个土地神。我们一起看看他是如何运用信息，借力孙悟空来给自己办事的。

第一招：不请自到，有备而来。

唐僧师徒西行取经，行至火焰山不过是过路，说来只能算是远来的过客，却被火焰山的那个土地神给借力了。

案例 No.130　孙行者一调芭蕉扇

四众回看时，见一老人……，在于西路下躬身道："我本是火焰山土地，知大圣保护圣僧，不能前进，特献一斋。"行者道："吃斋小可，这火光几时灭得，让我师父过去？"土地道："要灭火光，须求罗刹女借芭蕉扇。"行者去路旁拾起扇子道："这不是？"土地看了笑道："此扇不是真的，被她哄了。"行者道："如何方得真的？"那土地又控背躬身微微笑道："若还要借真蕉扇，须是寻求大力王。"

（节选自《西游记》第五十九回）

　　短评：从这个土地神的出场就看得出他是不请自到、有备而来的。在别处降妖时，都需孙悟空用金箍棒在地上画圈，才能把当地的土地神给拘出来。

　　巧舌如簧，忽悠孙悟空舍易求繁地去寻"大力王"（牛魔王）。其实，孙悟空的目的不过是过路，那么借扇子就行呀！按说，再去找罗刹女周旋就是了，何必去招惹牛魔王呢？

　　第二招：扭转方向，借力对方。

　　因工作失误被贬落凡尘 500 年的土地神，在这里怎比得天庭的日子舒服？他日日思归不得归，今日救星来啦，可得好好借孙悟空的力给自己办事！美其名曰一心为公（取经），其深层实质是借人家的力给自己办事。

案例 No.131　孙行者二调芭蕉扇

　　土地道："是你也认不得我了。我本是兜率宫守炉的道人，当年被老君怪我失守，降下此间，就做了火焰山土地也。"

　　行者半信半疑道："你且说，早寻大力王何故？"

　　土地道："大力王乃罗刹女丈夫。他这向撇了罗刹，现在积雷山摩云洞，久不回顾。若大圣寻着牛王，拜求来此，方借得真扇。一则扇息火焰，可保师父前进；二来永除火患，可保此地生灵；三者赦我归天，回缴老君法旨。"

　　　　　　　　　　　　　　　　　　　　　　（节选自《西游记》第六十回）

　　短评：土地神的目的是彻底灭了那火，自己好回归天庭，这跟孙悟空无关，他却用"寻着牛王，拜求来此，方借得真扇"说服孙悟空——孙悟空硬是被他给忽悠得迷失了斗争大方向，冲着难度更大的牛魔王去了。

　　土地神的真正目的其实在那"赦我归天"上，可是冠冕堂皇地把"扇息火焰，可保师父前进"摆在最前，作为第一目的，这不是投其所好、诱人上钩吗？

　　再看那第二目的"永除火患，可保此地生灵"，多么好听，多么打动人心！这明明是说给唐僧这样的菩萨心的人听的。由此可见，土地神 500 年来的准备工作做得有多么充分，此时真是知己知彼，看人下菜碟呀！

　　至于说到真正目的时，还不忘搬出"回缴老君法旨"来压人，显得自己一心只办公差，并无半点夹私似的。

第三招：带路出力，扇风打气。

每当事情进展出现波动的时候，土地神都会上蹿下跳、积极出谋划策、推波助澜。

🔍 案例 No.132　孙行者三调芭蕉扇

（1）八戒道："今日天晚，我想着要去接他，但只是不认得积雷山路。"土地道："小神认得。且教卷帘将军与你师父做伴，我与你去来。"

（2）八戒道："这正是俗语云，大海里翻了豆腐船，汤里来，水里去。如今难得他扇子，如何保得师父过山？且回去，转路走他娘罢！"土地道："大圣休焦恼，天蓬莫懈怠。但说转路，就是入了旁门，不成个修行之类。古语云，行不由径，岂可转走？你那师父，在正路上坐着，眼巴巴只望你们成功哩！"

（3）忽听得八戒与土地阴兵嚷嚷而至。行者见了问曰："那摩云洞事体如何？"八戒笑道："那老牛的娘子被我一钯筑死，剥开衣看，原来是个玉面狸精。那伙群妖，俱是些驴骡犋特、獾狐狢獐、羊虎麋鹿等类，已此尽皆剿戮，又将他洞府房廊放火烧了。土地说他还有一处家小，住居此山，故又来这里扫荡也。"

（节选自《西游记》第六十一回）

（1）土地神自告奋勇给援兵带路，必要此役成功。因为他知道：千载难逢的机会，成败在此一举！

（2）孙悟空和猪八戒斗牛魔王一时受挫时，土地神给打气、鼓励，继续忽悠他们不要放弃。

（3）必要斩草除根、打扫干净，自己才能脱身，真是"机不可失，时不再来"呀！

第四招：赤膊上阵，毕其功于一役。

不仅出谋，还要出力。不达目的，誓不罢休。

🔍 案例 No.133　土地的努力

（1）只见那火焰山土地，率领阴兵当面挡住道："大力王，且住手，唐三藏西天取经，无神不保，无天不佑，三界通知，十方拥护。快将芭蕉扇来扇熄火

焰，教他无灾无障，早过山去；不然，上天责你罪愆，定遭诛也。"

（2）牛王招架不住，败阵回头，就奔洞门，却被土地阴兵拦住洞门，喝道："大力王，哪里走，吾等在此！"

（3）土地道："大圣！趁此女深知熄火之法，断绝火根。"行者道："我当时问着乡人说，这三扇熄火只收得一年五谷，便又火发！如何治得除根？"罗刹女道："要是断绝火根，只消连扇四十九扇，永远再不发了。"

（节选自《西游记》第六十一回）

（1）诸神和牛魔王打斗激烈时，土地神竟"引阴兵助阵"，赤膊上阵，亲自进场！而且口称的理由又是多么地冠冕堂皇，其背后的私心完全不摆在台面上。

（2）关键时刻出现在关键的地方。土地神出力不多却很到位，效率相当高！他给自己办事，很用心呢！

（3）借到扇子后扇三下，下场雨也就能过路了，何必扇上四十九扇？彻底扇灭火焰，到底是谁获利最大？

回顾总结：仔细体会【现场信息提供权】的威力。

纵观整个过程，这么大的一场打斗后，最大的赢家竟然是这个小小的土地神！——借过路的孙悟空之力，让自己如愿，结束 500 年的下贬，得回天庭！

现在，我们从"报联商"的视角来分析一下土地神的"'报联商'——信息运用术"。

1．先是用"汇报"来提供信息——扭转斗争方向，忽悠孙悟空去斗牛魔王。

2．接着主动用"联络"来给猪八戒带路，去助阵孙悟空。

3．当猪八戒稍露退意时，马上用"商谈"给他们打气、鼓劲。

4．最后提出"建议"，怂恿孙悟空乘势向罗刹女问出彻底灭火之法，扇灭火焰山大火。

上述操作是循序渐进、由易至难、一环扣一环、渐渐接近（自己的）最终目标的。

土地神真不愧是个活用"报联商"，不动声色地"借他人之手，达到自己目的"的高手！

由此看来，土地神 500 年来并没闲着，他是精心谋划已久，有备而来才一举成功的。结果，孙悟空累个半死，虽说达到了自己的目的，却在毫无察觉中被他人利用了一次！

实技 No.41　向别人借力要注意技巧

将自己也在很努力地做展现给对方看。

通过这种努力的姿态来展现自己的诚意，再去求人。

说明为什么来找他（而不是找别人）——让对方有"别人帮不了这件事"的自豪感。

- 我觉得这件事别人都不行，非您莫属，我只好来找您相助了；
- 我知道您的手脚麻利；
- 如果您能出手相助，我感激不尽。

清楚地说明你需要什么？想请他做什么？做到什么程度？希望他什么时候做完等（注意，所给出的完成期限要给自己留有余地）。

（如果有的话）负面因素（如困难、资料不足、时间紧迫……）也该跟对方说清楚。

本节复习

找客户借力不太容易开口，只能是不动声色地巧借，让他在不知不觉中办事。

活用"报联商"铁则 No.44

帮别人做他的事时，也可以顺便把自己的事给办了。

5.1.7　借力对手

用"报联商"传递信息，如果运用好了连自己的对手、敌人也可以是借力的对象。

案例 No.134　当心蛇咬

路过这里的人为了抄近路去屋后不远处的火车站，胡乱踩踏自家房前屋后的开放式花园草坪，米歇尔太太真是烦透了，她要想办法制止这些"敌人"。

一通苦思冥想之后，她在院落草坪两侧的路边各立了一块告示牌：

当 心 蛇 咬 ！

我曾为在这片草坪里不幸遭到蛇咬的过路人支付过治疗费。

律师告诉我：立好告示牌之后，我就可以不必再负担治疗费了。

这片草坪的主人
声明

短评：对手站在你的对立面，他一般是不会帮你的，因为如果他帮了你就会损害他自己的利益。但是，如果你能摸透他的心理，反向地传递给他一些令他忌惮的信息，就能借他的力量达到自己的目的了。

职场上的竞争也一样。竞标的对手，升迁路上的对手，自己主张的阻拦者……分析一下：他想要什么？他希望什么？他惧怕什么？他忌惮什么？

通过反向思维就知道该如何运用你手里掌握的信息来达到自己的目的了。

案例 No.135　曹操抹书间韩遂

三国时期，西北地区的诸侯马超，联合另一诸侯韩遂，组成联军讨伐曹操。

两军对阵后，曹操纵马出阵邀韩遂说话（曹操、韩遂和马超的父亲马腾是同辈人，早年曾同在朝廷为官，马超则小一辈）。

曹操和韩遂见面后说了会儿话，只是别来无恙之类不痛不痒的寒暄语，但因隔着一段距离，远处的马超等人是听不见的。两人说完话后，打马各回各阵，曹军就收兵了。

马超就起了疑心：他们两人说了些什么？怎么还没开战曹操就收兵不打了？正疑惑间听人报说曹营有人给韩遂军营送信去了，于是更加怀疑，便到韩遂那边去查问究竟。

韩遂收到曹操的信打开一看，语焉不详，意思模糊，而且还有几处要紧的地方被涂抹得看不清楚。正疑惑间，马超走来直接询问来信的事，韩遂便把曹操的信递给马超看。

马超看了疑心更重，质问："为什么有涂改？"韩遂说："送来的就是这样的！莫非曹操把草稿给送来了？"马超不信："曹操是精明人，怎么会犯这种低级错误？分明是今天阵前你俩商议了什么事，现在又书信往来，又怕我知情才故意涂抹掉的。"韩遂百口难辩，干脆说："你若怀疑我，那明天对阵我去叫曹操出来，你躲在暗处，冲出去把他刺死不就行了？"马超仍然将信将疑。

第二天韩遂出阵，马超藏在门里暗处。韩遂让人到曹操寨前高叫："韩将军请丞相攀话。"这回曹操自己不出面，却让手下曹洪去与韩遂相见，并教给他如此这般。

曹洪打马走到离韩遂不远的地方拱手施礼，大声喊道"昨晚曹丞相拜托的事，切莫有误"，喊完打马就回。

躲在暗地里准备冲出去刺杀曹操的马超，这回可是听了个真真切切。于是大怒，挺枪拍马上前欲杀韩遂。众将拦住劝解回寨。韩遂说："你不要怀疑我，咱们合力讨贼，我断无二心。"马超哪里肯信，恨怨而去。

后来，曹操继续用计，终于成功地离间了马韩二人，瓦解了马韩联军的这次攻势。

（改编自《三国演义》第五十九回）

✎ **短评**：这其实是《孙子兵法》里的"反间计"。整个过程中关键的三招：两人阵前对话 + 故意涂抹过的书信 + 高声喊话，让敌人（马超）听见。于是，自己的目的就达到了。

曹操实施这个计谋所走的三步棋，都是依靠"'报联商'——信息处理术"来实现的。不能不说，曹操的这次信息处理的确很高明。

不过，这种利用"信息处理"来达到己方目的的方法，需要对自己的对手有充分的了解，在真正知己知彼时才有可能奏效。

小说《三国演义》里的原文是有随军谋士贾诩给曹操献计："马超乃一勇之夫，不识机密。"于是，曹操便使出此招，利用信息调动敌人，使其反目，果然奏效。贾诩是基于知己知彼的前提献的此计。

本节复习

借敌之力为己办事是非常高超的信息处理技巧，必须知己知彼才行。

活用"报联商"铁则 No.45

逆向思维，摸准对方忌惮什么，则可反其道而利用之。

5.2　推动卡顿的工作

经常遇到这种情况：工作、事情停顿了——球在对方脚下却迟迟不见动静，有时甚至怎么催促对方都置之不理！于是，自己这边不知道下一步该怎么办了。这就是"工作卡顿"。

仔细分析下来你会发现，这种卡顿很多时候是因为"信息卡顿"造成的，因此也应该能用"'报联商'——信息处理术"来破解。不过，你要想打开这把锁不能指望对方（上锁的人），应该靠自己（发信方）去寻找钥匙来开锁才行。

5.2.1　为什么工作会卡顿

➤ 事情没进展，工作卡住了

工作卡顿大致表现为以下三个层次。

- 上对下的卡顿：上级给下属布置的任务迟迟没有进展，或者工作有进展信息却不反馈。
- 平级间的卡顿：友邻部门、同事之间、与客户之间的工作卡住了，停在对方那儿推不动。
- 下对上的卡顿：下属向上级请示或提交的报告、提案等没有回复，导致不知所措。

案例 No.136　卡顿的类型

汇报　鲍莲裳：商科长，您要的那份调查报告我整理出来了，您看我下一步该怎么做？

> 商科长：哦，你辛苦了！先放在这儿吧，我回头再看。
>
> 这一放就没了下文！下一步的工作方向，迟迟不明。
>
> 联络　××公司采购经理：关于 A 部件我们下月仍需订货 800 件，请告知贵公司可否供货？
>
> 信息发出后只接到对方"收到"二字，之后再无回音，真不知如何是好。
>
> 商谈　鲍莲裳：针对我负责的发货延迟问题，我想出了一个改革方案，您看看可用吗？
>
> 商科长：是吗？挺好的，先放这儿吧，等我看看咱们再商量。
>
> 这一放就是一周，没动静！鲍莲裳这边应对发货，每天仍然焦头烂额。

短评：上述现象一旦发生对工作非常有害，必须尽快弄清其产生的根源，用"报联商"予以破解。

➤ 究竟什么原因造成卡顿

实技 No.42　卡顿的现象和原因

序号	症状	谁不对	原因	现象	推进者
1	他根本就没收到你的信息	你	没确认	你都急死了，他竟然不知有此事	你
2	他没意识到此事需要回应	你	没交代清	被问到时他还惊讶：需要回复吗	你
3	你交给他的工作量太大	你	没想对方	这件事没那么简单，先放放吧	你
4	你出的题太广泛，令他无从下手	你	欠具体	你到底要我干什么？怎么干呀	你
5	他把这件事给忘了	他	没当回事	被问到时回答：对不起	你
6	他太忙，顾不上	他	忙	被问到时回答：回头再说行吗	你

7	他觉得还不急	他	认识差距	被问到时回答：这事不急吧	你
8	他还在思考	他	有顾虑	被问到时回答：让我再想想	你
9	他在等他的上级给他回复	他	需请示	你理解不了他的状态	你
10	他在等时机、条件成熟	他	有难处	你想不到他有难处	你
11	他不愿干	他	没有共识	沟了，没通。此轮沟通失败	你
12	虽认可，但惯性使他懒得动	他	懒惰随性	对我行我素的人不逼一下不行	你

时间不讲清楚，往往也会造成卡顿。

- 需要对方回复、应对类的通知，一定要标注截止日期，否则会迟迟不见对方动作。
- 你拜托对方的工作量越大，越不敢详细给人家规定时间。可是，由于你不明确你希望的交期，反倒会给对方造成困惑，更容易出现工作被搁置的情况。
- 应该明确表述：到何时为止，请把何事办成何样（When—What—How much—Why）。

该如何看待下列矛盾？

受信方："报联商"是双向运动——接到对方的信息，就该给予反馈和回应。

下属来请示了，上级却迟迟不应对或没了下文，这样的上级那里谁还愿意再去？

发信方：为了工作，理解万岁——在没有收到对方的反馈时不要埋怨、不要指责。

一旦卡住了，不论球在谁脚下，不应该追究这里面究竟是"谁不对"，当务之急是突破卡顿，让事情动起来。

该由谁来解决问题呢？

当然是发信方——解铃还须系铃人。

推动的方针：遵循"心动了，人才会动"的原理。

实技 No.43　让对方动起来的手段

1. 用权力——这是工作，是命令。例如，不这么做就会……——行动出于需求。

2. 用情感调动——双方有感情。例如，为了恋人、亲属……——行动出于主动。

3. 用人格魅力——感召力，好感度。例如，因为是他，就……——行动出于自愿。

4. 用信息调动——给他信息让他动。例如，着火了，船要沉了……——行动出于认知。

由于"报联商"是信息处理术，所以下面暂不议论上述前三种现象，仅就第四种的"用信息让对方动起来"展开详细探讨。

本节复习

事情卡在了对方那里人家不急，只能是被卡的人去探明真正的原因，设法解决。

活用"报联商"铁则 No.46

工作卡在了对方那里，究其原因有可能是自己信息处理不当造成的。

5.2.2　推他动——创造条件通信息

工作卡住了双方互不相让？都认为自己没问题？谁都不愿意做出改变？试试从加大信息流通量的方面着手想想办法吧！

➤ 创造条件促交流

🔍 案例 No.137 让冤家聚头

研发部和生产部各执己见，两个部门每次开会都要争吵。次数多了说的话难免有些过火，再加上带着一些情绪，竟有些水火不容，这大大影响了公司的业务拓展。

公司高层领导几次召集两个部门的负责人做工作，收效都不大。无奈，请了外部的咨询公司介入帮忙解决问题。

咨询公司调查一番，了解了情况之后，开始采取行动。

1. 调解矛盾：首先将两个部门的人各放在一间屋里，让他们把自己的目的、想法、不便，以及对对方的意见（吐槽）写在白板上。然后互换房间。

于是，大家惊奇地发现，对方大部分的目标和自己是一样的。

2. 说服公司高层领导，把原来分处两地的两个部门调整到一起——将工厂院内的一栋楼进行改装、安装设备，然后把研发部搬入这栋楼，拉近双方的距离。

3. 增加互相接触的机会和频率——生产部和研发部在同一栋楼之后，不仅便于多开联席会、通气会、研讨会，连上下班都是出入同一个大门，中午就餐也在同一个食堂，甚至年末的年会、秋季的年度员工旅行也都一起安排。

不到一年光景，两个部门的气氛大大改观、互相体谅，称兄道弟地合作愉快了。

✏️ **短评**：越是冤家越让他们聚头！人就是这样，接触越多，交流就越方便，人与人一旦熟络了话就好说了、事也好办了。

两个部门经常产生分歧的话，把两个部门的办公区调整到相邻的区域，让他们之间加大接触，加大信息沟通频率，有助于相互了解，改善关系。

相反，那些本来就积极来和上级沟通的人或部门，倒可以放得远一些，因为他自会主动前来沟通，离远些也无妨，尽管放心。

➤ 尊重对方

🔍 案例 No.138 站在对方的立场上想

公司的研发部和生产部就某产品的研制、开发争吵不停，原因是成本压不下来。

后来，把争吵的各要素归类后一一分析，发现其中一项原料采购的最小单位数量太大，如果开封后生产线上不能当即用完，原料会变质，只能扔掉，从而导致成本较高。

于是叫来采购部商量，能不能和供应商协商把包装缩小？协商的结果：价格不变，采购量也不变，包装也不必改，只是按生产需求分期交货就行。于是，问题一下子就解决了！

短评：各个部门间虽然互相掣肘，其实人家也是为了完成自己部门的工作任务，大家的目标基本是一致的。对方坚持己见的背后并不是谁要故意刁难谁，正说明他也在认真地执行自己的公务。只是因为立场不同，思维方法和想法就有可能不同而已。

你尊重他，他就会尊重你，在相互尊重的基础上展开讨论就能找到双方都能接受的答案了。

➤ 通信息，促共识

常言道："不知者不罪。"对方不动还不觉得自己有错，不愿为你做出改变，有可能是因为他并不知道你手里掌握的一些信息，这是他对事情的全貌、重要性、迫切性等不了解导致的。

🔍 案例 No.139　国际物流课

经过几年的努力，一家装修建材公司终于建立了"第二天交货"体制，也就是借助发达的快递业务，在一线业务员签订合同并向工厂正式下单后工厂立即生产，第二天客户所定款式、花色的装修材料就能运抵工地。这个体制大大地提高了服务质量，获得了客户的好评。

公司业务已经拓展到了海外。国际事业部在国外拿下的都是大单，一般都是单一花色的大批量品种。对于这样的订单，工厂由于材料库存量等原因在生产调度上无法做到"第二天交货"，导致国外订单的到货期要在签约后将近一个月，那里的施工队颇有意见。

几次跟工厂方面沟通都不见起色，国际事业部的商科长想出了一个办法，他让负责给工厂下订单的内勤鲍莲裳到工厂去给相关人员上一堂"国际物流"的知识普及课。

那天，厂长、车间主任、材料员、库管、运输队长都来听课了。一个小时内，鲍莲裳边画流程图，边给他们介绍货物从出厂到运抵海港仓库、卸货保管、预订海船舱位、海关报关、银行结算、缴纳关税、货物装船、海运航行、抵达对象国港口、卸船入库、报关放行、运抵现场、货物入库等一系列必走的流程，以及各环节需要办理的手续和所需时间。

最后，鲍莲裳说："跟坐地铁倒车换乘时一样，往往在某个换乘站差几秒钟没赶上这班车，几趟线换乘所耽搁的时间到最终有可能就积累成了几十分钟，导致跟对方约好的会面时间迟到。国际货运若哪个环节慢了一拍，反映到工地就可能会晚好几天！"

听了这些，工厂的人们大开眼界，原来国际货运和国内差距这么大啊！那可得想办法尽量缩短各环节的处理速度。这样一来，工厂从材料调配、库存管理、生产安排、单据处理到货物运输都做了调整，针对国际订单和鲍莲裳商定了一套有别于国内发货的处理方法。

✎ **短评**：信息为王。在和友邻部门配合不顺、工作卡顿时，发牢骚、相互指责是没用的。用"联络"把相关的信息传递给他，让对方也知晓那些应该知道的信息，有助于加深相互间的理解和配合。

当代社会节奏加快、业态多变，每个业务员都有手机。在这个流动的电子终端设备上，文字、图像、表格、声频、视频等各种形态的信息都能轻松地传递，把它们充分利用起来，让信息及时共享就能大幅度避免工作的卡顿。

本节复习

固执己见的人有时是受到信息的局限，多给他信息能打开他的思路。

活用"报联商"铁则 No.47

接触越频繁越有利于信息传递，有助于促进相互间的了解。

5.2.3　诱他动——给他动力明利益

事情在对方那里卡住了，人们常用的办法是催。但一味地催促不仅别人会烦，连自己都烦，而且有时不方便再催。可是，事又不能不办，这时可以用利"诱"之，因为人都是趋利的。

➤ 告知利益给动力

🔍 **案例 No.140　泛泛的培训通知**

某商业银行重视员工的职后培训，在每周四下班后的 18:00—20:00 安排了两个小时的定期培训时间，取名为"职场学习"。由人事部门邀请内部、外部的讲师来讲各种课程，员工根据课程内容免费自由参加，这是公司提供给员工的一项福利。

几年前，他们的人事负责人请我去讲"报联商"，商定好每次两个小时，连续一个月，共讲四次课。

第一个周四我去讲课，发现偌大的培训教室里仅坐了十几个人，这是怎么回事？下课后，我就问组织操办的人事负责人鲍莲裳："你是怎么通知大家参加培训的？"

她边打开电脑边说："由于是每周四都有的培训课，我们在内部联络板上发通知，大家看到后到时自己来就行，不用预先报名。"说着，她打开了发的培训通知给我看。

6 月 22 日"职场学习"课程内容通知

本周四"职场学习"内部培训的课题是"报联商"，主要是介绍团队内人际沟通的相关技巧，欢迎各位同仁踊跃参加。

"这么简单？"我问。

"是啊，都是这么简单的。"她回答。

我再看其他来讲过课的老师所讲的题目，主要是《大数据时代财会制度如何适应市场需求》《SAS 疫情后银行对公贷款如何管控企业风险》《IT 时代的人力资源开发和管理》《大数据时代民营企业的信贷风险预测和管理》等。

虽然也只是个标题，但基本上从那些标题就能判断出大致的学习内容。可是，我讲的课题只有"报联商"三个字，仅从这三个字上面能判断学的是什么吗？

短评：员工不知道"报联商"具体是讲什么内容，信息太匮乏，导致他们无法判断。再加上忙，结果就没有多少人来听课。

信息能让对方了解此举对自己有什么好处，不讲明的话不易被对方重视，甚至会被忽视。站在对方的立场上想想：他希望知道些什么？什么能够打动他，让他动起来？

案例 No.141 续前案例——改善的培训通知

了解情况后，我建议鲍莲裳把下次的培训通知做如下改动。

6 月 29 日"职场学习"课程内容通知

◆ 你经常被上级批评汇报不及时吗？

◆ 工作遇到了困难，没有同事愿意帮助你吗？

◆ 碰到了难题不知道该怎么办吗？

职场问题的 90% 都是由于沟通不足引起的。大家辛辛苦苦做出的工作成绩如果不会汇报，就像足球赛场上缺乏"临门一脚"一样，一切的中场盘带都将变成徒劳！

"报联商"就是告诉你怎么用"汇报"取得上级的青睐，如何用"联络"扫清工作环节上的梗阻使自己一路畅通，如何用"商谈"帮助自己突破各种难关的实战技巧！

本周四的"职场学习"培训课，特意给大家安排了介绍请示、汇报技巧的"报联商"课程，请到了"报联商"系列丛书的作者，本课程资深讲师古贺老师主讲，欢迎各位踊跃参加。

这么一改，第二次来听课的人就比上次多了很多，尽管大家都很忙。加上课后的口碑效应，第三堂课教室里几乎座无虚席，最后一堂课更是连后面的空地都站满了人！

短评： 每个人都有自己的敏感点，那些对自己有益的事谁都会关心。要想让他动起来，必须把能引起他关心的涉及他切身利益的信息传递给他，这样才能调动他。

要让对方明白做这件事对他有什么好处；他行动起来协助你的话，他能获得什么利益；求人帮忙时，你要跟他说清帮这个忙和他有什么关系……和他达成共识，才有可能调动他的积极性。

➤ 不要给错了驱动力

当你想要改变别人却难以改变时，应检讨一下，是不是自己提供的驱动力是错的？

🔍 案例 No.142 催促月报

鲍莲裳的一项工作是负责每到月底向各部门负责人收集月报，统计数据做出分析并提交公司高层领导。但往往是截止日期过了，仍有若干部门负责人没有如期交来月报。

于是，鲍莲裳给逾期没交月报的人发信息："拜托各位，高层领导要求很严格，月报数据不能如期统计上报，高层领导那里我没办法交代，请各位帮帮我，拜托了！"

这种请求一开始还管点用，但时间一久人们习惯了这种"拜托"，还是回归旧路，拖延交月报的现象越来越严重。

✎ **短评**：事实证明"帮帮我"这个驱动力是不能持久的，而且这种请人"帮忙"的说法让人感觉肯定有好多人没有交，所以也不缺我这一个。

由于你给大家提供的是错误的驱动力，大家得到的驱动力是帮你忙。但是，这种"人情"是会疲惫下来的。何况，这种动力是需要他付出，而不是他获益，他怎么会有动力？

改变一下驱动力试试。

- 80%以上的月报都是按时上交的！——给他"别落在别人后"的竞争动力。
- 我将不再等候，这个月严守截止日期，逾期上报的将不在本期上报，留待下期。——给他"会被高层领导知晓"的畏惧动力。
- 刚才老板过问统计报表中尚没报的部门了。——给他"高层领导知道了不好"的危机动力。
- 高层领导对及时上报的部门有优先支援的意向。——给他"如期申报有好处"的利益动力。

➤ 催促有技巧

🔍 **案例 No.143　巧妙的催促**

鲍莲裳觉得现行的操作流程不合理，费时、费事，太麻烦了。于是，她制定了一份改革方案提交给了商科长，想做些改善。

一周过去了，天天盼也没见有什么动静。她每天还是按照老方法操作，很痛苦。于是，她觉得该催催商科长。不，直接催促不好，还是问问好。鲍莲裳准备了一番，去找商科长了。

鲍莲裳：科长，上次我提交的那份改革方案，我又想到了一点新内容，做出了升级版，跟您汇报一下？

商科长：哦，上次你那个改革方案有些内容牵扯到管理科，我已经跟他们在协调了，这两天就会有答复的。不过，你这里又有追加，我听听还会不会涉及其他部门？

鲍莲裳：太好啦，追加的这两项并不涉及其他部门，是这样的……

✎ **短评**：直截了当的催促有些唐突，去提交"更新的内容"，等于是去确认现在的状态。

被人催促的感觉总是不好的。你可以变换方法和对方委婉地沟通，也能达到探明现状和督促的目的。

你在发信息时，便留下对方回复的接口。

- 在提交给上级的报告的第一页上贴张便签，用粗笔大号字书写：紧急、特急、需要批复，请于×月×日前就此事下达指示等文字。
- 所用的便签选用鲜艳的颜色，以便能引起上级的注意。
- 口头汇报时就直接确认：请问什么时候能给我批复？
- 挂断对方电话前，确认回复时间：

  ×　那我等你回复？

  √　那我明天等你回复？

实技 No.44　催促有技巧

- 信息发出时附上一句话：为了确认时间和地点，请于×月×日前给予回复。
- 直接催问难免有批评、追问对方的嫌疑，可以在谈别的事时轻松地顺便提一句。
- 最好委婉点——上次关于××事，给你发的邮件是不是我没发出去？

还可以给对方的回复提供方便：

- ◇　如无意见，请在此文末尾加上"OK"，将原信回送即可；
- ◇　为了确认出席人数以便于会务安排，仅请不出席的人回复一声；
- ◇　对于变更的内容有不明白的地方的人请与我联络，我的内线电话号码是516。

练习题 No.8　优秀和一般的差距在哪儿

负责销售的营业员把做好的报价单交给了客户。

对方收下后回答：我们研究研究。

请思考一下，一般的营业员会怎么做？优秀的营业员会怎么做？

本节复习

一把钥匙开一把锁。拿出他需要的信息，晓之以利，才能打开这把锁。

活用"报联商"铁则 No.48

人都是趋利避害的，晓之以利，便能诱使他动。

5.2.4　帮他动——建立自信敢于动

对方不动，有时候是缺乏自信——以为自己不行。那么，你帮他把目标分解，先提些小的要求，让他轻易就能做到，这样他就能有信心持续下去了。

🔍 案例 No.144　从小事上找到自信

有一个很优秀的年轻人，在名牌大学里轻轻松松就能取得好成绩。

毕业后进入一家跨国公司，他才发现身边都是精英，自己肚子里的这点知识不够用，还得学习！于是，他给自己制订了学习计划，今年要考下某某资格证。

可是懒散的习惯真要命，晚上读着读着不自觉地又打起游戏来，一周下来他很苦恼。周末和爸爸通电话时说了自己的苦恼："我怎么就管不住自己呢？"爸爸鼓励他："你行的。不信明天周一，规定自己早上 7:00 必须起床。这件事不难吧？做得到吗？你做做看？"儿子说："这个还是做得到的。"

第二天早上闹钟一响就想起昨晚跟爸爸保证过，于是赶紧爬起来。拉开窗帘，冬日明媚的晨曦撒进屋里，一片朝气蓬勃。"我做到了！"突然间，他意识到：只要做，自己是做得到的。一瞬间，他内心有了很强的自信感："我做得到！"

之后的故事就简单了，他变得自律、学习、钻研，再加上聪明……结果就不说啦！

✏️ **短评**：不做一下总觉得难，就不敢行动。其实，一旦做了才会明白，原来不过如此，没什么大不了的。因此，当对方不动时，要设法让他从简单的地方动起来，一旦行动了，他就能找到感觉、找到自信。

🔍 案例 No.145　郊外远足

一所社会创办的职业高中，考不进正规学校的孩子们集合到了这里。在这里，给学生讲理想、讲将来根本没有市场。他们觉得自己已经完了，初中的时候自己就是落后生才到这里来的，这辈子什么也做不成了，就这么混吧，一副破罐子破摔的样子。

校长见状想了个办法：秋色很美，我们步行走到郊外去赏秋。周末早上从学校出发，沿城市地铁×号线，一路走到郊外的西山地铁站去看红叶！

什么？走到西山去！通过导航图一查，天啊，30千米，怎么走得到？学生们不自信了。

校长组织了几个青年教师利用周日预走了一次。勘察了路线，考察了午餐的地点，确定了沿途的安全、所需时间等之后，心里有数了：此方案可行。于是，全校下达通知：下周六实施。

秋日的早晨，全校师生（含部分家长）准时出发了。不会迷路，就是沿地铁线走，出了情况的人可以中途退出，坐地铁回家。出发不久，队伍就拉开了，学生们三五成群边聊边走，说说笑笑。沿途到处可以看到穿同样校服的学生，络绎不绝。

中午在城郊接合部的麦当劳就餐，然后继续前进。最早到达终点的人是下午两点多，大部队集中到达是在下午三四点，最晚的傍晚五点前也走到了。走完全程的人都拿到了一个"我能行"的证书。统计结果，参加者居然全员走到终点，没有一个中途放弃的。

30千米，就这么走完了？学生们不敢相信自己，但又不得不信。

周一早上，校园门口打出一条横幅迎接学生：

路再远，只要走，总能走到；事再难，只要做，定能做成！

这次，学生们找回自信了。

✎ **短评**：自信就是这么建立起来的。相信这些学生在今后的人生中，不论遇到什么困难和挑战都不会畏缩了。"30 千米也就是那么回事，有什么了不起的！"他们会想。

本节复习

千里之行始于足下，不动起来光想、光怕是没用的，要从小事做起建立自信。

活用"报联商"铁则 No.49

用小事帮助对方建立自信后，就能打消他的畏难顾虑使其行动起来。

5.2.5　助他动——提供方便破卡顿

人人都希望手头的工作能顺利推进，或赶紧做完，或不要出错，但因种种原因难免会遇到卡顿。这时候，干着急、发牢骚、以权压人、反复催促，甚至争吵，都无济于事。

怨——都这么多天了，怎么还不给回复？

大——此事上级极为重视，希望尽早应对。

空——此事紧急，拜托您早日回复。

信息的传递是可以化解卡壳、解开死扣的。为了防止球踢过去了就不回来要注意以下几点。

首先，发信时应明确注明"需要回复""请回答"等字样——避免对方以为不必回复而搁置。

其次，应尽量注明你希望的回复期限——让对方有个时间概念，不要无限期地搁置。

最后，若你甩给他的工作量太大，你出的题太广泛，导致他无从下手——这就需要你帮帮他了。

➤ 提供方便，促使他动

🔍 **案例 No.146　请您打钩**

- 对下属：给他明确此事的重要性，并注明所需回复的时间和原因，明确
  利害关系。

  例如，这项工作需要提交给 4 月份召开的董事会审议，请务必于 4 月 5
  日前回复。

- 对同事：他忙得顾不上你或拿你的事不当回事，你可将回复与他的利益
  挂钩来调动他。

  例如，你的回复与你也有关，因为一旦这份提案被采纳，必将改善你的
  状况。

- 对上级：比自己身份高，不好公开催，可采取"帮他干活"的方式，用
  给他提供方便来催促他。

  例如，领导，关于××事为给您节省时间，请对下列选项打钩，做出指示。

  A. 可否批准　　　1. 批准　　　　2. 有附加条件批准　3. 不批准

  B. 附加条件　　　1. 补充材料　　2. 充实数据　　　　3. 另拿其他对策

  C. 下一步方向　　1. 去和＿＿协调　2. 找＿＿落实执行　3. 拿出执行细则

  D. 下次汇报时间　1. 明天　　　　2. 3 天内　　　　　3. 一周内

  E. 其他指示＿＿＿＿＿＿＿＿＿＿＿＿＿＿＿＿＿＿＿＿＿＿＿＿＿

✏️ **短评**：努力地去"利他"，最终结果是"利己"，与人方便，自己方便。

"报联商"能否做好的关键，看你能否有"利他"的意识。越是只顾利己，结
果越不利己。

🔍 **案例 No.147　主动给信息**

小鲍，刚才电话沟通中得知，我们请贵公司做的产品宣传资料还需要补充
数据，现在整理好了发给你，请注意查收。

同时受此启发，想到还有一些其他素材也许有用，一并提供给你，请参考
使用。

（1）在试验开发阶段，合作用户提供的使用反馈（视频两段）。

（2）本产品在公司内部员工中试用时，我们自己做的介绍资料和使用说明。

（3）我收集的市面上同类产品的广告、宣传资料的扫描件，其中重点部分做了颜色标注。

（4）我做内部宣传时自己做的 PPT 资料。如果觉得可用，建议统一模板后直接采纳。

短评：遇事最好能想到前面、做到前面，不要等对方要求了才应对，毕竟帮助对方就是帮助自己嘛！

在本案例中，自己手里的这些资料主动提供给对方，其实就是在帮自己。想想看：如果你没有主动提供给对方，等对方交出的宣传资料自己不满意时才拿出来（或在某种条件下被对方知晓还有这些资料）会怎么样？对方肯定会埋怨："你手里有这么多好素材，为什么不早给我呢？"

➤ 搅动死水

因为沟通是双向的，所以必须让信息流动起来才能沟而通之。哪怕是反对意见、争吵都比事情停在那里一动不动要好。如果足球赛时只有单方进场不见对手，那比赛怎么进行呢？

🔍 案例 No.148　探明可下手的缝隙在哪儿

关于上次面谈商定的 ×× 事，回来后我方做出的方案提交贵公司已近两周了，想必各位已经过目了，但至今未见贵方的回复。我方有过几次联络，但均未见回答，估计贵公司有自己的想法。

我这里冒昧擅自预估了几种可能，并针对它们提出了我的应对方法，请您在下面选择一下，好吗？

关于 ×× 事，现在的状态是＿＿＿＿＿＿＿＿＿＿＿＿＿

也许您有如下顾虑：

A. X　X　X

B. ○　○　○

C. ◆ ◆ ◆

劳驾，请给上述选项打钩。

如果是 A，我们下一步可以试试：

a. ≡ ≡ ≡ ≡

b. ≠ ≠ ≠ ≠

c. ϕ ϕ ϕ ϕ

请问，您看哪项合适？

如果是 B，我们下一步是不是可以：

d. ★ ★ ★ ★

e. ◎ ◎ ◎ ◎

f. ☆ ☆ ☆ ☆

请问，您觉得哪项可行？

短评： 对方不给你任何回复时就像是一个找不到任何缝隙下嘴的蛋，让你无从下手，毫无办法。那么，你可以用问卷的方式来试探，给对方提供方便，把复杂的事情简化后送到对方面前。只要对方给出任何选择，你就能借此探出对方的想法，下一步就知道该怎么办了。

这样的联络发过去，即使你提出的那些对策、方法对方都看不上，他也不会仍旧不吱声了吧？只要他有回应，动起来了，就是进步，这比继续不明就里地让你死等，等得心焦要强。

➤ 降低门槛，轻松行动

人本能上是懒惰的，而且习惯的力量很可怕，让他做出改变，谁都会有畏难情绪。

🔍 案例 No.149 戍边军官的信

一位驻守边防的军官，给自己上初中的孩子写信：

小宝，爸爸离开你们回到哨卡已经一个月了。这次临行前咱俩商定的这个学期你一定要读 10 本课外书的计划我非常赞成，为此你还给自己选定了具体书目。一个月来，你发到我邮箱的读后感已有两篇，写得都很好，观点挺新颖的，我也给你回复了。

不是说好了一周写一篇的吗? 也许有难度吧! 是不是可以由简入难? 我建议你把现在读的《名人传记》放一放,先读你选的那本《小故事里的大智慧》。那本书里都是短小的故事,一周能看好几个,这样你可以从中任选一个读了有心得的故事来写你的读后感,是不是? 慢慢地等你养成了阅读和做笔记的习惯,再去读那些深奥的书,好吗?

✎ **短评**:设定的目标过大,负担太重的话,开始行动后也难以坚持。若要他动可简化之,化大为小,由易入难,逐步推进,渐渐深化。一旦他形成了习惯或尝到了甜头,就能坚持下去了。

若想改变别人,要降低给他的门槛,让他能轻松行动,才能一步步改变。

➤ 把工作直观化、可操作化

只是催促对方,但如果不给他真正"可操作"的方法,对方也可能会因不知从何下手而不动。

🔍 案例 No.150 口号不如实干

地铁站里喇叭不停地广播:

A. 请文明乘车,遵守秩序　　　不用广播,

B. 上车靠右侧排队,先下后上　按标示走

公司内打出横幅标语:　　　　　→

A. 人人提创意,公司才有生机

B. 你的一个小想法,价值一万元　图形直观

绿色环保宣传:　　　　　　　　垃圾分类

A. 垃圾分类益处多,环境保护靠你我　→

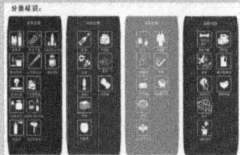

B. 干湿垃圾分类装,有害垃圾定点放

公共场所贴出公益广告:　　　　楼梯上画脚印

A. 楼梯注意安全,按秩序上下　按图行走

B. 上下楼梯时请右侧通行　　　→

✎ **短评**：美好的愿景，不仅要化为朗朗上口的口号便于记住，更需要有切实可行的操作方法才能落地。为了让对方动起来，自己要多动脑筋，多给对方提供具有操作性的工具。

让人动起来，要么陈述一个事实，要么给出可操作的具体措施。喊口号不如给工具，开会不如做实事，这和"空谈误国，实干兴邦"是一样的道理。

本节复习

在对方忙或纠结时给他送去操作工具，帮他梳理，让他轻松，他就动了。

活用"报联商"铁则 No.50

空乏的口号、催促，不如实实在在地给他提供可操作的方法、工具。

5.2.6　促他动——信息也是推动力

➤ 给信息，讲明原因

对方不动的一个原因可能是发信方没说清原委，只是发出一个请求或拜托。受信方由于接到的信息有限，不知发信方让他做这件事是什么用意，做了有什么用。再加上当时自己较忙，就有可能把事情往后放，或引不起重视而耽搁下来。

🔍 **案例 No.151　给出原因**

拜托：请你今天把它干完。

反问：为什么？今天下班我有约会呢！

理由：隔壁的科室遭到投诉，现在一片混乱。如果我们今天能做完的话，明天就能帮助他们应对投诉了。

✎ **短评**：不能一味地命令，想要从对方那里得到令自己满意的结果，只是命令是没有用的。发信方注意让对方知道自己的目的，和对方达成共识，才有可能形成调动对方的动力。

案例 No.152　讲明目的

简单：下午上班前，你把这间屋子收拾干净。

详细：下午上班前，你把这间屋子收拾干净，因为下午工厂要来人在这里
给大家演示新产品的用法。

短评：给对方的信息过于简单的话，做的人会觉得这件事不重要，而不
重视。

➤ 用行为讲明原因

对方不动可能是信息不够。当你用常规方法给他传递信息不起作用时，也可
以用行为给他传递信息。

案例 No.153　奔驰汽车

在汽车刚刚诞生的年代，由于技术还很不成熟，经常能看到满身油污的汽
车驾驶员在路上狼狈地修理出现故障的汽车。一辆辆装饰豪华的马车，拉着达
官贵人轻松地从旁边驰过时，马车夫会吹一声口哨，以示嘲笑。

由于故障汽车常常会挡住通道，由贵族掌控的市议会通过了一项决议，汽
车行驶的速度一个小时不得超过 20 千米（不能比马车快）。汽车行业协会很痛
苦，虽然也抗议，也向市政府递交陈情书，甚至请到了某贵族勋爵前去疏通，
都不大管用。

经过多方运筹、打通关节，德国奔驰汽车公司的经营者们终于邀请到了当
时的市长到公司视察。为此，公司特意派出了一辆专车，前去市政厅迎接市长。
市长坐上了汽车，车子不紧不慢地向公司开去。不一会儿，就听到身后远
远地传来一阵马铃声。那铃声越来越近，马儿踏着轻盈的小碎步不一会儿就赶
了上来。在和汽车并驾齐驱时，那马车夫吹着口哨甩了一个响鞭，那分明是在
嘲笑：什么鬼汽车，还是马车好！

坐在汽车上的市长被激怒了，问司机："我们的汽车就不能跑得快些吗？"
司机无奈地说："当然，要想跑快的话很简单。可是，您是知道的，法律不允许
跑快啊！"市长大怒："不用管它，你给我马上追上那辆马车！"司机闻言一加油

门，几个换挡汽车迅速加快了速度，一瞬间就轻松地赶上并超过了那辆马车。市长找到了优越的感觉，大叫："还能再快吗？再快些！再快些！"结果，司机拉着市长一路飙车到了公司。下车之后，市长大呼："真过瘾！太棒了！"

不用说，没多久汽车行业不仅被松了绑，还获得了市政府的大力支持。

那个驾车的司机就是奔驰汽车公司的创始人卡尔·本茨先生。

✏️ **短评**：看出来了吗？这是奔驰汽车公司安排给市长看的一场秀！你不是制造拦路虎吗？不是捆绑我们的手脚吗？不是怎么说都不起作用吗？那好，让你亲身感受一下吧！于是，什么马车、什么超车、什么甩响鞭、什么吹口哨、什么飙车……都是预先设计、策划好的！

用文字、语言、道理推不动对方时，可以用"行为语言"来说话，也能传递信息。

➢ **用行为说服对方**

🔍 **案例 No.154　参观大寨**

1965 年，阿尔巴尼亚政府代表团访华，向我们国家要援助。开了两次会，要的很多。

我们国家当时也很困难，因为客人索要的援助项目太多，第一次没谈成，第二次也没谈拢。当时的周恩来总理耐心地给他们做解释工作，会上会下、饭厅餐桌，怎么说对方也不理解。周总理觉得国际友人不了解我们的情况，我们也是在勒紧腰带过日子。对方提出这么多要求，你不给他就不高兴，如果给了我们就会更困难。

见到谈不拢，周总理临时决定不如先休会，安排客人到山西大寨去参观。

直升机把一行人运到了山西省。在地形是"七沟八梁一面坡"的大寨公社，周总理带领客人爬山坡、走梯田，看农民们如何劳动。中午就请外宾客人坐在农家窑洞里，午饭吃的是窝窝头、土豆、煮鸡蛋、摊煎饼、小米稀饭煮南瓜等。让这些外宾客人看看中国的农民是如何勒紧腰带、不屈不挠、战天斗地的，让他们理解我们的建设是多么艰难。

外宾客人看完了大寨，回到北京就和周总理说："你不要再讲了，愿意给多少就给多少吧！"

短评： 眼睛可以说话，表情可以传递信息，肢体也是语言。同样，行为也可以替你说话。实在无法达成共识时就不要多说了，设法让他去看一看，亲身经历一下，比你说一百句都管用。"报联商"的"信息传递"不只是用语言、文字，行动也能传递信息。

友邻部门间的争执、各执己见，很多时候是相互缺乏了解而引起的。百闻不如一见！互相进入对方的世界里去看看，去体会一下对方的感受，就能释然很多。

练习题 No.9 哪种好

"小鲍，上半年的决算报告必须在 12 日上午之前交上来。"

"小鲍，那份上半年的决算报告，我得在 12 日下午的董事会上汇报，你这儿有问题吗？"

本节复习

对方不动有时是因为你交给他的工作难度太大，你要给他简化，提供方便。

活用"报联商"铁则 No.51

用"行为语言"也能传递相关信息，让对方得知事情的原委就能促使他动。

5.2.7 逼他动——按下他的"动力开关"

有的人跟他讲道理他也不听，那么跟这种人就不要讲什么道理啦，设法从环境、条件、心理上捏住他的命门，逼他动！

➤ **讲道理不如给压力**

🔍 **案例 No.155 吉野家的座位**

我们很熟悉的餐饮连锁店"吉野家"，因为是快餐业，所以他们的主要收入时间是午餐。中午职场白领们选择此类餐馆主要是为了果腹、填饱肚子，那么想提升营业额就得加快翻台率，在有限的午餐时间段里尽量多地接待客人。于是，"如何才能让客人进来就吃，快吃快走"就成了盈利的关键。

低级的做法是告诉客人："吃完了请让座，后边有人等着呢！"但这种做法不仅会得罪客人，更重要的是可能不会收到什么效果——客人吃完了也许会点上一根烟休息会儿，如果是结伴来的客人可能会坐在这里聊上几句。

在节奏很快的日本，吉野家是怎么做的呢？装修店铺时他们请来了研究人体工学的专家，把店堂里布局的桌椅尺寸和相互的间隔设计得非常有讲究——一人入座后起初没什么感觉，但坐了一会儿就会感到空间憋屈、身体不舒服，于是就会不自觉地加快吃饭的速度，并且在吃完后选择尽快离开，而不愿意在这里多待一会儿。

🖊 **短评**：这个方法很高明：你不是不走吗？我用（生物生理）条件请你走，看你走不走？

不用语言也不用文字，人家用空间距离、用提供的环境、用座位的条件就把要传递的信息传递给对方（客人）了。

🔍 **案例 No.156　城市的环境**

一座古老的城市面临严重的暴力犯罪，市民怨声载道，令政府苦恼。

新当选的市长采用了很多方法，他增加了警察的数量、提高了巡逻次数，这样做花了政府不少经费，虽有收效但不明显，整座城市还是显得脏、乱、差。

后来，政府采用了环境策略，才使事态有了极大的改观。市长下令大力清除地铁和街头墙上的各种涂鸦，清洁城市面貌。干净起来的街区和城市环境让人产生了"这个城市很整洁、挺规范"的感觉，滋生犯罪的环境外因有了变化，自然地减少了恶性犯罪行为。

同样，国内的菜市场从原来开放式的地摊群被政府改造成了大棚式的规范市场；街道拐角的旧式小厕所被改造成了干净整洁的公厕，甚至有的城市把公厕建成了很有艺术风范的建筑造型，使用者还会去糟蹋那里很整洁的环境吗？

🖊 **短评**：懒惰人、随大流的人，用语言、道理是无法推动他的，那就用外部条件、环境硬件、周围气氛来促使他做出改变。

这也是一种"信息处理术"，用这种方法传递信息，也能达到目的。

➤ **按下"动力开关"逼他动**

人人都有自己的"动力开关"。当你百般说服不了他、推不动他时，一旦按下他的"动力开关"，他就动了。

🔍 **案例 No.157　按下"动力开关"**

在《西游记》里"三打白骨精"的故事中，唐僧怪孙悟空"滥杀无辜"，与他解除了师徒关系。唐僧把孙悟空撵走之后，猪八戒去请他下山时，孙悟空百般推辞，就是请不动。

◇ 师父想你了——他才不会想我，否则他就不会念那"紧箍咒"，也不会撵我走啦！

◇ 师父被妖怪捉去了，请你去救师父——这与我无关，我与师父没有关系了。

此时，猪八戒是怎么使孙悟空动的呢？——捏住他的命门，按下他的"动力开关"。

在《西游记》第三十一回"猪八戒义激猴王"中是这样写的。

行者道："你这个呆子！我临别之时曾叮咛又叮咛，说道'若有妖怪捉住师父，你就说老孙是他大徒弟'，怎么却不说我？"

八戒又思量道："请将不如激将，待我激他一激。"

于是道："哥啊，不说你还好哩，只为说你，他一发无状！"

行者道："怎么说？"

八戒道："我说：'妖怪，你不要无礼，莫害我师父！我还有个大师兄，叫作孙行者。他神通广大，善能降妖。他来时教你死无葬身之地！'那妖怪闻言越加愤怒，骂道：'是个什么孙行者，我可怕他？他若来，我剥了他皮，抽了他筋，啃了他骨，吃了他心！饶他猴子瘦，我也把他剁碎着油烹！'"

行者闻言就气得抓耳挠腮，暴躁乱跳道："是哪个敢这等骂我？"

八戒道："哥哥息怒，是那妖怪这等骂来，我故学与你听也。"

行者道："贤弟，你起来。我去还不成，既然妖怪敢骂我，我就不能不降他，我和你去。老孙五百年前大闹天宫，普天的神将看见我一个个控背躬身，口口称呼大圣。这妖怪竟敢无礼，胆敢背后骂我！我这就去把他拿住，碎尸万段，以报骂我之仇！"

短评：百般推托、振振有词的孙悟空，被"好胜"这个开关接通了动力，"不服输"令他马上就行动起来了，所以取经完成、功德圆满时他被封的是"斗战胜佛"。

职场上的沟通对手都有各自的"动力开关"，关键时刻就能派上用场，就能调动他出手，帮助自己渡过难关。

那么，怎样才能摸清别人的"动力开关"呢？

猪八戒在关键时刻按下了孙悟空的"动力开关"。可是，他怎么就知道得那么清楚呢？

皆因一路上他多次经历了孙悟空的斗妖降魔，认真观察他的言行表现，了解他的喜怒爱好。再加上一路上耍贫嘴挑拨是非，虽然吃了孙悟空的不少苦，但是他精准地摸清了孙悟空的特点是"好胜"，听不得别人说他坏话。这就是孙悟空的"命门"，即"动力开关"。

由此可见，加大和别人的"报联商"沟通频率，是摸清对方"动力开关"的有效方法。

跟某人除了见面点头、知道姓名，对他一点也不了解的话，是不可能摸清这个人的"动力开关"在哪儿的。只有在交往中注意观察、推测、判断，才有可能摸到门儿；再辅以反复的测试、验证，就能确认某人的"动力开关"在哪儿了——这需要特别用心、留心才能做到。

本节复习

平常和身边的人多"报联商"沟通，摸清他们各自的"动力开关"，以备不时之需。

活用"报联商"铁则 No.52

掌握对方的"动力开关"，捏住他的"命门"，他就不得不动了。

5.2.8　预防卡顿才是根本——别给自己"挖坑"

在讨论如何推动卡住的工作之前，应学会根本就不让卡顿发生才是正道。与其拼命想办法去"开锁"，不如设法让它根本就"不上锁"，因为有些锁是自己不慎给锁上的！

不需对方回复的告知类联络要尽量交代清楚，以免对方因看不懂被搁置而造成卡顿。

我们发给别人的联络大致可分为"不需回复的"和"需要回复的"两大类。

我们给对方寄送文件、物品时，包装的信封内或箱、盒、袋等包装物内，每次都应放入"装箱单"，写明为了何事、送去何物，以及数量、型号、款式、寄送人等信息，以便对方收到后拆封时核对。如有问题能立即察觉，便于核实确认。

实技 No.45　装箱单

_____先生/小姐：

一向承蒙关照，在此表示感谢。现送上下述文件／物品，请查收确认。

_____

_____

_____

谢谢！

_____公司

鲍莲裳

××年××月××日

读者可以按这个样式自己用 A4 纸打印一批，每张纸上下两份，从中间裁开，放着备用。

> 尽量把工作做细，避免发生卡顿

实技 No.46　如何让你的资料清单一目了然

0. 资料送付状，使用说明	1页
1. 第一天 学员的教材	56幅
2. 第一天 学习辅助教材	3篇5页
3. 第一天 所学技能汇总	21幅
4. 第一天 课堂演习资料汇总	3页
5. 第二天 学员的教材	26幅
6. 第二天 课堂演习资料汇总	14页
7. 第二天 所学技能汇总	9幅
8. 参考资料 问题下属教育法	1页
9. 预测对方的58个提问	2页
a. 落地措施 1-5	5页
b. 行为改善确认单	15项
c. 落地措施 -6 具体执行表	1页
d. 实技参考汇总	7页
e. 报联商基础检测题	18+5题
f. 检测题 参考答案	1页

希望别人按照你设想的蓝图交出令你满意的答卷吗？那在拜托对方时就应该尽量做到让对方听明白、看清楚，对方才能按你想的那样去办，不至于因为你没交代清楚而导致对方不知你的用意，做的事让你不满意。

我去给企业做"报联商"培训时，总是早早就把做好的课件发给客户，让他们打印、制本，提前发到学员手中。

实技 No.46 中的图片是我发给某客户的课件资料清单。编号、内容、数量写得清清楚楚，排版整齐，看上去清清爽爽。

发过去后，对方下载到一个专用的文件夹里的话，由于有编号，自然也会排列成这个模样（跟我电脑里的一模一样）。于是，万一有什么问题，沟通起来双方很容易就能说到一块儿去，节省了很多沟通成本。

> 把事情交代清楚，让对方一看就懂

实技 No.46 图片中的 0 号附件里面的内容是这些课件资料的使用说明书。

案例 No.158　装箱单

××公司 人事部

本次培训负责人 ××先生：您好

××月××日××层级"报联商"培训课的课件资料整理好了，已发送给您，请查收。

使用方法说明如下。

附件共有 16 个（含本页），一次送去。

注意：这些资料需装订成 3 册，分时间段发放使用。

1. 0 号附件（本页）是这些资料使用说明的"装箱单"。

2. 资料 1~4 是第一天的教材。印制就遵循 1~4 的顺序，装订成第一册，第一天用。

3. 资料 5~9 是第二天的教材。印制就遵循 5~9 的顺序，装订成第二册，第二天用。

4. 资料 1 和资料 5 的教材 PPT 请打印成每页 3 幅的讲义模式，方便学员做记录。

5. 资料 a~d 是落地措施的资料，下课前我会讲解使用方法。印制就遵循

a~d 的顺序，装订成第三册，第二天下课前发放。

请将上述资料打印装订成 3 册，各册都请务必打上统一编号的页码。

第一天课前发第一册，第二天课前发第二册，第二天下课前发第三册。

6. 资料 e 是课后测试卷，需单独打印，第二天下课前使用时才发。

7. 资料 f 是提供给你们人事部的测试卷参考答案，你们保留即可。

❖ 你们如有课后调查问卷，请自行准备。

❖ 教材的封面、封底交由你们自己设计。如有你们公司的宣传资料请自行安排。

❖ 上述学员的教材请提前按参训人数印刷、制本，上课前放在学员桌上，人手一册。

其他事务：

A. 课堂桌子分组摆成鱼骨状，面向大屏幕排列，每组学员五六人为宜；

B. 课桌上摆放几张 A4 纸，一本四方形便签；

C. 课堂需要投影仪、白板、白板笔；

D. 电脑、翻页笔、扩音器等讲师自带；

E. 授课期间，我需要几瓶矿泉水，请准备。

F. 机票我自己定，××日到达，××日下课即回。费用我先垫付，然后凭票据报销。

如有什么不清楚的，请及时和我联系。

谢谢合作。

古贺

202×年××月××日

短评：说明越清晰，对方越容易看懂，越不会有什么疑问，他也就按照你的要求办了。等你到现场去看时会发现，对方的工作完全是按你的设想在执行，结果和你想的蓝图完全吻合。

不需要对方回复的通知、分享以表述清晰、对方能看懂、不会有疑问、不会误解为原则，以免由于交代得不清楚、不明确而被对方搁置，自造卡顿。

我们在前文（第 5.2.1 小节）分析工作卡顿、对方不动的原因表格中，第 4

项是"你出的题太广泛,令他无从下手"。这类的工作卡顿,若使用本节介绍的方法把工作分化、细化,就不会发生卡顿了,也就用不着事后再费力去解扣了。

➤ 别自己给自己制造活儿

小贴士 No.16 本事

- 能做事不叫本事。
- 不出事也不能算本事。
- 能做事、做成事,还不出事,那才是真有本事。
  - ◆ 上等人不动声色做成事。
  - ◆ 中等人忙忙碌碌做不成事。
  - ◆ 下等人大轰大嗡做得出了事。

有人觉得把工作做得这么规范、这么细致,会耗费自己更多的时间和精力,工作一忙就顾不上那么多了。再说,多做了都是给别人提供方便,自己何必那么累。

其实,恰好相反,你扔给人家的若是一个粗糙的半成品,人家无从着手,往往会做如下处理:

- 打电话来找你询问、确认;　　　　　　　——你越忙,事儿反倒越多。
- 发邮件来向你确认;　　　　　　　　　　——万一你没看到,更耽误事。
- 因不知道你要什么,就按他的想法一通瞎干;——你不满意,自己还得再加工。
- 不知你的用意,干脆给你放到那儿暂时不干;——出现(你自己造成的)卡顿!

不论上述哪种做法,都会再给你添麻烦,都是你"因自己忙"给自己制造出来的新工作,其结果都是你倒霉,这就是"欲速则不达""越忙越添乱"。

拜托别人协助时,为了避免"给自己添乱",还是细致点,努力做到一次讲清楚为好。看似做一件事多花了些功夫,但是交代一件清一件,不必再多费唇舌,总体算下来其实是省事了(参见《报联商:职场沟通必修课(实战篇)》中案例127、128 和 168)。

实技 No.47 防卡顿策略

请示:××事我打算……请指示。

- 打请示报告时，把这句话写在第一句，能引导上级看下去。让阅读的上级一开始就了解你的要求，比放在长长的情况说明之后再提出要求，效果要好得多。——如果对方没心思、没功夫把你的文字细看，他能及时回复的概率就会降低。
- 邮件、电话同理：发信方在一开始就写明"需回复""请指示""请于××时间前回复"等字样，明确提醒对方，此事需做出反应。
- 在文件的标题上下功夫：标题直接写事由 + 要求 + 自己的姓名 = 还没看正文呢，对方已经知晓你的诉求了。这有利于促使他及时做出应对，不致卡顿。

例如，把报告的标题写成"为提高统计工作效率，鲍莲裳申请 5000 元购买新型软件，请批示"。

本节复习

能治重病不如做好预防不生病。高手是把事做好还不出现卡顿、漏洞，也就不必解锁了。

活用"报联商"铁则 No.53

把工作做细些，做一件清一件，不留问题才是上策。

附："利他"还是"利己"

前文给出了很多"推动对方动起来"的方法。

学到这儿可以看出来，其原则无不是基于"利他"的方针。也就是说，为了促使对方动起来，自己要多动脑、多动手，要主动提供服务，主动提供协助。

也许有人会想：这些本来是他该做的工作呀，为什么要我来做？这岂不是给自己增加工作量吗？这不是要我多受累吗？这不公平！

是的。从客观上讲，的确是你多做了一些"本不该由你做的工作"。可是，你别忘了，这么做是为了让卡住的工作动起来。哪儿卡了？球在对方脚下。卡住了对谁不利？当然是对你不利。在这对矛盾中，到底是谁求谁？显然是你有求于对方。

如此一来，如果非要较死理的话，理论上讲是对方该做的工作。可是，对方如果不动或慢慢动，倒霉的是你，这是肯定的吧？因此，在这种关头就不要计较了，赶紧采取前面介绍的那些措施，给卡住的工作解扣，推动起来才是第一要务吧！

那些不愿替别人干活，只是一味地抱怨别人不配合，一味地强调分工、消极等候别人先动起来的人，只能继续争吵，无限期地在原地踏步，时间拖很久也很难有进展。

案例 No.159　希尔顿酒店的起源

很久以前的一个深夜，美国一个小镇上的一家旅馆来了一对老夫妇要入住。

值夜班的小伙子安排客人在大堂稍候，离开去忙活了一会儿回来后，把老夫妇请到一间房里："非常抱歉，今晚已经没有客房了，刚才我把自己的值班房换了床单、打扫干净，您二老将就一下吧？"老夫妇吃惊地问："那你今晚睡在哪儿呢？"小伙子说："不要紧，我在柜台的椅子上将就一下就行了。"

老夫妇第二天退房时要了这个小伙子的姓名和联系方式。不久，小伙子收到一封来自纽约的信，邀请他去管理一个宾馆。他就是现在著名的希尔顿酒店的创始人。

短评：但行好事，莫问前程。耍小聪明的人不如本分、厚道的人收获多。

小贴士 No.17　"利他"好处多多（吃亏就是占便宜）

- "利他"能把事情向前推进。工作不会卡在某处毫无进展，最终还是利了自己。
- "利他"易获得上级的青睐。上级看的是结果，只有有执行力的人才会有结果。
- "利他"能获得客户的好感。
- "利他"能在团队里获得好人缘、好印象、好名声。

- "利他"展现了自己的格局。身边自会有人欣赏你，不知何时就转换成了利己。
  - "利他"能让自己的思维方式得到磨炼。
  - "利他"能使自己的操作能力得到提升。
  - "利他"能让自己的宽广心态得到历练。
  - "利他"能让自己的视野思路有所拓展。
  - "利他"做好了，有时还会有相应的经济收益。

短评：放开些看"利他"就不会白白付出，因为"与人方便，自己方便"，天道是轮回的。

案例 No.160　不计得失的派遣员工

人才公司派来的临时员工，被公司命令去做正式员工一样的工作。派遣条款里没有这项，做那样的工作也得不到那个级别相应的报酬，奖金、分红也都没有。不做吗？那就有可能被退回去，有的人觉得这不公平就离开了。

有个年轻人毫无怨言，从不计较得失，努力地去做，他的姿态得到雇佣方的欣赏。派遣期满后，公司和他签了合同，把他改为合同工。他还是一如既往地朝气蓬勃地做，而且业务水平也有长进，人际关系也处得很好。在合同又期满时，这家已多年没招收过新员工的公司把他转成了正式员工，而且直接任命为基层小组长。

短评："出力长力""吃亏就是占便宜""但行好事，莫问前程"，中华文化中沉淀下来的这些美德，其背后都是有深刻哲理的，否则早就消亡在历史浩瀚的烟海里了。

前面介绍的都是操作技巧，都是硬件工具，可学、可练、可用，可能有效，也可能无效。

绝对有效的方法是"建立感情"，增加好感度。

- 和对方交成"闺蜜""铁杆"，事情就从根本上好办了。
- 你的事情根本就不会在他那里卡住。

- 即使稍有卡顿,你一句话他肯定动起来。

- 人是感情动物,任何技巧都不如感情牌的效率高。

本节复习

天道酬勤,越是斤斤计较自己得失的人,越做不成什么大事。

活用 "报联商" 铁则 No.54

多做一些,貌似在给别人做,最终还是自己得利。

第 **6** 章

让事遂己愿的"报联商"

6.1　让事遂己愿

职场上面对的不仅有外部客户，更多的时候是面对自己的上级、同事。

工作中难免会有各种分歧，谁都有自己的主张。当自己的主张与别人有冲突时，谁也不愿改变自己的主张或轻易放弃，都恨不得"你得听我的""该按我说的办"。

怎样才能让对方听自己的呢？怎样才能让自己脱颖而出呢？怎样才能拒绝对方强加的要求呢？

活用"报联商"，用信息处理术去应对，是能达到这些目的的。

6.1.1　惹了祸去汇报，有办法避免挨批吗

自己做错了事，或把事情搞砸了，应该马上去"商谈"（坏事要早报），这个原则我们学过了。但是，找上级去报坏事是要挨批的！这个关怎么过？混是混不过去的。只能扛过去、挨过去？还是渡过去、跨过去？

汇报坏事，第一句话怎么说？在这个关键时刻，说话有很大学问。

实技 No.48　比较一下第一句话的说法

A. 领导，我把××事搞砸了，现在事情有点不好办。

B. 领导，某项工作出了点状况。不过，还有挽回的办法。

前一种说法，前半句话给上级一种冲击："又出事了！"而后半句话给他一种绝望："要坏事！"

他马上陷入烦躁、焦虑模式。你把他的情绪破坏之后，才开始跟他谈事，不是自讨苦吃吗？

后一种说法，前半句话同样给了他冲击，但后半句话马上能给他一线希望："看来还有救。"

在得知了结果后再听过程时，人的心情会坦然得多。

正常汇报时，强调要先说结果也是这个道理。因为上级知道了事情的大致框架，他就会在这个框架内来听。因此，即使是谈论不好的消息，他心里也不会那么焦虑、烦躁了。反而在听你陈述事情的时候，他会（有点急迫地）期待你说出对策来，看看管用不管用。

还可以这样做：在说完前半句话之后稍停一两秒，观察上级的反应（表情、眼神、动作），再说出后半句话，继续观察他的反应。于是，你对于后面该如何展开就应该心中有数了。

实技 No.49　先说前半句话

A. 前半句话

* 领导，跟您汇报一下某某事，现在遇到了一点问题。
* 科长，某某事现在不大好办。
* 领导，由于我的失误，某某事出问题了。
* 科长，是我把这件事给忘了，现在……

B. 后半句话

* 不过，我有办法应对。事情是这样的……
* 不过，我想了几个办法，您看行不行。事情是这样的……

- 不过，现在采取措施还来得及。事情是这样的……
- 还好来得及挽救，可以减少损失。其实是这样的……

✐ **短评：**这里强调后半句话就说对策，因为上级在知道了事情的结果之后，再听你说时不会有悬念，他会在大致的框架内听你陈述。

说完事由、现状之后，就忙于说过程、找责任，这样的顺序等于把上级那颗（被你给悬起来的）心放在火上烤。这无疑是在挑起他焦虑的情绪之后迟迟不给放下，而且不断吊打，他能好受吗？

➤ 减少挨骂的最佳手段

上级最讨厌的就是："领导，我把某某事搞砸了，您看怎么办？"这叫自找批评，等于是你惹了祸，跑来让上级给你干活儿、善后，那不成了下属给上级派活儿了吗？

这时，上级最想听什么呢？

当下属来汇报发生了什么坏事时，出于责任，上级的脑子里肯定会想"怎么办"。

当你开始跟他谈论解决问题的对策时，他会竖起耳朵来听你的想法、理由、好处，他的注意力被你转移到思考"如果这么做能解决问题吗？"上去，也就顾不上批评你了。

这就是下属去汇报坏事时能尽快地止住上级责骂的最好办法。

实技 No.50 谈话时间的比例

每当你不得不去向上级汇报坏事时，不论是谈半个小时还是谈十几分钟，谈话的重点放在哪儿？汇报坏事嘛，无非要谈这几项。

- 什么事，现在怎么样了？
- 弄成了这个样子是因为何事、何故？
- 皆因谁的责任？
- 这将造成什么影响？
- 你打算怎么应对？

上述几项都要涉及，可是各项所占的权重、时间比例，应该如何安排为妥呢？

> 应该把时间主要放在讨论对策上，也就是把大部分时间（70%～80%）用来讨论对策。

仔细想想，如果时间安排相反，你把大部分时间（哪怕一半）放在谈过程、谈原因、谈责任上的话，那么上级听到的都是烦心事，响彻脑海的只有"你无非是在摘清自己的责任!"这种喋喋不休的话，在他听来就是"辩解"，你的做法分明是在自找骂挨，能有什么好处?

因为出了事，他作为责任人首先想到的是"该如何应对"。盛怒之下，头脑混乱中的他一时间也未必能拿出什么良策，这时你若给他献上几个对策，那可是他最想听的了。

➤ 对策的质量

你是这项工作的执行者，最熟悉该工作的细节、历史沿革、各环节的关系等信息。当坏事发生时，工作会偏离上级期待的目标，那么把它纠正回预定的方向，你应该拿出几个对策来。

当然，你想出来的这些对策有些是你的权限、资源满足不了的。不要顾虑这类对策不会被批准，大胆地突破框架，提出来和上级探讨。这样一来，你的思路就打开了，就能拿出更多、更好的对策来了。

实技 No.51　最好当面问清

- 涉及需友邻部门协作时应当场确认：是领导先打声招呼自己再去，还是自己直接去?
- 如果需要领导出面给疏通某环节的话，最好当场确认：大致什么时候能疏通好?
- 涉及财、物时，最好提前准备好所需的申请文件（单据/表格），请上级当场签署。

确认了上级指示的意图之后，根据自己掌握的情况，最好当场获得授权。

小结：去汇报坏事时，减少挨批评的技巧有以下几招：

1. 第一句话就告诉上级还有办法挽救　　——给他希望，别吊打他的心。
2. 带上对策去汇报坏事　　　　　　　——帮他善后。

3．把谈话的大部分时间放在讨论对策上 ——他就顾不上骂人了。

4．多拿几个对策供他筛选 ——减轻他干活儿的负担。

5．对策的质量不要太低 ——最好能解决问题。

6．确认补救对策的授权边界 ——别再给他添新乱子了。

这一系列细致周到地讨论"善后策略"姿态的本身，就会带给上级一个"你有进取心""虽然惹了祸但还是努力在挽回"的印象，从而把"汇报坏事"转变成"积累好感度"的正面行动。

本节复习

汇报坏事时谈论理由、责任、过程，上级听上去都是"辩解"。

活用"报联商"铁则 No.55

尽快拿出对策并展开讨论能转移注意力，也能及时止住上级的责骂。

6.1.2　去汇报坏事时，有扭转气氛的妙招吗

下属去向上级汇报坏事时，上级的心情多半不会好，现场的气氛是凝重的。那么，有什么办法可以做到"当你汇报完离开时，上级不烦你，气氛是轻松的"吗？有！

案例 No.161　扭转气氛的制胜一招

下属去汇报的是坏事，上级肯定不会有好脸色，开始时谈话的气氛基本是凝重的。

通过一些基本的操作技巧，谈话到了收尾阶段，事情已经摆明、对策已经决定，下一步就是具体去实施，去"善后"、去"擦屁股"了，你也该告辞离开了。

别忙，就这么走你会吃亏的，再做点什么呢？

临走之前，最好抖一个"包袱"给上级，也就是告诉他一件"好事"。例如，某项目有进展啦，你听到一个什么好消息啦，等等。当然，这是事先准备好带给上级的"礼物"。

想想看，从一开始听到坏事时的怒火万丈、头大、发火骂人，到冷静下来

听你说对策、谈理由，再到和你讨论对策的具体实施，在这个过程中，上级的怒气、怨气已经基本宣泄掉了。尤其是当你拿出了众多的对策供他选择，让他轻松地决定了应对对策，让他看到了你认真改过、补救的积极姿态，此时他的心情是不是已经不像一开始那么坏了？

这时，你看准时机给他一个好消息，就能一举扭转你的被动，把现场的气氛转向轻松！如果能就这件"好事"再展开几句谈论和对话的话，那么你离开时的气氛和刚来时的气氛就截然不同了。

✏️ **短评**：这是扭转气氛的制胜一招。去说坏事之前，哪怕是苦思冥想也要准备这么一份"伴手礼"。如果没有合适的"伴手礼"，哪怕时间上等一等（只要条件允许），甚至为此专门做一番努力也值！因为这会一举扭转你在上级心目中的形象。

你和上级的这次谈话是起于发怒结束于烦躁好呢，还是起于发怒结束于轻松好呢？不是做不到，按上述说法去做。但要注意，这份"伴手礼"不要亮出得太早，使用时要注意当时的 T.P.O.。

➤ 注意保密、善后

你做错了事，把事情搞砸了，有时会涉及团队里的其他人，或者涉及外部客户。当你向上级坦白了自己的错误，并和上级分析、讨论、协商好了应对对策后，为了及时挽回损失或把损失降到最低，在某些特定的环境下，某种补救措施（或某部分）是需要暂时保密、不宜公开的。

这根弦要由你来绷紧。必要时，在结束谈话即将离开之前，你可以向上级确认一下在这方面上级的想法，以免下去后自以为是想当然地操作，结果违背了上级的本意，又给他添新的麻烦就不好了。你主动提及关于善后时的保密话题，会让上级感觉你行事缜密、考虑周到，从而高看你一眼。

➤ 让上级放心

按照商量好的对策去执行后，应尽快给上级第一报："我已经开始实施了，现在是……状态，下一步我打算……"让他和你信息对等、信息同步，就像他也在善后的操作现场一样。

通过这样密切的汇报使上级对此事的善后处理和推进状态了如指掌的话，他才会对这件事逐渐放心，渐渐地就会演变成对你这个人的放心（信赖）。

那些下去后就只顾埋头处理问题的人，尽管也忠实地执行了上级的指示，就算最后的结果也达到了预期的目的，或解决了问题或弥补了失误或减少了损失，在你把最终结果拿去向上级汇报时，也许他会松一口气，嘴里说"万幸万幸，幸亏你来汇报得早，还及时地挽救了，你辛苦了！"等表扬的话，但实质上他的心里对你还是有不满情绪的——你怎么不早点来告诉我这些消息呢？现在才来，让我一直惦记这件事，无法放心！

➤ 总结教训

当你把事情搞砸了、惹了祸、做错了时，仔细分析回顾都有客观原因，也肯定有主观原因。这时不要只强调"天灾"（外因），更应该检查一下"人祸"（自己身上的内因），应该"刀刃向内"地看看自己有哪里做得不好？

不要等上级指示和追问，自己主动总结出几条教训来（主要是自己哪里做得不好）。这不是要你做检讨（检讨得再深刻也只是在表明态度，没有多大实质价值），上级需要的是你从这些教训中找到了哪些规律性的东西并形成经验，如能在团队内共享（甚至成为今后的操作规程）的话，那么这件坏事也就（被你主动给）变成好事了。

不要满足于停留在"妥善善后"的水平上，再主动地前进一步，总结教训并形成经验提供给上级吧！他不是此事的具体执行者，也不在你犯错的现场，让他做总结提炼那是强他所难，难免隔靴搔痒。还是你本人来做这件事更靠谱，能切中要害（哪怕自己很疼）提炼出精华来。

➤ 举一反三，扩大战果

在一件事、一项工作、一个环节上犯了错的话，不要把目光仅仅停留在这个局部、这个位置上就事论事，要学会跳出圈子，环顾一下周围或站高点俯瞰一下全局，有没有类似的环节、类似的现象、类似的危机存在？

如果学会把自己拔高一级来看问题、想问题的话，更容易获得上级的青睐。

小贴士 No.18　参照物的作用

在学校操场上，如果把一枚黄豆大小的纽扣电池不慎掉落在沙土地里时，怎样才能使自己迅速找到它？如果用肉眼去寻找的话难度较大。

此时，如果把相同的一个物品也扔到地上，眼睛先看一眼那个参照物，再把视线移开去附近寻找形状相同、大小一样的东西，就会明显地加快找到掉落物的速度。

同理，通过你这个刚刚在这个环节犯了错、走了弯路的人的思路、眼光、视线去审视身边类似工作时，由于惯性，你会比别人更加敏感地发现问题的苗头，找出潜在的问题。

如果你是普通员工，当你做错某件事时，一边善后一边以你的直属上级（比如小组长）的目光来观察一下自己的周围吧！不一定把眼光局限于和你所犯错误完全相同的工作或相同的环节上，而应该提炼你所犯错误的本质去找问题：是粗心大意还是想当然？是确认不够还是晚了一步？是自以为是还是不听人劝？是违反操作规程还是外因诱发？等等。

寻找类似的环节，及时提醒你的上级，"我觉得××处咱们是否该多留意一些，以防出现跟我上次那样的麻烦"等。

这样的积极态度，站在自己失误的基础上总结经验教训，提高警惕地积极辅佐上级的话，他会觉得你已经从失误中成长起来了，从而更加喜欢你、信任你。

本节复习

下属要善于从失败中发现规律性的经验教训，并主动提供给上级参考。

活用"报联商"铁则 No.56

坏消息谈完后再说个好消息，能改善谈话结束时的气氛。

6.1.3　让对方接受自己的主张

想让对方相信你的说法、你的主张，需要拿出充分的理由或者证据来，才能说服对方。

这仅靠语言是不够的，还需要一些辅助性的技巧。

➤ 缓冲告知法

🔍 **案例 No.162　医生的"抢救"**

急诊室接到一个交通事故的伤者。从 120 急救车上搬下来的受害人是个孩子，直接送进了手术室去抢救。医生检查后发现，孩子已经没有了生命体征，在运来的途中已经死亡了。

医生走出手术室去通知家属。但看到门外聚集的一群人里不仅有父母辈的青壮年，还有白发苍苍、颤颤巍巍的几位老者，看来是爷爷奶奶辈的人，他们都用满含期待的眼神看着医生。医生的话到嘴边变成了："我们会尽力抢救。"说完，转身又回到手术室去。

接下来的一个多小时，医护人员在手术台前忙碌着（无谓的）"抢救"。

脚步匆忙进出的护士，玻璃门内医护人员忙碌的身影，手术室里透出的灯光……所传递的信息给门外的老人们设置了一个缓冲区，对后续让他们接受现实在心理上制造了一个缓冲过程，确保了不会出现连锁噩耗。

✏️ **短评：** 你的主张、做法，可能会给对方带来巨大的冲击。为了能让对方平稳地接受你的信息，除了在语言上、表述上要下功夫，还需要在操作行为方面运用一些技巧。

拜托别人做事的人都心怀期待，希望自己能够如愿以偿。如果当时就遭到拒绝会很失望，心理上瞬间难以接受，有时需要设置一个缓冲区（时间、模式）来帮助他接受你给出的结果。

➤ 让步交换法

🌐 **实技 No.52　头戴三尺帽**

在跟对方讨价还价谈条件时，如果你需要确保的底线是某三项，那么只提出这三项是不够的，因为"取乎其上，得乎其中；取乎其中，得乎其下"。

怎样做才能让对方接受你的要求，确保得到这三项呢？

你应该设法多提出几项要求，比如一下子就提出八项，其中必保的是前三项，应争取的是四、五项，可做交换条件的是六、七项，而第八项呢，那本来就是凑数的，完全可以放弃。甚至还可以再加上几项，这些就有可能是对方完全不能接受的无理要求了，那也加进去作为凑数筹码。

谈的时候，你坚持一阵子再做出"忍痛放弃"的样子，传递给对方一种"我已经做出了很多让步，你不要再逼我"的姿态，迫使对方攻到第四、五项就好像攻不动了。于是，你看似付出了重大牺牲，已经大大地做出了"让步"，其实预定目标早已确保了。

这叫"头戴三尺帽，准备砍一刀；帽子砍一半，毫发都不伤"。

➤ 信息运作法

🔍 **案例 No.163　诱而导之**

你去跟对方沟通、交涉时，不要只提出 A 案一个方案，人家驳回了，你怎么办？

你至少还要提出 B 案、C 案等备选方案作为比较和选择。为了确保对方能同意采用你选择的那个方案，最好再准备 D 案、E 案、F 案等参照方案来保驾护航。

具体可以采用如下操作方法。

（1）把你选择的那个方案作为 B 案提出——不排在第一，让对方看不出你的真实意图。

（2）安排一个表面看上去挺好，但深究下去会有对方绝不能接受的缺陷的方案作为 A 案，去打头阵（你的第一推荐）。

（3）同时提供陪绑、护航的其他方案，越多越好，作用是用眼花缭乱来扰乱对方的判断。

（4）用数字、事实分别阐述各方案的好处、隐患、操作难度、友邻关系、后遗症等。

注意：一定要说出各方案的弊病，尤其是你推荐的前几个方案的不足，这能显得你很公允，这种诚意更容易打动对方。

（5）讲完后阐明自己的观点：隆重推荐 A 案。

（6）此时，对方慧眼识妖，指出 A 案所含深层的缺陷他无法接受，你可表示"恍然大悟"，拍案叫绝地称赞对方比自己厉害！之后，退而"求其次"，开始讨论 B 案。这样，对方在"比你高明"颇有成就的情绪下，再来审视 B 案时其视觉已模糊多了。

（7）如果对方没能指出 A 案的缺陷有意采用时，你必须在他拍板前"突然发现"A 案有致命缺陷，以阻止他的决定，并把方向诱导到 B 案去。

（8）对于 B 案中的缺点或不足，用准备好的切实可行的对策一一化解，效果奇佳。

（9）至于 C、D、E 那些陪绑、护航的方案，可以运用【现场信息提供权】的操作方法，你只需适宜地提供信息，对方就会亲自把它们否决掉。

如此一番"神操作"，对方就被你引导到你需要的那个地方去了。

✎ **短评**：对方往哪儿走，主要看你如何引导。用什么引导呢？用信息。哪些信息该提供？先提供哪个，后提供哪个？怎么提供？轻重缓急？这些都是高级"报联商"、活用"报联商"层级所探讨、研究的问题。这和学习"报联商"的基础阶段所强调的"什么都要报"，甚至要报到"透明"才行，已完全不在一个层面上，是不可同日而语的活学活用了。

➤ **变换角度法**

🔍 **案例 No.164　火灾慰问**

鲍莲裳：商科长，我给明光商事去送咱们的"火灾慰问金"回来了。

商科长：哎，他们也真够倒霉的，隔壁公司失火，消防水把他们仓库的商品给淋透了。

鲍莲裳：所以，我建议对他们库存的咱公司那些受损商品进行调换呢？

商科长：这个不是在会上讨论过，已经有结论了吗？那是超出公司规定的，别再提了。

正面提要求不成，鲍莲裳努力想办法。过了几天，鲍莲裳又去找商科长。

鲍莲裳：商科长，关于明光商事的事……

商科长：又是调换商品？不是跟你说了不行吗？

鲍莲裳：不是的。我最近去看了，他们在盖新仓库，银行看好他们的发展，批了贷款。

> 商科长：哦，是吗？看来这家新成立的公司还有些背景呢！
>
> 鲍莲裳：看前景很不错的样子，咱们是不是该早点表示合作诚意，别落在竞争对手后面。
>
> 商科长：你的意思是……现在咱们主动给他们调换那批受损商品？
>
> 鲍莲裳：其实没多少。我帮他们认真做了灾后盘点，确认了真正不能出售的只有××件。
>
> 商科长：是吗？那倒是真的不多。不过，财务科那些人肯定会用公司规定来阻拦的。
>
> 鲍莲裳：我昨天午餐跟财务科长坐一个桌，谈了这件事，他说只要业务部同意他没意见。
>
> 商科长：是吗？小鲍，真有你的啊！那好，我去跟经理请示一下。

✎ **短评**：正面走不通就侧身过，碰了壁也不气馁，搜集信息，换个角度再发起攻击。

失败了，下属也没有停顿，反而扎实地做了如下工作（甚至有些本不该她去做）。

首先，客户能获得银行贷款，说明银行对该公司的经营状况和发展前景有积极的评估。

其次，认真清点受损商品，大幅减少了需要调换的数量，也就降低了损失成本。

最后，提前探明了财务科长的态度，替上级扫清了潜在的障碍。

这就是典型的"用信息推动卡顿"获得成功的案例，也是【说服对方三法宝】中"预测对方的全部顾虑"的一个运用典范。试想，如果鲍莲裳不能提供上述三条信息中的任何一条都难以打动商科长，是不是？只有三条信息都具备才能成功。

练习题 No.10　如何让对方接受

飞机关舱门后，一位乘客向空姐要《环球时报》的报纸。这时，登机的客人早已把预备的《环球时报》都取光了。这位空姐明知客人要的这种报纸一份也没有了，她该怎么应对？

方法 A：当即回答他："《环球时报》已经没有了，您看别的吧！"

方法 B：到放报纸的地方去转一圈，看一下，然后带份别的报纸回来，告诉该乘客："《环球时报》暂时没有了，您先看这份可以吗？"

本节复习

用提供给对方的信息来让对方接受自己的主张，是高超的信息运用术。

活用"报联商"铁则 No.57

说服对方时可以运用高超的信息引导术，这些信息需要自己去收集、整理。

6.1.4　珍惜和大老板接触的机会

基层员工和大老板接触的机会虽然不多，却至关重要！

一般来说，职场上的基层员工是很难和越级领导，尤其是和身居高层的大老板有直接接触的机会的。有的员工总觉得自己"怀才不遇"，被直属上级压制，没有出头之日，从而愤然离去。

工作中如何利用难得的和大老板接触的机会展现自己，敏锐地抓住一瞬即逝的机会并高效地利用，以拓展自己的职业升迁之路呢？这正是高级"报联商"可以大显身手的地方。

➤ 抓不住机会

大老板每天面临的压力何止是我们的几倍，而大老板面对员工时，他首先做的是考察你，看看你能干什么，而不是给你提供帮助。

🔍 案例 No.165　新员工的紧张

鲍莲裳从学校毕业后就到这家银行工作，已经半年多了，一直是跟着师傅边学边干，最近总算找到点感觉了。

部门里有十几个同事，最大的领导是经理。再上边的支店长呢，鲍莲裳只在求职面试时被他问过几句话，上班后开大会时见到才知道那个人就是这家银行的最高领导。对于鲍莲裳来讲，支店长是很遥远的存在，自己根本没有机会接触。

一天下午，鲍莲裳外出办事回来等电梯。电梯来了，里面空空的，她走进去按了 32 楼的按钮。门快要关上时，一个男人走了进来，伸手要按楼层按钮，一看 32 楼按钮的灯亮着就收回手来，看了一眼电梯里的另一个人，这时鲍莲裳也发现了进来的是自己的大领导支店长。

支店长看着这个小姑娘眼熟，似乎想起来这个人是自己银行的员工，但叫不上名字。鲍莲裳打了声招呼"支店长"，支店长看着鲍莲裳问道："你是今年的新员工吧？"这时，鲍莲裳紧张得不得了，勉强回答一声"嗯"，就低下头，不知所措了。

电梯启动了，里面只有他们两个人。鲍莲裳很想跟大领导说点什么，多难得的机会啊！可是脑子里一片空白，不知从何说起。支店长见状，就扭过头去想自己的事了。

此时，鲍莲裳感觉电梯虽然在上升，但自己觉得这里面的空气就好像凝滞了一般，几次张嘴想说点什么又咽了回去。不行，不能这么沉闷下去，我得张口说话，至少要让支店长知道我的名字！在鲍莲裳心里反复这么提醒自己、告诫自己中，电梯已经到了 32 楼。

电梯门一打开，支店长就头也不回地大步走了出去。

✎ **短评**：尽管当下的职场新人已经是以"95 后"（甚至"00 后"）这些个性张扬的新生代为主了，这些社会阅历尚浅的年轻人，在人多时或熟人面前的确很活跃，但是面对生人或自己落单时的表现会大不一样。尤其在与对自己职业生涯握有"生杀大权"的大老板单独相处时，更容易显得手足无措。

🔍 案例 No.166　老员工也会怯阵

鲍莲裳在这个岗位上已经干了两年，也算是出师的老员工了，已经可以独当一面了。

今天部门经理带她去拜访一个大客户。这可是个大项目，今天终于约上了对方负责采购的集团副总。听说此人很厉害，是个创业的大老板，鲍莲裳很想见识见识这种高层人士。

一路上和经理聊天，鲍莲裳谈产品、谈推销、谈服务，经理见她说得头头是道，就把一会儿向客户介绍这款产品的任务交给了她。

起初，鲍莲裳还推辞，怕自己讲不好。但经理说："你试试看嘛，要相信自己的能力。"于是，鲍莲裳就想："自己都干了两年了，这款产品已经轻车熟路，而且平时不也总能侃侃而谈吗？应该没有太大的问题。"她就应了下来，并在脑海里暗自筹划了一番。

但是，在那间装修豪华的会客室里见到那位大老板走进来，鲍莲裳莫名地感到了一股巨大的心理压力，伴随那点兴奋感，两相加起来就得出了120%的紧张！

结果，鲍莲裳脑子里准备了好几遍的介绍，刚开头就被大老板直接给打断了！他面无表情地说："请说重点。"鲍莲裳一下子蒙了："重点？我这不就是在说重点吗？"现场出现了几秒钟的冷场。幸亏经理马上接过话头继续说下去，才没造成项目的损失。

短评：老员工又怎么样？你体会不到那些成就远大于自己的大老板脑子里在想什么，他们每天面临种种巨大的压力不得不高效地工作，表现出来就是"冷酷"。

企业的中层领导喜欢用来描述高层领导的几个词：数据狂，时间压力大，攻击性强，毫无耐心，要亮点，要想法，以及十分可怕。当经验不足者面对大老板时，他会感到来自大老板身上的那种无形的压迫感，那是常人难以抵挡的，往往导致自己发挥失常、败下阵来。

➤ 调整好向高层领导汇报的心态

建立自信：多到大风大浪中去历练。只有经历几次这种场合才能克服巨大的心理压力。

善于学习：向领导和老板学习。学习他们工作的高效，并用于这种"冷酷"的场合。

逻辑性强：换位思考。此时，他想知道什么？如何尽量简要地表现出自己的逻辑性？

　　除了拥有良好的心态，还要抓住机会。

　　即使你活泼开朗、能说会道、鬼点子多，也能应对各种情况……那也得有展现的机会才行，是不是？机会总是光顾有准备的人。这"准备"二字非同小可，可不是说说而已。

🔍 案例 No.167　接近大老板的准备

　　鲍莲裳和同学小张、小李是毕业前公司到学校来开招聘会时同时被录取到这家公司的。这家公司是一家规模很大的外资企业的在华分公司，刚刚起步。她们三人分别在三个不同的部门工作。一年后，鲍莲裳最先被提拔做了主管，这是怎么回事呢？

　　原来，小张在学校就是优等生，学习成绩很好，各门功课都是高分。走上工作岗位后，她觉得自己比别人更有优势，可是自己的才能被直属上级压制了，有劲儿使不出来。于是，她经常想：如果有机会能见到大老板展示一下自己的才能就好了！

　　小李也有同样的想法，她可是个行动派！有一天午餐时，她在食堂直接端着饭盘坐到大老板对面，去和大老板攀谈，结果大老板连她是谁都不知道。

　　鲍莲裳则不然。她先是从老员工联师傅那里详细地了解了大老板留洋海外，又被派回国来创建分公司的个人奋斗历程，弄清了大老板毕业的学校、学习的专业。这半年她还认真地观察了大老板的行事风格，分析琢磨他在全公司大会上的几次讲话精神，据此精心设计了几句简单却有分量的开场白。她跟大老板的司机关系也很好，不动声色地摸清了大老板进出公司的规律。然后，她在算好的时间去乘电梯，当然也就几次"偶遇"了大老板。

　　从一开始的打招呼到能聊上几句，慢慢地熟络起来。几次这样的"邂逅"之后，鲍莲裳终于争取到一次向大老板直接汇报某业务的机会。那次长谈后不久，鲍莲裳就被委任了更好的职位。

　　✏️ **短评**：准备工作如何，往往决定成败。只想是无济于事的，要行动，关键是要用心。

🔍 案例 No.168 机会是创造出来的

鲍莲裳：商科长，和您说几句话可以吗？

商科长：嗯，小鲍，什么事？

鲍莲裳：刚才您不在时，总经理来对××下达指示的那件事，现在我做完了。

商科长：噢，就是你上午给我打电话说的那件事吧？

鲍莲裳：是的，当时您指示了几个要点，我都按您的指示办好了。

商科长：拿来我看看。嗯……这个样子可以了。

鲍莲裳：总经理下达指示时说，让我做好后直接去交给他，可能是要确认里面的数据吧？

商科长：既然总经理是这样下达指示的，那么这件事就由你去向总经理直接汇报吧！

✏️ **短评**：这样一来，接触大老板的机会不就（自己借机）创造出来了吗？

是天赐良机吗？是，也不是。总经理在商科长外出时来布置任务的确是天赐良机，但如果没有鲍莲裳最后的那句话，也难有这次去向总经理展现自己的机会，这叫"顺势而为"。

愚者坐等机会，智者善抓机会，成功者则创造机会！

积极进取的人，不会消极地坐等机会的"光顾"，而是做好准备后，主动地创造机会！

本节复习

基层员工能向大老板展现自己才华的机会太少了，但绝不是完全没有！

活用"报联商"铁则 No.58

机会来临时要慧眼能识、善于捕捉，而高手则是自己创造机会。

6.1.5 关键时刻绝不能掉链子

➤ 当机会来临时

🔍 案例 No.169 掉链子

这次出差买的是"夕发朝至"的夜行列车卧铺票，为的是睡一夜，明早到了目的地就能投入工作。公司安排了好几个人，是总务部给统一买的火车票。

上了车后，鲍莲裳才发现和自己同一个包厢的是在自己上铺的同事小姜，对面的上下铺还空着，不知道是谁。

鲍莲裳和小姜刚安顿好就见到自己部门的经理进入包厢，两个人跟经理打了声招呼就不知道该说什么了，气氛一时有点冷场。

车还没开，小姜打破了僵局。她看到经理脱鞋坐到了铺位上就说："哎呀，经理您的这双鞋好漂亮啊！"这下子像是找到了话题，经理的话匣子打开了："这是去年夏天去欧洲旅行时在意大利买的。"于是，小姜和经理就这双鞋谈到了欧洲见闻，经理很自豪地炫耀起自己的欧洲之行来。

车子开动好一会儿了，小姜边听着经理的炫耀边取出个大红苹果。削好皮后切了一块，插根牙签递给经理，也分给下铺的鲍莲裳一块："来，尝尝我们陕北洛川的红富士，我娘上周寄来的。"经理一边接过苹果一边问："你老家是陕北？""是啊，陕北瓦窑堡，毛主席开会的地方！"小姜非常自豪地说。经理一听更来劲了："去年局党委组织我们去延安参观学习时去过那里，陕北可是个好地方啊！"

看着她俩上铺、下铺聊得热闹，就在经理对面下铺的鲍莲裳反而插不上嘴、没话可说，只好保持沉默。

✏️ **短评**：上级也是人，也有七情六欲，也要过日子。以平常心对待就能破冰沟通了。

平时不重视日常的打招呼，养成与人"报联商"的习惯，就难拥有善于沟通的本领。

➤不放过任何一个机会

案例 No.170　好学的年轻人

　　我的一个朋友是某建筑设计院的院长兼总工程师。一般技术上的事都是召集项目组人员开会讨论，偶尔也有他想起什么时，自己到那个小组去询问并当场讨论的。

　　渐渐地，我的朋友发现不论他到哪个项目组现场处理问题时，都会有一个小伙子在场。

　　在他自己的项目组时，他会积极发表意见、提问题、认真记录。而在别的项目组现场议论时，他只是一个旁听者、笔记者。甚至不在一个楼层的科室，他也会追到那里去旁听。

　　于是，我的朋友开始关注这个人。经过几次考察、谈话后，把他调到身边做了自己的秘书。

　　短评：喜欢学习的人不放过任何一个可以学习的机会。课间休息时，有好学的学生到讲台上去向老师提问。当他自己的问题得到解答后也不离开，继续旁听别人的提问，学习知识。

　　这种行为能产生双面效果。从学生的角度看，不过是自己渴求知识想多学一点儿罢了。但从老师、长者、上级的角度看，这个人就具有勤学好问的"好品质"了。

案例 No.171　无处不在的考察

　　清朝的曾国藩在年轻时科举考中后到北京做了翰林，整天编修文档书籍。几经周折，终于得到了军机大臣穆彰阿的举荐，获得了觐见咸丰皇帝的机会。

　　觐见那天，曾国藩先被太监引到了皇宫里的中和殿，让他在此稍候。曾国藩诚惶诚恐地等了半天也不见什么动静，度过了初期的紧张，他渐渐恢复了平静，并开始细细打量起这间大殿来。只见殿里墙上挂了很多清朝历代皇帝的圣训。曾国藩对这些文字很感兴趣，便信步观看逐一细细品读起来。他发现这些圣训皆是至理名言，不禁边读边在心中暗暗默记。

正观赏时有太监来唤，将他引到另一间暖阁拜见皇帝。咸丰帝见了他，问过姓名、籍贯、现供职何处之后，好似不经意地说了一句什么。全神贯注倾听皇帝问话的曾国藩马上听出这是刚才在中和殿看过的一幅圣训中的上半句，于是立即接出了下半句，皇帝听后微微点头。

觐见完毕，后背一身冷汗的曾国藩暗暗庆幸：幸亏自己观察得仔细且记得清楚，看来刚才让他长时间的等候，竟然也是考试！

（根据网络故事编写）

短评：在大老板面前不要高谈阔论，该优先应对的是如何通过他对你无处不在的考察！只有功底深厚、细心周到的人，才有可能闯过大老板在不经意间设下的险关。

➤ 临场发挥不是凭空的

当突发机会到来时，你能抓住这个机会吗？那可是需要平时多积累、多下苦功夫的。

🔍 案例 No.172　消夏晚会

每年最热的那几天公司都要在厂区附近的居民小区里举办消夏晚会，摆出帐篷设置些供孩子们游玩的设施，趁机给居民们介绍公司的一些夏季商品。这样做既能借机推销公司的新款产品，又能和厂区附近的居民们关系融洽。几年来，效果一直不错。

今年的筹备会又召开了。各部门的相关人员都到齐后，此项目的负责人总务处主任却宣布："今年公司给这个项目的预算大幅削减！"这句话就让会场炸了锅。

负责采购的人说："孩子们的小礼品必须提供哦！"负责运输的人说："必须确保把那些器材运过来的车辆呀！"负责运营的人说："礼仪小姐还是要雇的。"会场一片混乱。

主任让大家安静下来："大家不要光吐槽，发牢骚没用，还是想想办法吧！"

于是，有人提议缩小规模，有人建议减少费钱的项目，有人建议找居委会协助……

主任看了看一直没说话的鲍莲裳："小鲍，你有什么想法吗？"

鲍莲裳这才深思熟虑地问："像往年一样正常举办的话，缺多少钱？"主任说："缺口大约有 4 万元。"鲍莲裳慢条斯理地说："我觉得可以向咱们公司的领导们借钱，比如每人借 1000 元。如果消夏晚会运营得好，有利润结余的话，再还给他们。"

鲍莲裳的说法打开了大家的思路："是啊，公司 5 位大领导，每人借 2000 元，经理们每人 1500 元……"于是，大家开始掰着手指头核对经理级领导有多少人、科长级领导有多少人。

鲍莲裳笑眯眯地又说："别光议论'开源'，'节流'方面有没有办法？"

于是，大家提出了好多建议：有些工作使用的器材周五那天就别运到厂里来了，直接卸在小区，委托居委会给看管一下，可节省运费；礼仪小姐不外聘大学生了，动员公司的女员工们充当一下；所需的罐装嘎斯可以改用大煤气罐，便宜……好主意都出来了。

主任一一做了记录，又一一布置了具体人员负责落实，并鼓励大家："这次情况有些特殊，我们凡事都要本着节约的原则，既不能让活动减色，又要争取有利润结余。"

结果，在大家的努力配合下，今年的消夏晚会不仅办得和往年一样红红火火，而且真的有利润结余，借领导们的钱都还上了。

短评：若当场就拿出切实可行令别人刮目相看的"点子"来，能令大老板"眼前一亮"。但这种能力可不是天生具备的，更不是人人都有的，需要日常不断地思考、学习、积累，才有可能做到临阵发挥。

一般的基层员工每天面对的上级就是自己的直属上级，很难有和大老板产生交集的机会。于是，你的才华、你的能力就很难有向大老板展示的机会。

但这不是绝对的——只要在工作，总会有直接面对大老板的机会，这种难得的机会或会遇到或由自己创造出来。如果没学好"报联商"，不会活学活用的话，即使面对机会也会掉链子。

该说的说不出，该报的报不来！那么，被大老板发现、看中而提拔的机会就会失之交臂。

小贴士 No.19　展现自己和别人不一样的特色

列举了数字之后加一句话。

- 在访问该店铺时，在现场感受到了数字体现不出来的良好气氛，看到了他们员工生气勃勃的精神面貌和客户满意的笑容。
- 客户虽然提出了很苛刻的订货条件，但是从对方的言谈举止中，我感觉到了他们对本公司的信任。
- 数据虽然如上，但作为报告者的实际感受，我觉得……

努力让标题吸引眼球。

- 把单调的《建议书》改为《为提高 A 地区业绩 10%的建议书》。
- 把普通的《调查报告》改为《B 代理店负责的地域发生了巨变》。

本节复习

机会总是光顾那些有准备的人。只有时刻准备着，才不会错过机会。

活用"报联商"铁则 No.59

若想让自己脱颖而出，必须有扎实的基本功才能在关键时刻不掉链子。

6.1.6　抓住机会，让自己脱颖而出

汇报的主观作用是"与上级共享信息"，但客观上汇报还能起到"让上级了解自己"的作用。这一点在你没意识到时它只是个客观的存在，但在你意识到了之后则可以有意地利用！

➤ 有备无患

案例 No.173　洗洁灵

生活化学品生产厂家销售科的商科长，在向总经理汇报新开发的洗洁灵

产品的销售情况时，总经理感觉听不到终端状态的信息，如同隔靴搔痒。于是，让商科长找个在第一线营销的人来汇报一下，商科长就用电话喊来了鲍莲裳。

总经理问鲍莲裳："W 洗洁灵卖得好吗？"鲍莲裳回答"好啊！""哪里好呀？""能去污呀！"※1总经理发火了："咱们公司的洗洁灵不能去污还叫洗洁灵吗？"鲍莲裳一时语塞，好半天（其实也就几秒钟）没说话。总经理更火了："你在第一线，天天跑超市、跑代理商，关于 W 洗洁灵就没看到什么、听到什么？没什么可说的吗？"

这下子鲍莲裳像打机关枪一样地说开了："昨天早上我去甲经销店，他们的业务员跟我说咱们这款洗洁灵烧手。我不信，于是拉着他去找那个反映烧手的人。到了某超市的活鱼柜台，真的有 3 个阿姨说咱们这款洗洁灵把她们的手给烧伤了。我当场就让她们演示怎么洗鱼盘子，结果是她们用的量太多了！她们往直径 25 厘米左右的一盆水里倒了很多，得有两大勺，说是别的牌子都得用这么多，要不然洗不干净。咱们这款产品质量好啊，不用这么多就行。我当场给她们演示了，洗一般的碟碗用多少，洗油腻器皿用多少，洗鱼腥物品用多少，都告诉她们了。结果，那个超市的店长和那 3 个阿姨都说：'这可好，省了钱了。你们家的这一瓶能顶别人家同类产品的一瓶半用呢，真不错。'"

总经理听了这些第一线的情况很高兴："就是嘛，这才是真实的市场反应。"※2

鲍莲裳趁机接着说："总经理，我建议咱们把瓶子上的说明改一下。您看，用洗洁灵的人大多是那些主妇们，她们不大认真看说明文字。尤其是文字又小，最好用图画，标注出洗什么用小勺，洗什么用中勺等。"鲍莲裳边说边掏出兜里随身带的笔记本，翻过写了密密麻麻文字的几页，※3 找到一页空白页当场画草图给总经理看："您看，画这么个碗，旁边画个小勺，再大字注明用量；这儿再画条鱼，旁边配个大勺，注明用量。这样一目了然，阿姨们一看就明白。或者干脆用透明瓶子，像药水瓶子一样在外边标上刻度，那样更方便用户控制用量，不是吗？"

总经理听了频频点头，用赞许的眼光注视着鲍莲裳。等鲍莲裳走后，总经理问商科长："她叫什么名字？"

💬 注：

※1 总经理提问时，鲍莲裳其实是在观察、揣摩总经理到底想听什么？看似语塞答不上来，其实她是在思考："平时早就准备好的几个素材，把哪个拿出来效果最佳呢？"待总经理一连问出几个问题后，她觉得摸清目标了，这才开始展示自己。

——这叫"吻合对方期待的谈话"，捡对方最想听的内容说。

※2 描述完现场情况后稍做停顿，其实是在进一步观察总经理的反应，以决定自己下一步的应对。见总经理满意且对此话题感兴趣，这才抛出自己（早就准备好了）的建议来。这种主动提案型的汇报往往能给上级以惊喜（因为超出了他的期待），于是他会觉得你对工作认真，有头脑（既能发现问题，又能拿出对策来）。

——这叫"用提案获得信赖"。

※3 当着总经理的面掏出随身带的笔记本，翻过写了密密麻麻文字的几页，这些细节动作也是刻意而为的，目的是借机展现自己的工作态度。那几幅画能信手拈来也不会是即兴发挥的，不知在暗地里演练过多少回了。

——这一系列的表演叫"事前做好充分准备"。

✏️ 短评：平常不准备，关键时刻就会掉链子，之后才后悔准备得不充分那可就来不及了。如果准备了却迟迟派不上用场怎么办？只能是"常备不懈"，才能立于不败之地，否则就是"烂泥扶不上墙"。

有人会说，这不是"钻营"吗？这是活学活用"报联商"，是用信息处理术来做工作。只有情商高的人、聪明的人，才会这么做。

《孙子兵法》讲"上兵伐谋……下兵伐战"。那种只懂埋头苦干、死打硬拼的员工有的是，而这样会动脑子、有自己想法，并且积极付诸实施的人，一个团队里能有几个呢？

如果这也算"钻营"的话，我倒希望团队里能有几个这样肯动脑子的人才好。

➤ 策划展现自己的"秀"

🔍 **案例 No.174　韩信运粮**

大家都熟悉"萧何月下追韩信"的故事吧！可是，丞相萧何为什么偏偏舍不得韩信离开，要夜半三更地去追回来，推荐给汉王刘邦做"大将军"呢？

其实，韩信熟读兵书，在楚军项羽阵营时是帐下警卫，听到中军帐里将军们议论作战方案，便忍不住进去发表自己的意见，结果当然是被轰了出去。于是，他觉得怀才不遇，便投奔了刘邦的汉军，碰碰运气。

到了汉营忍耐不住故技重施，仍然被冷落，被发落到管后勤的萧何手下做了运粮官。后勤嘛，管的净是些兵马粮草的事，和作战毫不相关，他更觉得英雄无用武之地。

有一次汉军要打大仗，十万兵马屯兵某地，萧何让韩信把十万担军粮在三天内紧急运抵那里。看看路途遥远、山路崎岖，再加上韩信这边人手、车马都不够，这项任务根本是完不成的！可是，三天后韩信来汇报说粮食运好了。萧何问他："你是怎么做到的？"韩信说："我把两万担运到了我军现在的大营，够十万人吃十天；两万担运到了甲地，够八万人吃十五天；两万担运到了乙地，够×万人吃×天……这样，我手头的人力、运力就做到了。"

萧何听了大惊："你怎么知道我军十天后会移兵甲地，而且是屯驻十五天？"韩信开始跟萧何分析战局：敌我态势、战场地形、双方主帅的风格、友军的位置……说得头头是道，但是萧何完全不懂，更不信！但是，前方战事已开，也只好走着瞧了。

不料，后来战局的发展竟然和韩信的预判完全一致，甚至兵员人数、驻留日期都丝毫不差。这样的事情三番五次地发生，萧何心想："这可奇了，难道韩信会算？"

他暗地里来到韩信的住处，掀起炕席一看，只见席下铺满了竹简书籍。拿起几卷细看，都是兵书！萧何心中有数了："原来如此。看来这个韩信不是当运粮官的材料，不让他指挥千军万马真是可惜了人才了。"

正在这时，萧何听人说韩信已离队逃跑，不辞而别了。萧何一听就急了，马上不顾丞相身份，拦下一匹马就去追。萧何追到半夜才把韩信追上，跟他畅谈并承诺："跟我回去，我把你推荐给大王，让你做大将军，统领三军。"

（根据历史故事整理）

✎ **短评**：没有机会向大老板展示才能有时也很无奈，却可以瞅准了机会向伯乐展示自己的才能。但谁是伯乐？谁是大老板身边的亲信？他的举荐管用吗？自己给他展示什么才能？这些都是要筹划、要思考的。

细思一下：韩信早不逃跑晚不离营，为什么偏偏在萧何去他的住处掀开炕席发现他的兵书时才当"逃兵"？难道他那些心爱的兵书不要了吗？难道他选择这个时机"出逃"不是他"博上位"系列战术动作中的最终环节"欲擒故纵"吗？

展示、验证，再展示、再验证，一而再、再而三地展示之后该使出"杀手锏"了——我"逃"给你看，吊你的胃口，看你来不来追！

我推测，历史记载中"战无不胜"的常胜将军韩信的这一"逃"，也是军事家精心策划的"博上位"全套战术动作中最关键的一环。

➤"厚积薄发"背后的积累

当机会来临时，你能否冲得上去？能冲多高？能走多远？那要看平常积累的功底有多深厚了。机会总是光顾有准备的人，只有做到有备而来，才能不失时机地展示自己的才能。

🔍 案例 No.175　脱颖而出

国防大学教授金一南少将年轻时入伍后在北京军区当通信兵。1984 年，父亲金如柏（开国少将）去世，经组织照顾，32 岁的金一南被调回北京，安排到国防大学图书馆做管理员。这一干就是 14 年，直到 1998 年美国国防大学校长切尔克特上将第一次到中国来，要到国防大学访问，他才抓住机会脱颖而出。

提前几天，国防大学的邢世忠校长（上将）亲自召集会议，研究怎么接待这位美国将军。金一南也被叫来了，他当时的身份是图书馆情报室主任。

会上各系各教研室几乎所有的领导都在讲中美关系的原则和对于一些国际问题的表态口径等，金一南坐在角落里一言不发。别人都讲完快要散会了，邢校长环视一圈会场说："喂，坐在那里的图书馆的金一南同志，你还有什么要说的？"

金一南似乎漫不经心地说了一句话："我想给大家补充几个材料。第一个是切尔克特近期在美军刊物上发表的几篇文章……"

邢校长一听就睁大了眼睛："慢慢慢，你慢点讲！"金一南不慌不忙地扬起手里的几页纸："这是我从互联网上下载的切尔克特近期发表的几篇文章，题目和观点都在上面。"

随后，金一南给大家讲了切尔克特的经历："这个人当过美军陆军参谋长的发言人，不是一般的撰写文稿的角色，而是相当于办公室主任；他在海湾战争期间是美军参联会主席鲍威尔的作战处长；他是海湾战争期间最早知道下达开战命令的四个人之一——美国总统布什，参联会主席鲍威尔，前线总指挥施瓦茨科普夫，还有一个就是切尔克特。"

金一南的话让大家无比惊讶，在场的人没有谁把对手调查得这么清楚。最后，金一南居然还给大家提供了一张从网上下载的切尔克特的照片，此前满屋子的人连切尔克特长什么样都不知道！

邢校长摘下老花镜很专注地打量了一番金一南，最后说："金一南，下午2点前你把所有的材料送到我的办公室来！"

到了切尔克特来国防大学访问的那天，他刚走进大厅，幻灯机"啪"就把他的肖像打在了银幕上。切尔克特只看了一眼就愣在那里——这说明中方对他很了解。

切尔克特来访让金一南沉寂多年的人生骤然出现朝霞。一时间，好几个教研室都想把金一南调去，官司一直打到校领导那里。刚进国防大学到处没人要的金一南一下子成了"香饽饽"。这一年他46岁，被破格晋升为国防大学副教授，47岁走上讲台。

金一南只有初中学历，他完全是靠自学成才。正如他的自白："我并不比别人聪明，只比别人执着！"

注：金一男，1952年出生，做过学徒工、车工、普通战士、图书管理员；

后任国防大学副教授、教授、战略学博士生导师，授少将军衔；

全军首届"杰出专业技术人才"获得者，获"五个一工程奖""中国国际新闻奖"；

著有《心胜》《浴血荣光》等多部著作，其中《苦难辉煌》销量已破500万。

（摘自搜狐网 中国军事文化讲坛——金一南鲜为人知的那些事）

短评：天将降大任于斯人也，必先苦其心志，饿其体肤，劳其筋骨……

孟子说得一点也不错，注意这里面的排序——"苦其心志"排在最前面。因为只有在精神、心理经过磨炼后，有了感悟才能担"大任"。否则光饿饿肚子、干点重活儿却没有感悟的话，与一个干粗活儿的人有何差异？

本节的几个案例，分析、解说了从"菜鸟到大咖"之路绝不是一蹴而就那么简单的。若要让自己早日"脱颖而出"，不仅需要长期的历练、充实，让自己具有真才实学，还要充分谋划，才能在机会来临时施展得当。

IT 时代获取知识不那么难了，很多知识不用死记硬背，到时候从手机上搜索一下就能获取。但是，人际沟通、团队内沟通、和上级的沟通、随机应变、临场发挥……这些智慧、这些技巧、这些本领却是"搜索"不来的。

幻想"不鸣则已，一鸣惊人""一飞冲天"，高歌"我要飞得更高……"的人，还是脚踏实地，在苦难中向上述三个案例中的鲍莲裳卖洗洁灵、韩信研读兵书、金一南当资料室管理员时一样扎扎实实地磨炼、充实自己，时刻做好准备才是正路。

只有丰富了自己，才能在机会到来时，用妥善的"报联商"技巧把信息传递出去，展现自己的实力，进而改变自己的命运。那些希冀"天上掉馅饼"的想法是不切实际的，须知"天道酬勤"。

本节复习
能一举脱颖而出的人都因基本功扎实，才能在机缘巧合时不掉链子。

活用"报联商"铁则 No.60
高超的"报联商"不仅要有扎实的功底，还需要用心策划、谋定而动。

6.1.7　"报联商"所崇尚的境界

"报联商"是信息处理术，其崇尚的境界是：在知己知彼的前提下，用提案进行沟通。

在职场上遇到一位好上级的运气，比遇到好父母的概率还低。既然身在职场，就做好充分的思想准备，去与上天分派给你的那个上级打交道吧！

怎么才能把自己的上级"搞定"？不仅能和平相处，而且能迅速成为他的"倚重对象"。提建议（给他出主意）就是个很好的办法，因为团队里其他人一般都只顾埋头干活，谁会替上级着想？谁会主动给上级出谋划策、帮他排忧解困呢？可是，上级就需要这样的下属。

➢ 提建议是门技术活

提建议不是张口就来的，想到了就说出来往往会"成事不足，败事有余"。

做这件事需要端正观念、摆正位置、看清利弊、谋定而动，所提的建议才有可能被采纳。

提高自己提建议的能力，让自己无论遇到什么样的上级都能从容应对。

实技 No.53 提建议前先审视一下

1. 先弄清楚自己是在提建议，还是在挑毛病、吐槽？

2. 自己是不是尚处于"人微言轻"的位置——资格、层级够不够？

3. 这个问题是需要立刻解决的吗？

4. 只有你一个人看到了这个问题吗？别人都不知道，组织没有应对吗？

5. 自己是否已深度介入该事件并已长期参与其中，看清了事情的核心，有说话的资格？

6. 是否只站在自己的位置、视角看待问题，和相关部门的关联影响考虑了吗？

7. 是否只站在自己的层次思考问题，全局的高度够吗？

8. 不是"只要自己觉得好的建议对方就该接受"，对方也是人，你所提的建议对他有益处吗？

这些问题没弄清楚，就贸然提出自己的建议，被对方采纳的概率很低。

提"意见"和提"建议"是两码事，许多人把抱怨当成了意见。假如一个人在提意见的同时附有解决方案（先不管其是否正确、可用），至少说明他对该问题已做了深入思考、有对策方法，而不仅仅是在吐槽。

你提出的应该是有助于发展的建设性意见（而且也配有具体实施措施），否则就闭嘴！因为一味的抱怨和盲目的批判不仅于事无补，还会干扰工作的正常推进。

➤ 先看看自己——够格吗

🔍 **案例 No.176　任正非的批示**

> 曾有报道：某大学毕业生刚入职华为一个月就给总裁任正非写了万言书，大谈发展战略。任正非看后批示："此人如果有精神病，建议送医院治疗；如果没病，建议辞退。"
>
> 小米创始人雷军在 2021 小米校招生培训上对新员工说："在入职的前半年，不要对公司战略和业务提出任何意见，因为此时的很多建议都不成熟，应当在充分了解公司之后再表达自己的想法。"

✏️ **短评**：职场新人存在不够深入的通病。他们对公司的运作机制、工作方式及内在优劣势都还不了解，在这种情况下提的建议能切中要害吗？

在"位不够高"或者"参与度不够深"的情况下，下属提出有效建议的概率的确不大，所以不被上级看好是正常的。

➤ 再看看对方——做到知己知彼

提建议的时机根据不同的组织和不同的人有所不同，但有一个最基本的要诀：尽量在上级处在可以接受"挑战性建议"的状态时提，在上级需要你和认可你的时候提。

你站在自己的专业和职能角度提出的建议，不一定就是上级所关注的要点。

🌐 **实技 No.54　提建议前先看看上级**

- 上级精力和情绪欠佳时；
- 上级正处理棘手的问题时；
- 上级已经做出了最终决策时；
- 上级处于一种自满状态时；
- 上级对你的能力持否定态度时；
- 上级对你的建议已给予连续否定时；

- 上级正在集中精力解决其他更大的问题时；
- 上级认为他自己对情况的掌握超过其他人时……

这个时候不要去提建议，因为被采纳的概率很低。

如果你提出的建议并没有触动上级最关注的地方，他也许会听，但不一定会重视。

实技 No.55　提建议的 6W3H

Why	为什么要提建议？	——寻求解决办法；探索突破；谋求改进；希望达成共识。
What	提什么样的建议？	——能解决当前问题的建议；可操作性强的建议。
Who	向谁提出建议？	——上级；协作对手；工作卡顿的对方；阻挡自己的人。
When	什么时候提建议？	——对方正在关注此事时；在他急需应对此事时。
Where	建议的重点在哪儿？	——切实可行的；战术层级的；对方易于操作的。
Which	用什么方式提出？	——口头当面提出最好，便于说明、协商；可辅以文字资料。
How to	怎么提建议？	——站在对方的立场上思考，拿出对他有益的建议。
How much	该做到什么程度？	——不仅提出建议，更要和他充分讨论，达成共识。
How many	要耗费多大精力？	——充分调查，深度介入，全面思考，谋定而动，一举成功。

本节复习

用提建议的方式表明自己的看法、展开充分讨论、力争达成共识才是应有的"报联商"。

活用"报联商"铁则 No.61

"报联商"追求的境界：在知己知彼的前提下，用提案进行沟通。

6.2　拒绝对方

"人生八成不如意"，面对上级强压下来的超负荷工作，面对自己不愿意做的事情，面对对方的强行主张等，自己从心里就不愿意接受，可是怎么拒绝呢？既不能伤了面子，又不能伤了和气，这种拒绝正好体现了"报联商"的用武之地。

6.2.1　要敢于说"不"

案例 No.177　好说话的下场

鲍莲裳是个完美主义者，为了和周围的人搞好关系，她不仅把上级交办的各项任务都尽力如期圆满完成，而且同事们有事找她也都满口答应。时间一长，既获得了上级的信任，也获得了同事们的好评，鲍莲裳很自豪！

"能者多劳"，上级边说边把任务不断地压下来；同事们也是，有了难处就跑来找她帮忙，身边的人谁都能指使她做事。鲍莲裳还是像以往一样笑嘻嘻地说："没问题。"

可是，近期不大对劲了，由于自己天天加班，甚至周末也跑来干活儿，身体有些吃不消，头也发昏！

终于，还是出错了：今天下午在办一件事时，鲍莲裳把该发给北京总部的一份快递发到山东分公司去了！结果，北京的负责人打来电话，责问鲍莲裳的科长。科长挂断电话就冲鲍莲裳大发雷霆，鲍莲裳心里好委屈。

✎ **短评：** 只知服从不知拒绝，一味地接活儿结果会影响工作、影响健康。一旦工作上出了差错，对公对私都不好。要懂得：拒绝也是一种工作，适当的、合理的拒绝正是为了更好地工作，是真正的对工作负责。

商场上、生活中，我们经常遭遇这样的不如意。

- 尽管你已经忙得要死，还来给你派活儿的上级。
- 明明是他自己忘了下单，却突然要求你按期送货的买家。
- 讲好了不能退货的商品，硬要求退货的顾客。
- 好不容易到了签约阶段，突然再次要求压价的对手。

面对这样的无理要求，你是有权拒绝的。

- 直接回答"No"不就行了——对方的感情呢？今后呢？
- 对方一施压你就让步——对方会得寸进尺！
- 硬着头皮答应下来——勉为其难的事，之后怎么办？

🔍 **案例 No.178　该陈情时别犹豫**

鲍莲裳：（根据记录复述了上级交代的这项工作之后）商科长，请问您现在交代的这项工作什么时候要完成呢？

商科长：最好今天下班以前给我。

鲍莲裳：是吗？要是现在我就做的话，应该是能做完的。但是科长，上周您让我做的那项 A 工作也是要求我今天完成的，您忘啦？我这里正在收尾，今天下班前刚好能做完。现在您又交代下来一项工作，也要今天做完，我不知道这两项工作哪项优先？

商科长：哦，对呀，你手里还有 A 工作呢，看我这记性。

鲍莲裳：就是呀，上周五下班前还跟您确认过中间进展呢。

商科长：知道啦！这两项工作今天都得做完。你继续做你的吧，这项新工作我另找别人。

鲍莲裳：是吗？那我一定按时把 A 工作做完。

✎ **短评：** 该说的时候就得说出来。这不是偷懒，更不是矫情，这是陈述事实，是陈情、是提醒、是让上级知道你这里的现状。你的"拒绝"能让他这个"调度"更加合理地使用自己手里的资源。

如果这个时候也不拒绝，只是默默地把工作接下来，到时却做不完或者虽然做完了却质量很勉强的话，上级会不满意。那时你才说两项工作压在手里没办法都做完，等等，上级会吼你："那你接受工作时为什么不当时就跟我说清楚呢？"

有时候，人们为什么不敢说"不"呢？

在社会上，人们往往过于在意周围人的眼光，明明自己的工作已经很忙了，还是不好意思拒绝别人。当一些工作压过来时，许多人往往是心里有想法，可就是说不出口，常常自己生闷气。

有的场合由于不好意思拒绝就以沉默应对，结果让对方误以为你允诺下来了。可是，后来才发现其实人家也不过是随口一说而已，本来就没抱什么希望，不料你竟然答应了。

要不就是给人家一个不置可否，让人家等待的答案。其实，对方只是想听你个准信，他是完全可以根据你的反馈做出调整的。如果你一直沉默着，反倒让人家不知道下一步该怎么办了，能不对你有意见吗？

🔍 案例 No.179　敢于说"不"的勇气

读大学时的鲍莲裳经济并不宽裕。有一次，姑妈到她就读的那座城市来办事，顺便来看她。鲍莲裳很高兴地陪姑妈游览这座城市，到了吃晚饭的时候，她兜里只剩下不到 100 元了，心里难免惴惴不安。

点菜的时候，姑妈拿着菜单征询她的意见，鲍莲裳只是含糊地说："随便，您点吧！"姑妈毫不客气地点了几样这里的特色菜。虽然没看菜单上的价格，鲍莲裳也能预估出这顿饭所需的钱，自己所剩的那点钱是不够的。怀着这样忐忑不安的心情，这顿饭她吃得心不在焉。

结账的时候，看着服务员递过来的账单，鲍莲裳尴尬地张了张嘴，不知如何跟姑妈讲。

姑妈笑吟吟地付了钱，带着鲍莲裳走出餐馆说："我从点菜时就知道你的难处了，我一直在等你说'不'，可是你一直没说，为什么不说呢？要知道，人的一生不可能总行。当知道自己的确不行时，一定要勇敢地说'不'，这是一种让自己生存的能力。"

✏️ **短评：** 职场上的事该拒绝的就拒绝。如果勉为其难却做不好的话会耽误工作，那并不是美德，也不是对工作负责的态度。其实，为难的只是说"不"的那一瞬间，而收获的却是自己不必勉为其难的实惠。

不能让商场上的对手觉得你好欺负，也不能听之任之！你要用"报联商"这个"信息处理术"来应对困境，既不能让对方得逞，又不能损伤感情；既能拒绝他的无理要求，又能让他更尊敬你！

🌐 **实技 No.56　哪些工作可以拒绝**

- 这件事和自己有关吗？关系深吗？
- 拒绝此事，是否会影响自己的发展？
- 接受该工作是否会影响其他工作的进度？
- 接受该工作会给自己的生活带来多大影响？
- 拒绝该工作会失去一次学习新知识的机会吗？
- 明显增加焦虑感？私人时间大幅缩减？

当你难以做出决断时，可以列出优劣点来，自己打分、分析。

本节复习

人非万能，总有做不到的时候，所以拒绝是难免的，没什么不可以。

活用"报联商"铁则 No.62

该拒绝的就拒绝，才是真正对工作负责。

6.2.2　拒绝上级的加载，给工作减量

有时候，上级可能会不顾你的承受能力强行给你派些你承受不了的工作，客户、同事也可能会不顾你的工作压力超极限地把工作委托给你……在职场上，难

免会遇到这种不情愿的事。

- 压抑自己，逆来顺受，无奈地回答"是""知道了""我马上做"吗？（心中不愿意）

- 当场拒绝，推掉？——得罪人，关系闹僵。（今后为难）

- 先接下来，却搪塞或敷衍，虚与委蛇？——对方不满意，自己不舒服。（结果双输）

➢ 活用"商谈"拒绝接活儿

🔍 **案例 No.180　"商谈"的作用**

又到月底了，今天将是财务科鲍莲裳最忙的一天，下个月所有外勤人员的经费报销和补贴发放的统计、准备工作都得在今天完成才行。

早会上总经理发表讲话："我们的产品出现了质量事故，消费者使用的话会产生神经性皮炎。现在相当数量的问题产品已经发货了，公司已经在媒体上公开道歉并开始尽全力回收。因此，从现在开始公司总部全员进入应对此次事故的特别体制，各位员工将分担相应的工作，具体做什么工作请听候各自上级的安排。"

散会后，商科长指示鲍莲裳和大家一样从今天开始的 3 天都去仓库帮忙。

鲍莲裳：科长，你是知道的，我的工作每个月都是今天最忙。如果让我也去仓库的话，那下个月大家的经费报销和补贴发放，肯定就不能按期啦！

商科长：听总经理的，让那些外勤人员等几天。

鲍莲裳：咱们总部的这些外勤人员倒好说，可是下边那些分店的外勤人员明天也在等呢，他们可不知道咱们这儿进入了应急体制啊！　※1　再说，所有人都走了，这屋里也得留个接电话的人吧？别再耽误了什么事。要不，我留下兼管接电话？　※2

💬 **注：**

※1　拿出让对方难以反驳的理由来拒绝。

※2　提出切实可行、对对方也有益的替代方案来"商谈"。

✏ **短评**：商谈就是要敢于拿出自己的意见和上级沟通，探讨出更合适、更合理的方法来。在本案例中，大胆提出自己的见解和上级"商谈"，既是对工作的负责，也是对上级的辅佐。

➢ 面露难色，打好预防针

🌐 **实技 No.57　明确式接受，但要表明态度**

用特有的方式来表明自己的态度（包括肢体语言，如手势、眼神、表情、动作……）。

- 反复确认（这个……真的是必须今天完成吗？）　——面露难色给对方看。
- 讨价还价（那你得帮我……）　——有失就得有得。
- 设定条件（如果把手头做的工作放一放的话……）　——在某种条件下。
- 有言在先（既然如此，那我先试试看吧，不过……）——打好预防针。

✏ **短评**：这其实是在明接暗推，总比勉为其难地说"没问题""知道了""好的"等内容要好，这样能给后续的操作留下较大的机动空间。

🌐 **实技 No.58　暧昧式接受——让对方感觉你很勉强**

- 是吗？真的假的？
- 别开这种玩笑了。
- 我可没这份自信哦！
- 你真让我为难呀！
- 你这是要看我的笑话啊！
- 你可别指望我哦！

✏ **短评**：这样的应对，当场就能让对方有一个（万一你做不了、做不好、不能按时……）心理准备，能给自己预留后续的回旋余地。

实技 No.59　折中式接受——做出些许让步，适时止损

对　方：小鲍，帮我把这个分分类好吗？两三个小时就能做完。

鲍莲裳：我今天下班后和别人有约，得早走。

对　方：我跟你们科长打过招呼了，他说可以找你的。

鲍莲裳：今天我得早走科长是知道的，为此我昨天还加班了呢。不过，现在 4 点了，从现在开始帮你一个小时还是可以的。

短评：最后一句话是用折中的让步来缓冲、避免矛盾，尽量减少负面的影响。

> **分清轻重，打好招呼**

案例 No.181　孰与先？问明白

科长安排鲍莲裳去调查客户需求。

鲍莲裳：科长，我先把手头这件事做完再去调查可以吗？您什么时候要？

商科长：我现在就想要。

鲍莲裳：好的科长，那我先去调查。不过，昨天您安排我做的那件事就得往后放一放了，否则可能会影响这次调查。等做完调查我再继续做那件事，您看怎么样？

短评：不得不接新活儿也不要紧，如果觉得负荷量超过了自己的能力，会影响其他工作进度的话，还是早点跟上级"有言在先"为好，这等于打好了预防针，能保护自己。

这种关头还是说明白好：你交给我的活儿都在这里，我都给你摆出来，哪项重要？哪项优先？由你决定！

别顾及面子什么也不说，结果上级不知道你有难处，最后导致费力不讨好，你先做了这项工作却耽误了那项工作上级不满意，岂不冤枉？

练习题 No.11　如何拒绝加班

鲍莲裳本周五和对象有约会。为了周五能在 6 点结束工作去赴约，本周的前四天每天晚上她都加班到 8 点！今天周五，看现在这样子可以 6 点下班。

这时，上级却来说："和你负责相同工作的小艾那儿做不完了，你能帮帮她吗？"

允诺？——这一帮忙，今天的约会可就泡汤了。

拒绝？——怎么拒绝？

> 曲线拒绝

案例 No.182　下出先手棋

总经理秘书是营销部三组组长鲍莲裳的同学。11 月下旬，鲍莲裳从这位同学那里得知为了完成今年的销售目标，总部有意向在 12 月份给营销部增加 20% 的指标！鲍莲裳根据自己对部门经理以往做法的了解，这 20% 肯定会让 5 个组均摊，可是现在她这个组可承受不了！

怎么才能减轻这个压力呢？用"报联商"，即用心 + 动脑！

鲍莲裳起草了一份报告，找了个机会去向经理"请示"。她递上那份仅有一页纸的报告，题目赫然是"申请增员"几个大字。底下有清晰的 3 段话，第一段：小杨近日要辞职，已打了报告；第二段：佟姐还在哺乳期，每天要回家哺乳；第三段：新分来的大学生肖勤虽然干劲十足但还在试用期。今年的指标靠现在这些人手完成有困难，因此要求增员。经理批复：尽量挽留小杨，通知人事部尽快招人。

第二天，经理公布根据上级要求分配的任务：鲍莲裳这个小组指标增加 2%，其余 4 个小组各增加 4.5%。"第三组目前人手不够"，经理这样跟其他几个组长解释。

✎ **短评**：扬汤止沸不如釜底抽薪。把自己面临的困境和压来的工作之间的矛盾分析一下就能找到症结所在。任务已经很重还要加载，而且现在的人手不够，那么申请"增加人手"也就等于告诉上级"别再给我加活儿啦"。

下属一去汇报上级就指示一通，反而增加了活儿？

小贴士 No.20　应这样看待上级的 "新指示"

- 提前汇报——报计划（还没动工就去汇报，他就是干涉，修改的也只是计划，还不至于返工）。
- 加大密度——下属的汇报是上级的 "精神安定剂"。即使下属在按上级的指示做，只要情况不明上级就难免惦记。让上级密切地、及时地知晓，他就会放心。
- 量不会大——密度一大，每次距上次并没有前进多远，此时即使指示了新活儿也是对原工作的修补，工作量不会很大。
- 能学本领——这种加活儿的指示大多有 "修正轨道" 的意义，下属正好可以趁机学习。
- 避免返工——这种指示虽然加了活儿，却能在上级的指引下直奔（他心目中的）终点靶心，可以起到用频繁的 "小修正" 来避免因没有中途汇报而造成的完工结果偏离靶心时的大返工——哪个工作量更大？

➤ 把手头的活儿分出去

如果你手头的活儿太多的话，可以分流给同事。当然，不是由你直接去分给同事（你没有权利指使同事，人家也不会动）。这里所说的分流，是让你通过上级去 "合理分流"。

这样被分流的工作，需具备如下几个条件。

- 这些工作如果不能按时完成的话，肯定会影响后一道工序，甚至可能影响很大！
- 必须是那种不是非你不可，别人也能做的工作。
- 在上级对你迄今为止所做的努力已经有所了解的前提下（接活儿的时候打过预防针）。

有这几项先决条件，你就可以运用 "报联商"，通过上级把自己手里的活儿分出去了。

🔍 案例 No.183　用商谈把工作"分流"

鲍莲裳：商科长，跟您汇报个事。昨天您让我做的这项工作，由于×××原因到现在才完成了一半，按照这个进度今天下班前恐怕做不完了。我昨天接活儿的时候就担心，怕我的那台电脑可能会不给力，果然，处理这种图片过多的文件就是很慢。您看，能不能把这些图片多的部分分给小张去做？他那台电脑处理图片可快啦！我这台电脑再这么慢吞吞的话，会耽误交期的。

✏️ **短评**：在确定"这样下去会坏事"时尽早去商谈。跟上级讲明事实、原因，重要的是提出合理的对策。上级会采取相应的措施（他是调度），毕竟上级也不愿意工作出问题。

🌐 实技 No.60　沉默不答也是一种拒绝

临近下班时间了，鲍莲裳心想：今天是妈妈的生日，得早点下班回家。

某同事：小鲍，有空吗？一起出去喝一杯？

鲍莲裳：……

某同事：怎么样，去不去？

鲍莲裳：嗯……

某同事：看来，没戏啦，那算了吧！

🌐 实技 No.61　给的期限太紧

此时，首先要对自己的工作速度心里有底，然后分析清楚以下几点。

1. 问清：彻底弄清楚工作目标和要求的完成时间，对该工作有多大量心中有个估算。

2. 思考：有没有能力和办法合理安排时间，按时完成。

3. 抗议：如果觉得做不到，当场就要提出异议。

4. 确认：为了此项工作优先，哪项工作可以推迟（条件置换）？

5. 询问：能否增加资源（资金、设备、人手、权限等）？

6. 摆理：用倒算法、用数据、用自己的现有资源来证明不可能、做不到。

练习题 No.12 哪种应对好

商科长：小鲍，本周末之前能写一份上周的市场调查总结报告给我吗？

A 鲍：科长，你知道我现在正在赶写业界报刊要的那份通信稿，离截稿日期只剩两天了。在这种关头再让我写市场调查的总结报告是无法做到的，还是您自己写吧！

B 鲍：科长，我也觉得该写一份市场调查的总结报告。但您是知道的，业界报刊要的那份通信稿离截稿日期只剩两天了。如果我接下您的这个新任务，那么就我自己的能力而言，恐怕本周内不能把两件事都做好，别回头两件事都耽误了。您觉得我该怎么办才好呢？

本节复习

工作是上级布置的，但不能强压。强压下属接受了，他若做不好，只能是双输。

活用"报联商"铁则 No.63

巧妙地利用上级手里的资源，给自己的工作减量。

6.2.3 化拒绝于无形

拒绝显得生硬，化解就缓和得多，能够不显山不露水地就把矛盾化解才是高手。

➤ 釜底抽薪

🔍 案例 No.184 从源头上"化解矛盾"

又到周末了，带孩子去哪儿玩呢？儿子五年级了，他是不愿意待在家里的。

老　公：咱们去附近的自然公园吧，开车十几分钟就到。让孩子在大自然中跑一跑既能锻炼身体，也能呼吸新鲜空气。中午饭嘛，自己野炊烧烤吧，孩子肯定喜欢！

鲍莲裳：算啦，那个公园这么近，什么时候都能去。难得这么好的天气，咱们去儿童游乐场吧，周末有时间，开车一个小时就到。那么多游乐设施，孩子准高兴！

两个人各执己见，各自强调自己的理由，互不相让，气氛渐渐不对，快要吵起来了。

老　公：你是不是嫌烧烤太费事？一周工作结束，好不容易到周末，你不想做饭？

鲍莲裳：还说我？你不愿意去游乐场还不是想省钱，也不愿意开一个小时的车受累！

老　公：就是嘛，都想想对方主张背后的原因不就明白啦！好吧，你不想做饭那就不做，中午饭咱们去自然公园旁的那家韩国烧烤店吃烤肉，好不好？

鲍莲裳：这还差不多。想想一周下来你也挺累的，再让你开车我也心疼。好吧，那咱们就睡个懒觉，睡足了轻轻松松地去自然公园，你们父子俩踢球去吧！

✏️ **短评**：面对不同意见，解决办法犹如治水一样，不能"堵"（反驳）应该"疏"（用询问查出原因，诱导疏通）。简单地一味拒绝不如化解，学会从源头找问题，只要找准对方主张背后的利益点或顾虑点，就能轻松化解。

➤ 换个说法，不要冲撞

🔍 案例 No.185 难以接受时

客：以往的交易对象都给我们做××事呢。

鲍：请您再仔细看看我们的报价资料，确认一下我们和他们在哪些地方有区别。

客：我们要求一个月以内交货。

鲍：您这样要求的话，我想再给您详细说明一下产品的质量和安全性能，您好好考虑一下哪个更重要？

客：这些服务项目，哪家都做得到，还有没有其他的？

鲍：那么，请问您具体有什么特殊要求呢？让我看看能不能帮到您？

短评：巧妙地用语言设置缓冲带——给对方面子，给他台阶。语言可以谦恭但态度要坚定。

实技 No.62　不留期待值

拒绝时：别说"没办法"（避免正面冲突）。×

　　　　应该说"我实在难以……"√

维修时：能干吗？不行（你还没试呢，就说不行？）。×

　　　　我试试看，尽可能……√

找货时：有 S 吗？没有（你还没看呢，就说没有？）。×

　　　　我看看；等我给你查查。√

缺货时：何时到货？不知道。×

　　　　等我确认一下；虽然还联系不上，一旦有了结果马上……√

索赔时：不能补偿得更多了——到此为止，被封死的感觉；×

　　　　能补偿的限度到此为止——再没有余地了；×

　　　　终于可以补偿到这个地步了——（经过努力）终于为你争取到了！√

　　对于对方的要求，如果你的回答是"还行吧""让我为难""如果到此为止"等表述的话，会让对方觉得你还有水分，他还会继续榨下去。

　　为了缓和气氛，还可以先接纳（先退一步），再拒绝（还是回归原点）。

实技 No.63

拒绝时不能说对抗性的话，以免对方态度强硬起来使交涉不利，要给自己留下回旋余地。

- 原来如此，还有这种方法啊！　　　　　　（先接纳）

  不过，现在先等一等再做决定好吗？　　　（再拒绝）

- 原来你是这么认为的啊！　　　　　　　　（先接纳）

  虽然这么说，但是预算那里能行吗？　　　（再拒绝）

- 的确如您所说，我也这么认为。　　　　　（先接纳）

  不过，关于××不知您想好了吗？　　　　（再拒绝）

案例 No.186　拒绝突然的增量

客户发现自己下单的数量写错了，突然要求增加供货量。可是，自己这边库存已经不够，正在等候进货，无法立即满足对方的要求。

接纳：一向承蒙您的关照，我很想为您做点什么，也很体谅您现在的
　　　难处。

拒绝：但是实在对不起，这次您的要求我真的无能为力。

理由：因为这款商品紧俏，本来库存就不多，您突然提出这样的要求，我
　　　实在做不到。

代案：不过，预计×天后新的一批货就会到了。这么长久的交情了，我会
　　　记着您的需求，到货后第一时间安排给您供货。所以请您原谅，再
　　　等几天行吗？

短评：那些自尊心强的人，有时明知自己有错，却以买方的身份把问题压给你，觉得在买方市场里你不敢得罪他。

尽管对方有错在先，自己是有理的一方，但态度也不能居高临下。

➤ 适当地使用商务谎言

🔍 案例 No.187 拒绝硬性摊派

客户傲慢地把一件毫无利益可言，怎么看也是费力不讨好的事情硬压给你。

接纳：谢谢您经常惦记着我，这次还专门照顾我，非常感激。

拒绝：但是对不起，这次很不巧，我们接不了这件事。

理由：因为我们的人现在都已经派到其他现场去了，实在没有人手（适当的谎言）。

代案：不过，您提的这件事，等我们有人手时会认真考虑的（缓冲对方情绪）。

📎 **短评**：对那些不讲理的人，适当运用商务谎言也不失为拒绝的方法。

"托词不在"也跟此法类似。对于有些不想直接跟他通话的人，当他把电话打到办公室来时，本人可以授意接电话的人假称："他出去了。"其实，用商务谎言敷衍对方也是出于无奈。

🔍 案例 No.188 技术性拒绝

2005 年，时任美国国防部长的拉姆斯菲尔德访问中国，提出要看我们的苏27 战机生产线。我们不想给他看，怎么才能不引起不愉快地拒绝他呢？

我们跟他讲："苏 27 战机生产线是我们跟俄罗斯的共同项目，要想参观的话需征得俄罗斯方面的同意。"于是，美方只好去跟俄罗斯交涉，俄罗斯回答说这条生产线已经交付中国了，跟我们没关系。

时间就在这种三方的"交流"中流失了。待事情定下来时，这位美国国防部长的时间已经来不及了，只好无奈地回去了。

（根据国防大学金一南教授的演讲内容编写）

📎 **短评**：中方既没有拒绝，也没有反对，却同样达到了不给他看的目的。

有句话说：办法总比问题多。如果想拒绝对方，运用"报联商"的技巧来处理信息，通过传递方式、打时间差、内容质量、信息数量、接受手段等都可以达到拒绝的目的。

> ➤ 毫不讲理的要求要坚决怼回去

🔍 **案例 No.189　该怼就得怼**

有一个男人很讨厌，经常把电话打到公司的座机上，跟鲍莲裳说"小姑娘，你的声音真好听，能交个朋友吗？""把你的手机号码告诉我吧"之类的骚扰话。鲍莲裳性格内向，遇到这样的电话虽然很生气，但是不知道该如何应对，总是一言不发地挂断电话，然后自己生闷气。

一旁的同事联大姐得知后自告奋勇："下次你把电话给我。"没过几天，这个人又来骚扰了，联大姐接过话筒大声地说："你这个人说这种话不要脸吗？小心我撕烂你的嘴！"

✏️ **短评**：绝对不能让这样的恶人得逞，否则他会蹬鼻子上脸、变本加厉。

注意：商场上的规矩是未经本人同意，旁人不得擅自把同事的私人手机号码泄露给第三方。如果遇到有人找你要同事的手机号码时你可以说："我会通知他跟你联系。"然后把这个情况告诉你的这位同事。至于你的同事愿不愿意把手机号码给那个人，那就取决于他自己了。

🔍 **案例 No.190　上级的忠告**

客户是个难缠的人，明明已经签好了合约，他却对其中的内容不满，向鲍莲裳提出些无理要求。

"开什么玩笑啊？难道谈妥的不算数吗？"鲍莲裳心想。

向上级汇报时，鲍莲裳提出了自己的对策：先弄清楚客户的期待值是否过高？再引导他认真核对合约相关条款，用技术从法律角度给予拒绝。

商科长听完汇报后，给鲍莲裳加了两条。

1. 让专家去给客户说明——这种人服专家。

2. 这样的人总是觉得自己有理，说话别伤着他，可以用"也许您忘了；您是知道的"的口吻说话。

练习题 No.13　如何拒绝退货

事前已经讲清了不能退货的商品，一位顾客非要退货。

尽管跟他说不能退货，还是一个劲地问为什么。

本节复习

拒绝是不使对方产生反感的"逆向说服"。

活用"报联商"铁则 No.64

用化解替代拒绝，化拒绝于根源。

6.2.4　用替代方案来拒绝

单方面的拒绝往往是很艰难的，因为对方如果同意了你的拒绝，他会感觉是"输了"，从而心里不好受。最好是给对方一个台阶，让他感觉虽然没办法，但还是"捞回来了点"，这样心里比较舒服。

成功的关键：你提出的替代方案对方能够接受。于是双方都让一步，寻求一个折中点。

➤ "替代方案拒绝话术"的模板

用替代方案拒绝是有话术模板的，基本句型为：道歉—拒绝—理由（替代方案）。

实技 No.64　用替代方案拒绝五步骤

1. 接招：对方强烈地提出要求时，"您这么强烈要求啊，肯定有原因吧？"
2. 询问原因："到底是什么原因导致你要求必须这样呢？"
3. 确认目的："哦，也就是说你希望是××吧？"
4. 询问细节：从时机、场所、人员、状况、金额等各个方面着手询问。

5. 提出替代方案："如果××呢？比如用××方法又会如何呢？假如拜托××先生呢？"

实技 No.65　用替代方案拒绝

道歉：对不起。

拒绝：我们无法在本周内给您发货。

理由：因为现在库存紧张，我们只能按照买家下单的先后顺序发货。

代案：不过，这种情况我们可以给您的下家客户直接打电话帮您解释一下，您看如何？

道歉：对不起。

拒绝：我们对所有的客户都是这个价格。

理由：因为是新产品，现阶段一概不打折。

代案：不过，如果买新收旧的话，我们可以对您这台旧产品的收购价格考虑优惠。

短评：这种话术的关键是要提出"替代方案"——从你的角度出发，给对方指一条（能帮他下台阶的）出路。

➤ 替代方案其实是一种交换

案例 No.191　反击，不是从否定对方开始

有一次为了举办讲座，我需要向某宾馆租用会议室，预订的是 9 月、10 月、11 月各一次。临近 9 月时，我们就把这次的费用先支付了。后来因突发原因，这次讲座不得不取消。但是场地费已经支付了，按照常识那是要全额扣除，对方是不会给退款的。

怎么办？难道眼睁睁吞下这个苦果吗？

我让助手鲍莲裳去打头阵，先打个电话试试。果然，对方很生硬地回答："按规定是不能退款的。"我只好接过电话来说："那就不必退款了。不过，这间

会议室我还约了 10 月份的一次，请把这笔费用算作 10 月份那次的租金吧！"

听到我的这个要求，对方一下子不知所措："我们还没有遇到过这样的事情。"

我继续追击："请将这笔费用算作 10 月份的租金。如果不行的话，一旦我取消后续 10 月和 11 月的预订，其结果是你们也会受损。我看还是不要弄到双输的地步，好不好？"

对方：这笔费用交纳时明确了是 9 月份的租金，现在如果挪作 10 月份租金的话，那么 9 月份这次的取消费，还是要追征的。

我：请查一下记录，我们电话通知你们取消是 3 天前的上周五，距离预订使用的日子还差 8 天呢。就算会产生取消费，也不该是全额吧？

对方：按规定，距预订日 1 周到 10 天内取消的费用是 20%，这个我们会追征的。

我：10 月份这次来的客人有 100 多人呢，会议资料的印刷、制本，还有中间休息时的饮料、小食品等物品的需求量也很大，如果交给你们负责的话，想必你们也会受益。但你非要追征取消费的话，那么这些杂事我只好考虑另行解决了。

对方：是吗？那我请示一下再答复您。

最后交涉的结果是条件交换：他们不再追征取消费，我把会务杂事委托给了他们。

✏️ **短评：**要找准对方没设防、没准备预案的地方去突破，这种替代方案是考虑了对方利益的。

即使对方有预案也不轻易放弃，跟他讨价还价、交换筹码，用利益诱使他折中、妥协。

➤ **一时拿不出替代方案怎么办**

🌐 **实技 No.66 拿不出替代方案时**

● 虽然不能退货，但是可以换购其他商品。

● 退货是不行的，不过我们会尽快给您维修。

- 虽然不能再降价了，但是可以给您提供些常用的配套消耗品。
- 我已经没法再给您让价了。不过，请您放心，您这个项目我会一直负责到底的。
- 我们能提供的服务到这个地步已经是最大限度了，不过我会给您挑选最好的商品。

短评：总得给对方一个台阶，不能铁板式地拒绝，让人家下不来台。正所谓"与人方便，自己方便"，一个劲地把对方逼到死角不是上策，万一人家也强硬起来，岂不麻烦？

练习题 No.14 请用"替代方案拒绝话术"演练拒绝

客户发来邀请："某月某日我公司召开内部营销会，请您过来介绍贵公司的产品。"

可是不巧，那天你必须出席自己公司的内部业务学习会。

本节复习

其实提出一个双方都能接受的替代方案是折中，此时提案方会提出对己方有利的条件。

活用"报联商"铁则 No.65

给对方指条出路或留个台阶，用条件交换来拒绝比较容易成功。

6.2.5 不要"报联商"

本系列丛书从《报联商：职场沟通必修课（基础篇）》开始介绍"报联商"，到《报联商：职场沟通必修课（实战篇）》中全面展开，再到本书讲到现在无不在强调遇事要去找上级沟通，要多请示，不要擅自行动。这几乎形成了一个原则。

那么，可不可以不"报联商"呢？我的答案是可以，但是有先决条件。

在实际操作中，什么情况都可能发生，有时候条件不允许你去——请示。例如，迫在眉睫的紧急时刻；没有沟通工具无法请示；要找的上级急切中联系不上等，此时就不得不自己做出决断！

此时的执行原则是：不能违背所接受任务的大原则。换句话说就是，即使不请示，所采用的方法也要和原任务的目的相向而行，只要执行的结果没有偏离原来的目的，在特殊情况下不"报联商"是可以的。

> 无法"报联商"时，要勇于担当

案例 No.192　地震之后

1995 年 1 月 17 日，日本神户在凌晨 5 点多发生地震，强度 7.8 级，一瞬间房倒屋塌。

天亮后，震区的一间超市，还没到开门营业时间门前就已经聚集了很多灾民。他们有的是因家人受了伤，需要药品；有的是因天寒，老人需要毛毯御寒；更多的是因饥饿需要饮水和食物。

超市的建筑虽也受损了，但并不影响人员进出，而且货物都在。开店售货吗？灾民们房屋或已倒塌，或因危险不敢进去，他们身上没有现金（那年代还没有网络支付）。

此时，灾民们最需要的是饮水和食物，还有被褥、毛毯等御寒用品。

卖还是免费发？已经赶来的店员们把目光投向了店长。免费发放是要承担责任的！店长焦急地给总部打电话请示，可是将近一个小时了，怎么也打不通。

眼看门前的灾民越聚越多，那目光里充满了期待和恳求……店长皱眉思考了一会儿，果断地下令："发！向灾民们免费发放饮料和食品。"于是，店员们立即行动起来。

✎ **短评**：在无法请示汇报时，决策者要勇于担当、负起责任来。采用自己认为最合适的方法，完成上级交办的任务。判断对了获得嘉奖，自己得到锻炼；错了就自己承担责任，认真反省。

"报联商"终究是个工具，使用它的目的是更好地完成上级交办的任务。当无法请示、汇报时，我们想想上级交给自己这项任务的意图是什么？再回到原点，审视一下自己企业的经营理念，我们的初心是什么？只要所做的决策没有违背初心，就不会有大问题。

🔍 案例 No.193　海外分公司一把手的经验谈

在遇到问题无法向本部请示、确认，而作为现场负责人又被逼到不得不做出决断时的判断依据，就是自己对"公司经营理念"的理解。

那种时刻没有人能帮你，只能自己反复背诵公司的"经营理念"，细细体会公司的经营宗旨，帮自己做出正确的判断。

经营理念，在国内大多数是挂在墙上的，但是在远离公司的海外，必须把它放在心上。

✏️ 短评：一切经营活动的最终目的是落实"公司理念"和个人的"志向"。

有上级的下属可以用提案的方式去汇报、去请示，总会有上级给你做出指示。可是处于一个部门顶端的一把手，当遇到问题又找不到自己上级的时候，能指望谁给你做出指示吗？肯定不行！遇到这种情况，只能是自己乾纲独断，这就需要勇于担当了。

➤ 领会了意图，可以不再请示

🔍 案例 No.194　电视剧《亮剑》里的情节

部队正在前进，李云龙突然问部下……

李云龙：张参谋长，和纵队（李云龙的直属上级）联系上没有？

张大彪：还没有。不过两个小时前咱们的电台直接跟野司（李云龙的上级的上级）联系上了。野司最后的指示非常明确，让咱们不怕困难、不怕疲劳、不怕伤亡、不怕打乱建制，敌人跑到哪儿，咱们就追到哪儿。总之一句话：活捉黄百韬，全歼黄兵团。

李云龙：这个命令有点意思啊！那就是说，我想怎么打就怎么打啦？

张大彪：可以这么理解。

李云龙：那我现在掉头，插到他楚云飞的屁股后头去打，也是合理合法的啦？

> 张大彪：这……
>
> 李云龙：部队停止前进。后卫团改为先头团，捅他楚云飞的后门去！告诉部队动作要快，除了枪支弹药其余的全都扔了。传我的命令：向后转，后队改前队，跑步前进，快。
>
> （根据电视剧《亮剑》台词整理）

短评：在这个时候李云龙没有向直属上级（纵队）请示，擅自做主决定改变，并立即执行了。这岂不是先斩后奏吗？难道"报联商"不要了吗？是的，不要了！

但请注意：这种不请示的"擅自行动"，是建立在已经领会了大领导（野司）的"不怕打乱建制……总之一句话：活捉黄百韬，全歼黄兵团"意图的前提下做出的，是在不违背总体目标的框架内，仅对具体做法做出的改变。

在某些情况下（比如流水线突发故障、涉及安全的危险事故、抓住了千载难逢的机会等），只要不违背上级的总体目的或已获授权原则时，独断专行也是难免的。因为遇事如果僵化地必须都去一一请示的话，有时既不现实也很低效，甚至会坐失良机。

案例 No.195　不能僵化地执行命令

抗美援朝时期的第二次战役时，志愿军布置了口袋阵，准备痛击来犯之敌。

为了全歼被围住的敌人，上级命令某部队在战前穿插到敌后去，任务是在敌后"截断敌人的退路，扎紧口袋，不能放走一个敌人"。

受命后，某部队先敌抵达敌后。排长郭中田率领部下30多名战士负责扼守在敌人退路必经公路要道旁的小山包上，修筑好了掩体工事，等候敌人的到来。

不久，遭到正面攻击的敌人溃败下来。后队变为前队，成千上万的敌人沿公路向郭排长防守的阵地蜂拥逃命而来，在最前面的是几十辆坦克车。

郭排长看了看自己的装备，由于是穿插敌后急行军，战士们没带任何重武器，只有每人随身携带的4枚手榴弹和步枪。他觉得如果就用这些兵，这点轻武器去和几十辆坦克硬拼毫无益处，只能是徒伤自己。于是命令："放过坦克，打后面的汽车。"

此时，战士们看着滚滚而来的坦克车，质问郭排长："上级给我们的命令是'不能放走一个敌人'，咱们怎么能放着逃跑的敌人不打，让他们过去呢？"

郭排长斩钉截铁地说："眼下我们就这点力量，不能跟敌人的坦克硬拼。我们的任务是扎紧口袋，现在只有保存实力才能完成这个任务！"之后，无论战士们、班长们如何请战，郭排长都坚决地命令："放过坦克，不准打！"

战后证明，这是一个英明的决定。

放过坦克后，他们打击后续的汽车和步兵，巧妙顽强地在阵地上坚守了一整天。无论敌人怎样狂轰滥炸、轮番冲锋，都没能从他们脚下的公路上过去。

战后，上级给这个排记集体一等功，授予排长郭中田"一级战斗英雄"称号。

（根据网络视频"葛舰岭战役"内容编写）

短评：想要完成上级交办的任务不能僵化，要在领会上级意图的框架内灵活机动地执行。

如果郭排长僵化地执行"不能放走一个敌人"的命令，同意下属的请战，用血肉之躯去和钢铁坦克硬拼的话，那结果肯定是很快就损失惨重，反而"放跑了敌人"，完不成任务。

实际执行的下属面对当时具体的环境、条件，只有彻底地领会了上级的意图，并在执行时灵活机动地采用适合当时情况的手段，才能准确地达到上级要求的目的，完成上级交办的任务。

"报联商"在具体执行中，有时"抗命"也是难免的一种手段。

案例 No.196　君命不受

1801年，法国皇帝拿破仑横扫欧洲大陆，即将和英国展开决战。此时，英国决定先下手把法国盟军的丹麦海军舰队干掉，为此英国派出了海军总司令亲率舰队直奔丹麦军港。

舰队到达丹麦军港外海之后，舰队总司令委派当时的海军副司令纳尔逊将军作为此战的前敌总指挥，率领几艘主力炮舰前去进攻丹麦军港，任务是将丹麦的舰船击沉在港湾里。

纳尔逊奉命率队开始攻击港口要塞，但是遭到了停泊在港内的丹麦海军舰船和岸炮的猛烈还击，一时伤亡巨大，攻势受阻。

在外海旗舰上观战的舰队总司令见状，给阵前总指挥纳尔逊发来命令，令他收兵。

200多年前还没有电报，发来的命令是旗语（由传令兵双手挥动旗子，用身体摆出字母，对方船上的传令兵阅读这些字母组成的句子）。纳尔逊所乘船上的传令兵读懂了舰队总司令发来的旗语命令，向他汇报："上级下令让咱们退兵。"

纳尔逊的左眼在以前的战斗中被打瞎了，成了"独眼龙"。他故意站在了左眼一侧对着总司令旗舰的方位，大声回答说："我没看见什么信号，继续攻击！"

在他的指挥下，英国舰队继续攻击，终于彻底击沉了丹麦海军的全部舰船。

（根据战争历史故事编写）

🖊 **短评**：不要"报联商"吗？对，不要了。但是，这需要做到以下几点：

1. 对上级交办任务的意图领会正确；

2. 有自信能达到目的；

3. 有担当，错了敢于承担责任。

远在后方的指挥官不如第一线的操作者了解实情，此时发布的命令不一定都是对的。关键是操作者要在领会上级意图的前提下做出具体判断，为的是达到目的，完成上级交办的任务。

本节复习

在无法获得上级指示的情况下要敢于担当，以完成上级交办的任务为原则。

活用"报联商"铁则 No.66

在充分领会上级意图的前提下，万般无奈时敢于担当，可以不必"报联商"！

附：另类"报联商"

➤ "报联商"实行起来不拘一格

当下属都是那种独狼型的员工时，上级不要过多地干预，也没必要拘泥于"报联商"的形式，让他们自己发挥就是了。这样一来，他们之间会保持竞争状态，反而会把每个人的潜能激发出来。

🔍 案例 No.197　根本就不"报联商"

一家制造威士忌酒的厂家决定仿制一款国际上销路很好的名牌威士忌。为此，公司制订了周密的计划，把开发工作分成 5 个部分，全公司寻找能人，抽调精兵强将，调集了 5 名能人各自负责一个领域的研究开发工作。

这 5 名员工都是各领域里的专家、能人，得派个人去带队管理呀？结果被派来的小组组长也是个狠角色。但是，他上任后完全不作为，只召集大家碰了一次头，把各自的任务明确分配下去之后就再没开过会，也从来不做阶段性的进展讨论。

没多久，项目竟然研发成功了！

原来，这位组长虽然不开会，却偶尔单独找某人谈话，以向下属请教其负责领域里的专业、强项而做出示弱姿态。这样一来，那个下属会感到：这件事连他都不行，还有谁能做得比我更好呢？这种自豪感驱使那个人把自己那摊事做得更好。

同时，这位组长还及时地把从 A 处学到的知识和禁忌等信息，在向 B 请教时适时地借请教的口吻提醒他（若在会上让他俩直接谈，由于都是能人，各自都有自豪感，极易引起争论）。

重要的信息都及时准确地被这位组长摸出来了，并在不显山不露水间被传送到应去的地方了，所以即使没开会，结果也已经汇总出来了。

✏️ **短评**：看似无为，其实无不为。不要"报联商"吗？还是要的，只是没采用开会的方式罢了！"报联商"在不知不觉中以一对一的方式在暗中进行着，信息以更合理的方式在流通，被分析、被汇总、被传递。因为这是个特殊的团队，所以不能使用常规的方法。

针对团队里这样的独狼型下属，上级就不能僵化地强调通常的"报联商"形式了。从表面上看，上级不作为、对大家不管理，其实是松绑，让大家都能没有负担地放手去做，上级只需把握大方向就行了。这也是一种为了适应特殊环境的"报联商"特殊形式。

小贴士 No.21　高层级的意思传递

- 用语言：我说的你能听懂——传递率 10%。

  香港的肥皂剧，剧情靠台词推进；日本著名影星高仓健的电影，台词很少。

- 用文字：表达贴切、细腻——传递率 50%。

  所谓"书读千遍，其意自现"。

- 用思想：我的意思你若能领会——传递率 80%。

  孔子拜访老子，二人呆坐不语，沟通尽在不言中。

➤ 先斩后奏

先斩后奏，让对方不得不就范，有时也是"报联商"的一种模式。

案例 No.198　李云龙拒绝从命

1949 年秋季，李云龙伤好归队，回到厦门前线老部队后，被任命为代理军长。

一天，后勤部长来汇报，说是刚接收了一列从后方发来的弹药列车，总数有 20 万发子弹。刚把弹药卸进仓库里，军区又打来电话说这批弹药发错了，本是应该发给 L 军的，列车在徐州编组时被一个军运参谋弄错了。上级命令把这批弹药用汽车运到几百千米外的 L 军去。

李云龙生气地说："既然弹药都进了仓库，再搬出来运走，不是瞎折腾吗？我看咱们自己留下得了，给谁不是给？"

后勤部长说："军区的命令谁敢不执行？即便要留下，也得有个说得过去的理由吧？"

李云龙想了想，便下令召集参谋长和作战部长来开会。然后对后勤部长说：

"你先回去，弹药先不要运走，等我的通知。"

当时国共处于交战状态，蒋军刚刚败退台湾，凭着空中优势经常派飞机到大陆进行骚扰。

李云龙布置下埋伏阵，在一个山坳里用空弹药箱堆积如山作为诱饵，引诱两驾蒋军飞机俯冲轰炸，趁机用大量的步枪、冲锋枪、机枪组成密集火网对空齐射，当场击毁一架敌机、击伤一架敌机。带伤的那架敌机冒着黑烟，摇摇晃晃地滑翔着勉强迫降在了金门岛的简易机场上，也被李云龙命令师属炮群隔海轰击，立刻给炸得支离破碎。

军指挥部里，李云龙正一字一句向参谋长口述写给军区的检讨报告：

"我部于 28 日上午 10 时遭敌空袭。S 师用轻武器组成防空火网实施拦阻射击，击落、击伤敌机各一架，负伤敌机迫降金门岛后被我炮群击毁。此次防空作战中我部共消耗子弹××××发、炮弹×××发。军区原定向 L 军运送弹药之任务现已无法完成，代理军长李云龙深感责任重大，特此自请处分。"

参谋长田保华在一边笑着说："你这哪儿是请求处分呀，我怎么觉得是自请嘉奖呢？"

（根据小说《亮剑》第十九章编写）

短评：看似无法无天，没请示却有汇报，这其实是一种在特殊情况下的"条件置换"。

当上级的命令难以拒绝时，先找个合理的理由（注意：一定是和上级目的相向的）把事情做了，再去"检讨"。

注意：这种情况必须是你的行为和上级大框架终极目的相同的条件下才能偶尔得逞。如果你不顾及上级的大方向、大目标，只考虑自己的局部利益，这样的"先斩后奏，擅自行动"是要承担责任、付出代价的。

➤ 配合默契是最高级的"报联商"

案例 No.199　为了建立默契

第二次世界大战时期，美国海军太平洋战区总司令尼米兹上将在 1943 年 6 月突然任命原来只是第五驱逐舰队司令的斯普鲁安斯少将为新组建的第五舰队司令，直接统帅包括 17 艘航母及 200 多架飞机在内总计 200 多艘舰船、3.5 万人组成的大舰队。

原来，珍珠港遭到日本偷袭之后，罗斯福总统选中了尼米兹统帅太平洋方面的海军，负责对日作战。临行前，总统召见时跟他说："去那里，把日本人赶回去。"

在中途岛之战中，斯普鲁安斯少将紧急受命，接替因病住院的上级，在前线指挥了中途岛战役并获得大胜。尼米兹觉得此才可用，于是把他调到身边担任参谋长。

尼米兹让他随侍身边以便能随时和他交流，甚至晚上休息的寝室也相距不远。除了白天的工作，他们就连早晨的散步和中午的午餐都在一起。他们一起谈论形势、分析战局、讨论作战方案、评判人事安排、策划后勤补给……尼米兹毫不保留地阐述自己的战略思想、战役构思，斯普鲁安斯也坦率地陈述自己的看法，发表自己的见解。

这样经过一年的调教，这对上下级在多个领域的各个层面都达到了高度的共识。斯普鲁安斯全面地了解了尼米兹的战略构想和作战方针，尼米兹也充分地调教、锻炼、认可了这个部下，觉得他可以独当一面了，这才任命他为第五舰队司令。

果然，斯普鲁安斯没有辜负上级的栽培和信任，在后来的作战中与长官同心同德，密切"报联商"，想长官所想、做长官所需。其指挥的帕劳岛战役、马力安纳战役，以及日本本土的硫磺岛战役、冲绳岛战役等大战都取得了胜利。

（根据战争历史故事编写）

✏ **短评**：人与人之间要想达到配合默契、做到以心传心，不仅需要志趣相投，更需要长期的、大量的磨合。

其实，从更高层次的角度来看"报联商"，也可以说它是人格的交流。人们所交流的信息，不过是一种介质、一种载体而已。

🙂 **小贴士 No.22   战略与执行**

其实，"一流的战略、二流的执行"不如"二流的战略、一流的执行"。

- 高层领导看他的大局规划和洞察力；是否有决断力、能否在关键事项上正确抉择。

- 对中层管理者的要求：能否准确地领会高层领导的意图？能否将高层领导的战略落实到位？

- 对基层员工的要求：不折不扣的执行力；将确定的事情很好地落实到每个细节。

- 高层领导是"大脑"——必须负责思考和决断。

- 中层管理者为"身躯"——负责接受大脑的指令，并将它准确地传达到四肢。

- 基层员工为"手脚"——只负责遵照指令，严格地执行好就是最好。

本节复习

彻底知己知彼基础上的"报联商"，虽然是另一种景象，但终极目的还是一样的。

活用"报联商"铁则 No.67

"报联商"的方式不论多么特殊，其终极目的都是完成任务。

第 **7** 章

客观对待"报联商"

"下对上"的"报联商"介绍，到这里就告一段落了。

已经出版的《报联商：职场沟通必修课（基础篇）》《报联商：职场沟通必修课（实战篇）》和本书 3 册书中，总计用了 550 个实战案例系统地介绍了"报联商"文化的观点、理念、目的、技巧。

学到这里，我们该全面回顾、俯瞰一下"报联商"，公正、客观地评价一下"报联商"的利弊、优劣、功过，以便对它有一个全面的认识。

7.1 "报联商"和其他管理工具的关系

7.1.1 "报联商"和绩效管理的关系

绩效管理的前提是高层领导、中层管理者、基层员工要能开诚布公地讲实话、讲心里话。

绩效计划、绩效控制、绩效考核和绩效反馈，这四大环节顺利实施的关键是人际沟通。

管理中存在的许多问题都是因为部门之间、部门内部、层级之间缺乏沟通引起的。

真诚沟通必须贯穿于整个绩效管理的过程，持续不断且双向地进行。

发生隔阂、不合理、不满意、不公平时，考核者需要与被考核者进行沟通、沟通、再沟通。

不论采用哪种人事考核体系，最终对你进行考核的还是你的上级。

谁的业绩好，谁做得不好，如何公正地评价员工？需要用大量的"报联商"去确认、去核实、去做工作、去落实，等于是寸步离不开"报联商"。

显而易见，没有"报联商"，无法实施绩效管理！

7.1.2 "报联商"和阿米巴管理的关系

阿米巴管理是将大组织分成多个小组织，让各部门都独立核算、独立经营。

日本神户大学的三矢裕教授总结阿米巴管理的五大目的：

- 实现全员参与的经营；
- 将核算作为衡量员工贡献的重要指标，培养员工的目标意识；
- 实行高度透明的经营；
- 自上而下和自下而上的整合；
- 培养领导者。

阿米巴管理可以集中解决培养领导力、现场管理和企业文化这三大难题。

上述任何一项目标的实现，都必须建立在密切的人际沟通的基础上。

上下级之间、部门之间、员工之间的"报联商"活动更为重要。

结论：没有"报联商"，怎么进行阿米巴管理？

7.1.3 "报联商"和 PDCA 的关系

PDCA 的每一步都是细致的"报联商"。

Plan：确定目标与制订计划。

Do：任务展开，组织实施。

Check：对过程中的关键点和最终结果进行检查。

Action：纠正偏差，对成果进行标准化，并确定新的目标、制订下一轮计划。

任何工作都要经过 PDCA 的循环：制订计划、实施、检查结果并进一步改进，然后才能进入下一个循环。

只有在日积月累的渐进改善中才可能产生质的飞跃，才可能完善每项工作。

PDCA 每一步都离不开大量的沟通（密切地"报联商"）。例如，制订了计划要去向上级汇报，实施过程中要跟相关人员联络，检查结果要群策群力商谈，改进改善更要向上级请示。

结论：没有"报联商"，谈何 PDCA 循环？

7.1.4　"报联商"和精益管理的关系

日本丰田提倡的"精益管理"也风靡于中国业界，其核心思想大致如下：

- 提升、培养自己的领导力；
- 内部创建信息畅通的环境，避免信息的断裂，避免内部猜忌，营造和谐的氛围；
- 明确相关方，具有服务意识；
- 支持生产现场暴露问题，并积极解决问题；
- 及时获得资源的支持；
- 实现人员的自主化管理；
- 还有目视化、标准作业、5S、大部屋等诸多工具。

显而易见，在上述各项内容的实施过程中，凡涉及沟通协调的，都必须利用"报联商"。

结论：离开"报联商"，怎么精益管理？

此外，还有"授权管理""ISO 管理"等。职场上现在流行着很多管理模式，不胜枚举。引进的、本土的，各有特色，都能发挥自己的作用。

上文我们只是粗略分析了几种管理工具，便轻易地找到了它们内在的共同特点：不论哪种管理工具，都要靠人去执行。所谓"管理"，其实都是在管人。既然是管人，就要跟人打交道。因此，任何管理模式只要实施起来就离不开"报联商"——因为你必须要去和人沟通，才谈得上实施该管理模式。

综上所述，可以得出结论：不论采用哪种管理工具，都离不开"报联商"的辅助。

商业活动中，没有哪项工作是仅靠一个人就能独立完成的。即使是新员工一开始做的那份简单工作，也是整体中的一个组成部分，是离不开与周边同事、与上下游工序的协调的，而把这一切连接起来的工具就是"报联商"！

如果没有"报联商"，任何"管理"都无从谈起，所以"报联商"的作用相当于工业领域里的"工作母机"。

7.1.5 "报联商"非常实战

"报联商"给出的方法实用，执行标准清晰。

很多管理工具，针对问题给出的方法是告诉你："我们应该眼勤、嘴勤、手勤！"

可是执行起来时，怎么叫勤、怎么叫不勤？标准在哪儿？一天5次叫勤、一天2次叫不勤？让执行者很疑惑，等于还是停留在口号层面上。

"报联商"给出的方法都很实用。

- 接指需问清——上级布置的任务，弄明白了吗？不明白。那就问清楚了再干！
- 事毕要回复——事做完了吗？做完了。那就回复一声，把它完成闭环！
- 知情应通报——你知道吗？知道。那就共享一下，通知相关人员！
- 遇变先请示——事情有变化吗？有。那就请示一下，不要擅自行动！

执行标准多清晰，全是操作层面的！谁都能懂，拿来就能用！

"报联商"给出的方法有侧重点、易操作，可直接落实。

随便把"'报联商'铁则"摘录几条，来看看它的实操性：

- 越是坏事越要早报。
- 汇报时要先说结果。
- 带上自己的对策去请示。
- 开始汇报前先问清上级有多少时间给你。
- 有问题报问题，没问题报状态。

本节复习

"报联商"执行得不好，任何管理工具都将成为无本之木、无水之鱼。

活用"报联商"铁则 No.68

"报联商"是一切管理模式的基础，是实施管理的具体操作工具。

7.2　IT 时代，还要不要"报联商"

时代变了，"报联商"面临的生态环境也在不断变化。

首先，业绩考评制度带来的利弊。

同事成了竞争对手，信息互相保密，遇事先考虑自己的得失；为团队出力而影响自己业绩的"活雷锋"得不到应有的评价逐渐消失；工作能力差只会拍马屁的人获得不正确的评价，竟升迁了……

其次，以我为中心者日益增多。

对工作不热心的人，热衷于以自己为中心的思考方式；把自己封闭在壳子里，不与人沟通、不交谈，一味地觉得自己正确的人在增加……

再次，领导的管理模式也发生了变化。

领导只考虑眼前，没有远大的战略眼光；只顾完成自己的业绩，顾不上团队建设；不愿意也没空去培养下属……

最后，上级的先入为主妨碍了"报联商"。

不管下属多努力，只要不被上级喜欢就得不到应有的评价和使用；相反，上级眼里的红人，即使不怎么优秀也能获得提拔。

综上所述，把"报联商"这颗种子放进这类变质的土壤里，是无法生根发芽、茁壮成长的。

"报联商"必须与时俱进，跟上时代，才能发挥其应有的作用。

➢ 研发类工作环境下的"报联商"

由于经济转型，商场上出现了很多高科技企业，研发人员比例大增。大多数研发人员习惯于埋头做自己分担的那部分研发课题而不顾其他，所以很少沟通。但这不等于他们脑子里没有想法，需要给他们提供交流的平台。

网络使得办公可以不局限于某个场所，新型冠状病毒肺炎疫情（以下简称新冠肺炎疫情）更催生了居家办公模式，导致宅男宅女更多了。

- 为了激发研发人员的天赋，需要摈弃传统的办公室，给他们营造有创意的空间和气氛。
- 视频会议设备虽能带给与会人士亲临现场的感觉，但效果替代不了面对面的交流。

- 虽然网络视频的选择日益增多，但做决定最有效的方法还是大家坐下来一起讨论。

时代需要创意，而互动可以刺激创意。员工间的互动越多越能解决分工与合作的问题，因此沟通的价值反而越来越高，且正在日益显得更加重要。

➤ 工具、方式日趋便利的利弊

当今通信工具日益发达，比如手机、电脑、网络、微信、微博、视频会议、网络会议等。

- 电子邮件或微信等工具更多的是起到信息备忘的作用，是不能作为沟通的主要工具的。更何况，你是否具有在邮件或微信里用文字就能把问题说清楚、把诉求阐述明白的能力，这些都是问题呢？

- 微信依赖症很可怕。你有多少个微信工作群？消息发进群里就等于"报联商"了？漏看、刷屏、顾不上、不回复、音频乱用、频发、半夜在群里聊天……哪项不让你既反感又无奈？

- 用微信向上级请示时，不论你写多长一大段内容，也不论你这里多么紧迫，他的回复永远是"收到"二字，既不表态也不置可否。这会让下属抓狂，让下属不知所措，导致工作无法推进！

凡此种种，因通信工具进化所带来的沟通需面临的"新问题"真是层出不穷、不胜枚举，但高效地完成任务这一目的，又要求职场人士必须保持"密切沟通"！

人们面对面沟通时表情、音调、音量、用词、目光都能传递感情，双方可以坦率地交换意见，把事情谈透、避免误解、加深感情，迅速了解对方的模式，这些都是通信工具不能比拟的优点。

工具/手段虽然变了，但沟通的准则仍然是不变的。

➤ 营销类工作的"报联商"

电子邮件、微信等传递方式属于不同步沟通。这种方式由于不能立即得到对方的答复会影响沟通效果，不利于复杂的推销活动。电话类的同步沟通能使问题马上就有答复，而面对面的接触、谈话有助于沟通双方建立信任。因此，在 IT 时代，效果最好的沟通方式仍然是面谈。

网店模式下的个体户还需要"报联商"吗？

开网店的个体户在家里一台电脑就行了，没有团队、没有上级，还需要"报联商"吗？没有上级，汇报可以省略了，可是联络和商谈却大大增加了。

网店的经营全靠电话、网络来和外界沟通，而进货、存货、发货、结算都要联络。于是，联络技巧里的及时、准确、细节、对等、确认、替对方着想等就显得很重要了。

商谈就更不用说了，型号、数量、质量、退货、投诉等都离不开商谈。

案例 No.200　网购退货

一次鲍莲裳在网上购物，下单过了一会儿觉得不妥，于是立刻做了取消订单的处理。为保险起见，她又立刻通过某软件跟店家取得了联系。

鲍莲裳：刚刚在你店里下的一单退货了，你可别发货啊！

店（女）：哎呀，收货员刚刚拿走，现在应该还在大楼的收发室。不要紧，我去取回来。

鲍莲裳：拜托了！

没过多久，鲍莲裳的手机收到一条短信，她看了后不得不马上再跟店家联络。

鲍莲裳：你刚才没去把货取回来吗？我的手机里怎么接到了这单货的发货通知呢？

店（男）：你说的是什么事啊？

看来，刚才那位女子（也许是老板娘）没做交接，鲍莲裳只好把事情的原委再说一遍。

店（男）：是这样啊！那好，我马上办理中止发货手续。

结果，鲍莲裳还是收到了发来的货物。她只好附加上述对话的截屏，再跟店家联系。

鲍莲裳：为此事我已反复跟你们联系过不要发货。现在货到了只能退货，运费你们承担吧！

短评：交接属于内部的信息联络，它往往会直接影响到对外的服务质量。

人生活在社会中，每时每刻都有信息需要处理。对内也好，对外也好，总是回避不了的。"报联商"所主张、提倡的一些做法、原则，在网络模式下是同样适用的。

网络的发达令知识大爆炸，于是身边的人突然都变得聪明起来了——有什么事不懂时在网络上"搜索一下"就知道了。

靠谱的人在对你的委托做出承诺时，他在心里已经有了这件事情该怎么办的想法。他会体察你的困难，从自身的角度出发尽可能地为你办实事。他虽然不一定是聪明人，但一定是尽力兑现承诺的人，是诚实守信的人。

而那些在网络上跟你"很聊得来"的聪明人，他在承诺你时有可能是在迎合你的心理需求，仅用语言应付、糊弄你。他在对你做出承诺时，脑子里可能根本没想过该如何去兑现这些诺言。这种人虽然聪明，但未必靠谱。

那么，如何判断这个人是不干实事的嘴把式还是真心出力办实事的靠谱人呢？

网络时代，人际沟通太方便了，但隔着屏幕的对方，人品如何？哪里有坑？哪里有绊？若想在商场里不栽跟头，是需要你用大量的"报联商"去观察、去考察、去甄别的。

本节复习

IT 时代，沟通工具日益丰富，虽然提供了方便，但沟通效果还是取决于人如何落实。

活用"报联商"铁则 No.69

工具的丰富只能改变沟通模式，而人际沟通的基本原理是不变的。

7.3　客观看待"报联商"

➤ "报联商"的局限性

"报联商"文化来源于日本，这一点早在本系列丛书第一册《报联商：职场沟通必修课（基础篇）》的开篇就做了介绍。

　　除了在《报联商：职场沟通必修课（基础篇）》开始处介绍"报联商"的诞生背景时提到了日本，之后的内容都没再提及过日本，作者是在尽量追求让"报联商"入乡随俗。

　　现在，在基本介绍即将结束的节点，为了剖析"报联商"，居高俯瞰"报联商"的全貌，以做出公正客观的评价，我们不得不再次触碰日本文化，还要深入地解剖并分析它才能看清楚。

　　客观地说，"报联商"是诞生于日本社会那种"不愿承担责任"的大背景文化中的，该论点出自近藤大介先生的著作《中国缺什么，日本缺什么》（详细介绍请参见《中国缺什么，日本缺什么》，江苏文艺出版社 2013 年 3 月出版的第二章的内容）。

　　近藤先生作为日本文学刊物的主编，在华生活多年，并担任驻华机构的领导。

　　他对比中日两国文化之后指出：日本在明治维新（1868 年）以后的现代化进程中滋生出一种"谁都不愿承担责任"的日本病。具体表现在：遇到问题就赶紧上交（推卸责任）；该表态时语言不明、意思含糊不清（让人抓不到辫子）；决策都是由集体做出的（个人便可不承担责任）等行为现象（在该书中，他列举了很多例子来佐证此论点）。正是为了自己不担责任，才诞生了我们见到的当代日本社会里"人人都极端负责任"的表象。

- 因人人都怕事情在自己这里出错，这才不敢不尽职尽责。
- 这种负责任的表现之一就是赶紧"报联商"，把传到自己脚下的球传出去！只要自己没丢球，至于传递方向是否正确并不重要（所以才有临门一脚不是射门而是传球的奇葩）。
- 万不得已球在自己这里时，绝不能让它出错，为此自己要负起（自己辖区内的）责任来。
- 对上道工序传来的球要求几近苛刻，对自己传下去的球为避免被挑剔、指责而服务周到。

　　这就是一般日本人行为背后深层的真实想法。

　　正是这种出于人人都"在我这里要把自己的事做好，不能让它出错，以免被别人指责"想法支配下的个人行为主观地做到了"我为人人"，反倒促成了"人人为我"的客观社会氛围。

➤ 作者的看法

在日本工作、生活 30 余年，致力于研究、宣传"报联商"17 年的我，基本赞同上述观点。

"报联商"诞生于 1986 年，距日本 1868 年的明治维新已过去近 120 年。在此期间，日本早已形成了自己独特的"利他"社会氛围，凡事均注重"多替他人着想"。"报联商"的做法一面世，便能在短短几年内广泛被日本全社会所接受，这与那里特定的社会环境是分不开的。

的确，"报联商"文化也许就是因为"我不想承担责任"才派生出来的。可是，它的具体操作技巧又非常具有现场实操性。仅从技术角度来看，它确实能起到活跃组织内部沟通、降低失误的发生、提高工作效率的作用，这些在 3 册书里已有详细介绍。

所以我认为，我们不能因为"报联商"是源于日本，或拘泥于它的初衷不佳，就因噎废食、予以否定，或一叶障目地一概排斥、拒绝接受。

优秀的文化是没有国界的，就像阿拉伯数字的简便使其能够迅速地通用于全人类一样。我们完全可以用中华文化中的"取其精华，去其糟粕"的手法来对待"报联商"，摈弃其不敢负责的胆怯而勇于担当，采用其方便实用的操作技巧来加强沟通，目的就是"确保高质量的工作效果"。

中华文化之所以博大精深，原因之一就是在历史长河中不断博取众多其他民族的优秀文化，并将其融会贯通。时至今日，当我们使用那些异族文化的精华时，谁还会去理会其中的糟粕呢？现在，我们面对"报联商"也一样，何必求全责备？

➤ 客观地剖析"日式报联商"的弊端

凡事都有两面性，"报联商"也一样，也有一定的局限性。

我们必须一分为二地看待"报联商"，对它有全面的了解，在运用中才可以预防弊端。

"日式报联商"的六大弊端如下所述。

第一，无法迅速应对危机。

日企运行的一个特点：一旦定下来的事就会顺利推进，那是因为该决策是在事前充分地"报联商"的机制下做出的，对一切都有预测，也都安排妥当了。

然而，一旦遇到突发事件或面临事前未曾预料到的危机时，报联商机制的缺点马上就会暴露：如果没有预案，又没有人能站出来杀伐果断地承担责任的话，就只能按报联商的做法去逐级请示，这会坐失良机，导致局面混乱和低效。例如，新冠肺炎疫情初期，中国高速建成火神山医院背后的决策和各层级的担当，用"日式报联商"是绝对做不到的。

第二，决策者不能失误的压力巨大。

报联商模式强调，让上级知情，请上级决策。然而，上级虽然经验丰富，却不一定万能，更未必总是英明。因此，如果上级犯错，那么报联商所要求的服从体制就很难纠偏，容易导致团队的重大损失。

第三，"日式报联商"过于追求形式。

下属可以没有创新、没有业绩，甚至可以没做成任何事，但不能没有报联商！和创新、效率、业绩相比，上级更关注的是下属有没有报联商的行为。这样过于机械地用报联商去衡量下属，会逼出为了报联商而报联商的形式主义。所以，报联商执行过度会导致过犹不及、适得其反的恶果。

第四，市场反应速度受到制约。

下属对上级的"报告"和"联络"相对简单，但要"商谈"一件事却相对地耗时。再加上上级往往是一对多，事情也不是那么容易一次就能谈清楚的。这就降低了应对速度，会因反应迟钝而坐失良机（看日系汽车在中国市场上的表现便知。）

第五，过度的报联商过程会打击员工个体的积极性。

团队成员的状态和信息通过报联商机制，全都成了团队的共同资源，其行为完全被纳入团队。于是，成功由团队分享，失败也由团队承担。团队成员的每个举动都被团队掌控的话，他们会失去通过个人努力取得成就的机会，也就难以品尝到成功的喜悦。这种机制会压抑个人的创新意愿，更难有新的改进和发明。

第六，狡猾的执行者会利用"报联商"逃避责任。

有的人在意识到情况不妙时会利用"报联商"把责任推卸出去，给自己安排退路。当明知事情已无可挽回时，故意利用报联商来营造出失败看上去是多么地不可避免的氛围，而自己又是多么的无奈。那些夸张的挽救行为会给自己带来正面评价，因为报联商"重过程"，这无疑给推卸责任者营造了不必承担责任的遁路。

➤ 中国职场的需求

目前，我国职场上普遍缺乏良好的内部沟通机制。历来主张的"上传下达"中上对下的"下达"（指示命令）目前很强势，各种管理类书籍更是汗牛充栋。相对而言，下对上的"上传""辅佐"基本处于无所适从的状态。

改革开放以来，我国从国外引进的"沟通"理论虽然很多，讲起来一套一套的，什么"模型"啦、"艺术"啦，多是在讲"道"，但学下来想执行时却找不到实操的抓手。

"报联商"不是"道"，它就是个"术"，是具体的操作方法，而且是很具体、很实际的操作方法。

"报联商"可以促进沟通，增强员工对企业目标的认同感，培养主人翁意识和团队精神。

在我国推广"报联商"有一定的优势，因为中日有相同的社会文化根源，易于被接受。

从社会结构来看，和欧美的个人英雄主义不同，中日都有重集体力量的文化氛围。从文化传统来看，中国和日本都推崇儒学文化。而儒学推崇"忠、义"。"忠"是对事业的忠心，"义"则是"有所为有所不为"，也就是敬业。可谓"职场有氛围，民间有土壤"。

《报联商：职场沟通必修课（基础篇）》2016 年 3 月出版以来，已加印了 15次，《报联商：职场沟通必修课（实战篇）》2018 年 1 月出版以来，也已经加印了9 次。由此可知，"报联商"主张的观念、介绍的做法在当今中国的职场已有了一定的渗透和扩散，奠定了广泛的社会认知基础，许多媒体开始提及"报联商"，可见如今普及已形成水到渠成之势，正利于大面积推广。

➤ 洋为中用"报联商"

"报联商"是一种技能，它不是天生的，而是可以被训练、被灌输、被提升的一种能力。

我们推广"报联商"，首先要对"日式报联商"自身固有的弊端、缺陷有所了解，然后采取预防对策。

- 员工的积极性应该受到保护，关键是信息报上去之后，上级要有果敢决策的担当。

- 实行各层领导各尽其职、各负其责，在权责范围内由直属上级决策的机制。
- 在员工中树立令行禁止的规矩。在讨论阶段可以畅所欲言，一旦决定则必须执行。
- 有意识地避免"报联商"不利于发挥个人主观能动性的局限。

在缺乏可行沟通机制的当下中国职场，可以先不去考虑"报联商"的弊端，先推广实行起来——都还没落实呢，哪来的弊病？弊病至少是在落实中才会显现出来吧？也就是说，执行"报联商"应该采用"先扫盲，再普及；先用起来，再改进"的方针。

但一定要注意，不能按照日本模式亦步亦趋，不能原封照搬。一定要洋为中用，根据中国的国情将其改造，根据自己行业的特点、团队特色，取其精华、去其糟粕地利用。若想做到这一点，必须使团队的高层领导充分了解"报联商"，才能将其改造。可见，学习、普及"报联商"多么重要。

➢ 总结

世上没有十全十美的事物。"报联商"尽管还有瑕疵，但只要瑕不掩瑜，它基本就是好的。——"报联商"的确是一个利国、利企、利个人的沟通实用好工具。

我们充分领会"报联商"的真谛，吸取其精华、运用其技巧，便能大大改善职场的沟通环境。

知行合一。《报联商：职场沟通必修课（基础篇）》《报联商：职场沟通必修课（实战篇）》和本书系统地介绍了"报联商"文化。光读了、知了、懂了，不用也是白费！

从《报联商：职场沟通必修课（基础篇）》介绍的技能做起，反复实践、扎扎实实地掌握沟通基本方法才是根本。如果没有前面基础知识的积累，只指望最后那点实操技巧是不行的。本书是给熟读并反复运用前两册书的读者预备的，那种以为只要学了本书里的诸项技能，就能玩转职场沟通的想法是不现实的。

- 曾国藩有名言："天下致拙（扎实的基本功）可治天下致巧。"
- 武林高手，哪个不是基本功底蕴深厚？
- 奥数考得好的人，都是数学基本功扎实的人。

总之，"报联商"修炼之路永无止境，大家一定要坚信：路虽远，只要不停地走，总会走到的。

本节复习

尽管"报联商"并不是尽善尽美，但瑕不掩美，其高效的实操方法还是值得采用的。

活用"报联商"铁则 No.70

活学活用"报联商"，不断深化、细化其具体做法，以提高职场的人际沟通效率。

7.4　结论：应大力推广"报联商"

➤ 基础运用层级的用法和作用

该层级要求用"报联商"维护自己的"个人品牌"。

大家都知道，在当今社会里"品牌"很重要。其实，不管你承认不承认，"个人品牌"是你最核心的个人价值之一，用"报联商"的说法就是"好感度"。

也许你会怀疑：我是一个普通人，难道我也有个人品牌吗？

当然有，比如老板对你的信任、同事对你的印象、合作伙伴对你的看法……都是你的"个人品牌"。

- 有的人做什么事都做不好，他的"个人品牌"就是"不靠谱、没能力"。
- 有的人凡事总喜欢占小便宜，他的"个人品牌"就自带"爱占小便宜"的标签。
- 有的人跟同事合作时总爱偷懒，他自己的"个人品牌"就贴了"爱偷懒"的标签。

有时候，上级布置下来的事情其实是很难做的。当然，上级也不是不知道这件事不好做，重要的是他根本就不会考虑你在执行时是难做还是好做！如果你没有做好的话，就会给他留下负面的印象：这个下属真没用！这样一来，你的"个人品牌"就受损了。

因此，下属在工作中就要：

- 用"汇报"去报告事情的进展——让他知晓自己已经、正在付出的努力；
- 用"联络"去告知现在你所处的环境——让他体会到你遇到了什么困难；
- 用"商谈"去向上级请示你下一步的对策——等于把他卷进来和你一起前行。

你这样密切地去"报联商"了，当事情办完时，即使只有部分达标（或完全不达标），由于上级了解事情的整个过程（你用"报联商"拉着他跟你走过了全程），他要怪也怪不到你。因为他看到了你的努力、知道你的难处，对你的"商谈、请示"也给过指示，于是最后的结局他只好接受。这样，事情虽然没办好，但密切的"报联商"却保护了你，你的"个人品牌"在上级眼里不会受到损伤。

随时绷紧维护自己"个人品牌"的意识，不仅要在正常、顺利时记得用"报联商"往自己的"好感度银行"里多储蓄，更要在为难、遇阻时利用"报联商"来维护自己的这些储蓄。

➤ 实战实操层级的用法和作用

该层级要做到让对方不再"烦"你去和他进行"报联商"。

- 注意内容的选择，重点突出，使沟通吻合对方的目的。
- 了解对方的沟通模式、脾气秉性，主动磨合、契合他的方式。
- 积极主动、密切、细腻地实施"报联商"。
- 按 6W3H 方法把信息传递到位，不要有遗漏。
- 确认信息的发出和接收都能真正到位。
- 做好准备，简明扼要、不讨人嫌地跟对方"报联商"。
- 站在对方立场上多替对方着想，多传递对方期待了解的信息。
- 发信方多承担一些工作，尽量把对方"说明白"。

这样的操作就可以做到"结束这一轮'报联商'时，对方不会烦你"。

通过扎实的信息沟通使工作顺畅起来，让上级了解你，让同事支持你，让别人愿意帮你。于是，你的工作将变得轻松、心情将变得愉快，人际关系也变得好起来了。

➤ 高级活用层级的用法和作用

该层级要求灵活运用"报联商"，让诸事都遂己愿。

- "报联商"的最高境界：在"彻底知己知彼"的基础上"提出建议"，推动工作。
- "报联商"的最终目的：与对方"达成共识"，确保高质量的工作效果。
- 熟练运用【说服对方三法宝】技巧，精准预测对方顾虑并用信息打消之。
- 尽可能多地大量收集相关信息，用好【现场信息提供权】。
- 对掌握的信息进行确认、核实、分析、解读、破解，理解其真正的含义。
- 根据预设的目的，站在对方的立场上思考，选择、决定采用哪些信息。
- 对其进行硬件加工（使其易懂）和软件加工（赋予自己的含义）。
- 考虑递出信息的对象、顺序、时机、频率，用恰当的方式将其递出。
- 跟踪沟通，用信息影响、调动事态的走向，运筹帷幄，掌控局面的进程。

于是，事情就会朝着你的预期方向推进了。

如果想在职场上工作舒心，需要自己先"用心"。

从上述逻辑可以看出，"收集信息"是最根本的。谁手中掌握的信息越多，谁后续的操作就越能自如，回旋空间也就越大。反之，则受信息匮乏的限制，自己也无法辗转腾挪。

"报联商"功能强大，实施"报联商"利国、利企、利团队、利自己，何乐而不为呢？

➤ 用"报联商"改变自己的命运

"报联商"看上去很简单，不就是跟上级、跟别人沟通吗？一旦深入研究起来，里面却很深奥。哪座学校也不开这门课，更没有老师教授这些，可它却是人们进入社会后躲不开的知识和技巧。

我们经常听人说"沟通很重要"。其实，我们去上班，进入职场就不可避免地要与自己的上级、同事及外部客户进行沟通，而沟通的大部分是在"报联商"。于是，如果你的"报联商"做不好，会直接影响你的成绩、信誉度、好感度和人际关系。

人们都习惯性地希望对方能主动："那他先做呀，他怎么不先跟我'报联商'呢？"

须知，你改变不了别人！万事还是从自己做起吧，不要指望他人！

因此，"报联商"的知识不仅要了解，更要实践运用。

不妨按书中介绍的多种做法中的其中一种去做做看，试着改变一下自己，看看会如何？不是从明天开始，而是从现在，马上就去做！

- 先改变自己，对方才会变——感觉也就会变。
- 语言开始变——态度会随着变。
- 习惯发生变——带动你的运气变。

先改变自己，你的人生也就变了！

至此，下对上的"报联商"全部介绍完毕。

后记

有句励志格言说：世上容易走的路都是下坡路。对此，我深有同感。

本书跟前两册《报联商：职场沟通必修课（基础篇）》《报联商：职场沟通必修课（实战篇）》一样，也是利用春节期间（2020 年）杜绝一切社交活动，把自己关在屋子里 60 多天专注写作才完成的。

虽然这次闭关写作是早已定下的日程计划，却恰逢突如其来的一场全国性"新冠肺炎疫情"。那期间"不出门就是做贡献"，从电视里看到全国人民齐心协力战疫的场景，封城、排查、信息发布、全国驰援、保障供给、资源调配、精准管控，直到陆续复工，哪个环节没有大量的信息处理？哪项不需要"报联商"来密切沟通？于是，我更加感到推广、普及"报联商"的重要性和迫切性。

在闭关写作的日子里面对电脑屏幕，每时每刻都能感到如负重登山。尽管都是我平常授课时讲的内容，尽管去年春节对素材资料已有所准备，在上一个暑假期间基本搭建了写作框架，只需一章一节地把设计好的内容写好就行了，但如何遣词造句才能把我的观点、想法表述得更清晰？怎样才能让读者能够真正领会、接受我的主张？为此，我确实下了一番苦功夫。

再加上我觉得本书与前两册不可比。由于有了第一册《报联商：职场沟通必修课（基础篇）》的全面知识铺垫，又有了第二册《报联商：职场沟通必修课（实战篇）》的全面实操技巧介绍，"报联商"的基本内容已经全盘交代到了一定的高度。所以我内心总觉得本书属于高级别的层次，若不拿出些更有水平的内容来会显不出层级的差异，本书必须从内容到诠释都能做到让读过前两册书的读者感到"确实有道理"才行，这也是第二册书出版后一直压在我心头的一个重担。于是，等到真的动起笔来，我时时在问自己"本书是否比前两册更高？更深？"，这就更觉得自己是在"负重登山"了。

我很赞成国防大学金一南教授的座右铭："做让自己为难的事，必有收获！"

我真的是一个板块一个板块地啃下各个预定的章节，到全部初稿写成后竟写了 22 万字，大大超出了 19 万字的预期！在整体调整、修饰、排版时，狠心做了精简，只留下自己觉得不错的内容。最后，还把精练后的内容自己打印出来读了，才稍觉松了口气。待交稿后才觉得轻松下来，而书的出版面市要在几个月后。等拿到出版发行的书籍时，翻阅起来连自己都觉得不可思议：当时我是怎么把这些文字写出来的？

这个过程说明，让一个非专业作者来写作真是有难度的——到底不是作家！

我觉得这类管理书籍的内容要做到逻辑合理、层级递进、文理清晰、案例恰当、道理明白、语言通俗，才能让读者觉得言之有理（读时点头称是，掩卷有所感悟），才能读后有所行动，将理论付诸实施。

现在回想起来，我之所以能把这几本书写出来，是因为我坚信：

路虽然远，但只要走，总能走到；事尽管难，但只要做，总能做成。

如果不给自己强行定下一些看似难以达成的目标，总是低配要求姑息自己的话，那么虽然活得轻松，但难免会走下坡路。

人，只有不断地挑战自己，才能不断地进取并走到终点，做成点事。

在本书的写作过程中，得到了很多"菠菜粉丝"的帮助，从课题的设定到案例的提供，再到逻辑框架的编排，他们给予的鼓励和鞭策是我写作的巨大动力。夫人默默地操持后勤，更是我能专心写作的保障，在此一并表示感谢。

6 年前（2014 年春节）给自己制定的"报联商系列丛书（5 册/套）"写作目标，到这里已经完成了前 3 册，还剩最后两册"应用篇"和"干部篇"的写作了。

我知道："行百里者半九十。"最后的两册也是最硬的骨头。有了前 3 册的奠基，"应用篇"的内容（电话、会议、邮件、商业文书里的"报联商"）就要更加实用，而最后的"干部篇"就必须更新颖、更有水平、更有高度，才能不辜负广大读者的期待。

这几年我在全国推广、普及"报联商"文化的事业，在众多朋友的帮助下已经上路，正在逐渐呈现蓬勃的局面。我已经成功注册了"**古贺·报联商®**"的商标和 LOGO，我开设的"职场的'报联商'"网站也已被认定为"官网"，师资授徒班带出的众多认证讲师正在全国各地宣讲"报联商"，视频、声频也开始出现在线上，动漫、直播也在陆续制作，即将呈现。

推广、普及"报联商"是我毕生的事业，我将一如既往地抱着坚定信念继续攀登，永无止境。还是那句老话："路漫漫其修远兮，吾将上下而求索。"

本书脱稿时，所喜全国与新冠肺炎疫情的抗争已取得重大战果，英雄城市武汉也已解封。相信通过这次与疫情的搏斗，大家会重新审视"信息沟通"这件事。而本书适逢此时出版奉献给读者，希望能起到一些启发、教育和引导的作用。

作者

2020 年春季 初稿完成于上海

2021 年初秋 最终核稿于上海